시편
연구

이 책은 유성씨엔에프 황호진 대표(합신 이사)의 후원으로 연구, 출간되었습니다

Interpreting the Psalms
by Changhak Hyun, Ph.D.

Copyright © 2022 Changhak Hyun

Published by Hapdong Theological Seminary Press
Gwanggyojoongang-ro 50, Yeongtong-gu, Suwon, Korea
All rights reserved

시편연구

초판 1쇄   2022년 3월 30일

발 행 인   김학유
지 은 이   현창학
펴 낸 곳   합신대학원출판부
주   소   16517 수원시 영통구 광교중앙로 50 (원천동)
전   화   (031)217-0629
팩   스   (031)212-6204
홈페이지   www.hapdong.ac.kr
출판등록번호   제22-1-2호
인 쇄 처   예원프린팅 (031)902-6550
총   판   (주)기독교출판유통 (031)906-9191

ISBN 978-89-97244-52-2   93230
값은 뒤표지에 있습니다.

시편연구

— 현 창 학 —

합신대학원출판부

HS PRESS

머리말

구약을 공부하는 학자라면 누구나 한 번 써 보고 싶은 것이 시편에 관한 해설일 것이다. 시편은 성경의 유일한 기도책으로서 우리 믿는 사람에게 하나님께 어떻게 말을 건네야 하는지에 대해 가르쳐 주는 소중한 기도 교과서이기 때문이다. 예수를 믿는 신자는 기도가 성장 하면서 하나님과 갖는 교제의 기쁨을 알게 되고 따라서 기도가 보다 성숙한 수준으로 발전하기를 원하게 된다. 시편은 우리가 바른 기도, 깊은 기도로 자라나갈 수 있도록 지도하고 인도하는, 하나님께서 성경에 마련해 놓으신 소중한 기도 교본이다.

한국 교회는 기도를 열심히 해 온 교회이다. 기도하지 않고는 살 수도 없었지만 강단을 통해서 또는 서로서로의 권면을 통해서 기도 를 많이 할 것을 가르치고 격려해 온 교회이다. 그래서 어렵디어려운 역사적 개인적 상황 속에서 매달려 기도하며 여기까지 왔고 또한 그 것을 통해 신앙의 큰 부흥도 경험했다. 하지만 기도를 많이 하기는 했으나 기도를 바르게 하고 있는지에 대해서는 자신이 없었다. 기도 를 많이 하기는 하는데 방향 없이 이렇게 달라고 비는 기도로만 일관 하면 이것이 과연 기독교 기도가 맞는 것인지, 성경적이고 복음적이 고 하나님이 받으실 만한 기도가 되는 것인지 늘 불안한 마음이 가시 지 않았다. 달라고 빌기만 하는 무속-기복의 기도는 한국 역사에서 늘 당 시대에 있었던 모든 고등 종교를 타락시킨 장본인이었다. 이렇게 기도하고 있으면 우리도 우리 신앙을 저급한 무속신앙 같은 것으로 떨어뜨려 버리고, 우리 자신을 자신들의 문제 해결 외에는 아무것도 알지 못한 종교 그룹, 역사에 아무런 영향도 끼치지 못하고 아무런 도움도 주지 못하는 이기적인 종교 공동체 이상 아무것도 아닌 것으로 만들어 버리는 건 아닐지 현실적인 우려를 금할 수 없다.

신앙의 성장은 기도의 성장이다. 한 시대 특정 교회의 신앙의 어떠함은 바로 기도의 어떠함이다. 그 무엇보다 우리는 우리가 하는 기도에 대해 반성할 수 있어야 한다. 해먼드 박사는(T. C. Hammond) 기도는 첫째 하나님과의 교제요, 둘째 (자신을 부인하며) 하나님의 뜻을 이루는 과정이요, 셋째 자신과 다른 사람들의 필요를 두고 하나님께 요청하는 기회라 했다.[1] 우리는 기도의 첫째, 둘째 본질은 무시한 채 셋째 항목의 기도로만 일관해 온 게 사실이다. 어느 시대 어느 지역의 교회든 인간은 연약하기 때문에 이 항목 하나에 매달리기 쉽다. 하지만 오랜 무속신앙의 전통 아래 있는 한국인은 더더욱 이것 하나에 몰두하기 십상이다. 우리는 체계적인 기도 훈련은 수립해 보지 못한 채 신학적으로 잘 정비되지 않은 '즉흥적인 기도'(spontaneous prayer)에만 주로 의존하여 우리의 신앙생활을 영위해 왔다. 그러다 보니 우리의 기도는 늘 앞에 닥친 문제를 해결하는 일에 급급했고, 복을 받고 재앙을 피하는 목표 하나에만 전적으로 몰두해 온 것이다. 지나치게 인본적이며 지나치게 나 중심적인 기도로 일관해 오면서 우리 신앙의식 속에 바른 기도, 성경적이고 복음적인 기도라는 개념은 거의 자

1. T. C. Hammond, 『간추린 조직신학』, 나용화 옮김 (서울: 기독교문서선교회, 1994), 249-50.

리 잡을 공간이 없었다.

우리는 완전하시고 거룩하신 하나님 앞에 나아간다. 그러므로 마땅히 그분께 드리기에 적합한 말을 준비해 나아가야 한다. 거룩하신 주권자 앞에 서는데 전혀 준비도 없이 훈련도 없이 불완전한 우리 말만을 늘어놓는 것이 과연 적합한 일일까. '삼킬 듯한 의를 요구하시는'[2] 하나님이기에 그 앞에 사람의 '죄된' 말만 늘어놓는 것은 바람직하지 않을 뿐더러 위험하기까지 한 일이다. 이제 우리는 하나님께 말을 걸되 하나님이 받으실 만한 말을 준비해 말씀을 올리는 훈련을 해야 할 때가 되었다. 거룩하신 하나님과 나누는 대화로서 걸맞은 대화가 되도록 우리의 기도는 준비되고 훈련되어야 한다. 의식화 형식화하여 기도가 생명력을(vitality) 잃는 데로 흘러선 안 되겠지만 어느 정도는 바른 기도를 위한 '지침'이 필요할 것 같다. 정제된 '표준 기도' 같은 것이 있어서 하나님께 기도할 때 참고하고 따를 기준 내지는 표준이 있어야겠다는 말이다. 하나님이 주신 기도 교본인 시편이 바로 이러한 표준의 근거가 되지 않겠는가(물론 그 자체를 표준 기도로 쓸 수도 있을 것이다). 시편을 체계적으로 공부함으로 바른 기도가 무엇인지 학습해야 하겠다. 성경적이고 복음적인 기도가 어떤 것인지 습득해야 하겠다. 이 기초 위에 하나님이 받으실 만한 기도, 하나님이 기뻐하시는 기도를 드리게 될 때에 우리의 신앙은 하나님과의 정상적인 교제라는 성숙의 지평으로 성큼 올라서게 될 것이다.

2002년 합신에 와서 처음 가르친 과목이 시편이었다. 시편은 필

---

2. 필자가 『선지서 주해 연구』에서 이사야의 신관을 해설하면서 쓴 표현이다. 참고: 현창학, 『선지서 주해 연구』(수원: 합신대학원출판부, 2013), 151-52, 159-61.

자의 교수 생활에 있어 가장 역사가 오랜 과목인 셈이다. 하지만 강의를 시작할 당시부터 목사님들과 신학생들이 시편을 설교할 때 마음 놓고 참고할 수 있는 우리 손으로 쓰여진 시편 교과서가 한 권 있었으면 하는 바람이 있었다. 그 바람을 가지고 조금씩 써 둔 것들을 모아서 이 책을 만든다. 합신에 와서 처음으로 낸 책은 『구약 지혜서 연구』(합신대학원출판부, 2009)였다. 당시에 잠언, 욥기, 전도서 등 지혜서를 공부할 교과서가 국내에 전혀 없었기 때문에(이 사정은 해외도 마찬가지였음) 우선 이 작업을 하지 않으면 안 됐다. 그 다음에 나온 것이 『선지서 주해 연구』(합신대학원출판부, 2013)다. 선지서 역시 많은 해석의 사각지대 때문에 강단이 설교를 준비하는 데 애를 먹기 십상이고 그러다 보니 설교가 기피되기 되는 일 순위 책이었던 게 사실이다. 따라서 선지서 해설서도 다급하게 느껴졌었다. 그러다 보니 시편은 후순위로 밀려 겨우 이제야 빛을 보게 되었다. 이제 『구약 지혜서 연구』, 『선지서 주해 연구』에 이어 『시편 연구』가 나오게 되면서 구약의 시(詩) 본문들에 대한(또는 구약의 후반부 책들에 대한) 필자의 트릴로지(trilogy)가 완성되는 모양이 되었다. 구약 중에서 가장 어렵게 생각되는 책들에 대해 해설서를 내게 된 것은 부족한 사람에게 주어진 너무나 과분한 하나님의 은혜다.

　I부는 시편 주해의 원리를 다룬 것으로서 시편의 장르 이해에 중점을 두고 있다. 장르를 이해하면 시편 전체의 체제가 보이고 개별 시편을 바라보는 거시적인 '맵'이 생긴다. 장르 이해를 통하여 시편 본문을 정확하고 풍부하게 해석하는 힘이 생길 수 있도록 하는 것이 이 부분의 목표이다. II부는 시편 여덟 편을(1, 2, 3, 13, 23, 30, 51, 136편) 한 편씩 실제로 주해한 것이다. I부의 원리를 개별 시편의 해석에 적

8

용한 것이다. 해당 시편의 문학 구조와 수사 기술들을 관찰했고, 이에 근거해 그 시편이 지닌 고유한(specific) 메시지를 찾고자 했다. 책의 제일 끝 부분에는 필자의 은퇴기념강연(2019년 11월) 내용을 실었다. 앞에 주어진 묘사찬양(찬양시)의 해설과 다소 중복되는 점이 있지만 시편 전체의 체제를 이해하기 쉽게 풀어 설명하고 찬양을 한국교회의 기도 상황에 대한 돌파구요 해결책으로 해설한 내용이기 때문에 성격상 책의 결론이 될 수 있을 것 같아서 첨부했다.

언제나 그랬지만 이 책의 공동 저자는 필자의 강의에 열심으로 참석해 준 합신의 빛나는 눈동자들이다. 하나님의 말씀을 잘 배워서 강단에서 영양 있는 꼴을 먹이고자 하는 열정으로 가득한 학우들의 뜨거운 참여가 있었기에 필자의 강의가 가능했고 그 강의가 종이 위에 옮겨져 이 책이 된다. 지금은 모두 목회를 잘 하고 있을 반짝거리던 그 눈동자들에게 이 자리를 빌려 심심한 감사의 말씀을 올린다.

이 책은 황호진 이사님께서 출연한 '유성 씨엔에프(C&F) 연구기금'의 후원으로 가능하게 되었다. 학교를 위해 늘 헌신적인 수고를 아끼지 않으시는 황호진 이사님께 다시 한 번 깊은 감사의 말씀을 올린다. 연구를 허락해 주신 정창균 전 총장님, 책의 출간을 허락해 주신 김학유 총장님께 심심한 감사를 드리고, 출간 과정을 처음부터 끝까지 세심하게 살펴 주신 출판부장 권호 교수님께 감사를 드린다. 무엇보다 바쁜 중에도 여러 차례 협의에 응해 주었고 색인 작업 뿐 아니라 아름다운 책이 나오는 데까지 열과 성을 다해 주신 북 디자이너 김민정 선생님께 특별한 감사를 드린다. 전에는 없던 저작물심의위원회가 생겨서 위원장 김진수 교수님을 비롯한 여러 위원 교수님들이 초고를 세심히 읽어 주셨다. 개선되어야 할 표현들을 여러 곳 지적해 주시고 오타도 여러 군데 고쳐 주신 덕분에 책의 흠을 많이 줄이게 되었다. 학교 일로 여력이 없으실 텐데도 정성껏 시간을 내주신 교수님들께 심심한 감사를 표한다.

생각하는 것과 달리 시편은 이해도 주경도 결코 쉬운 책이 아니다. 필자의 이 해설서가 시편 설교를 준비하는 강단의 노고를 조금이라도 덜어드릴 수 있다면 큰 기쁨이겠다. 그리고 잠시 멈춰 서서 우리의 기도 현실을 돌아보고 반성하는 일에 아주 작은 도움이라도 될 수 있다면 더 이상의 바람은 없을 것이다. 모든 것이 하나님의 은혜로 되었다. 우리 주님만 영광을 받으시기를.

2022년 2월
효원공원 앞 인계동 서재에서
현 창 학

제II부 개별 시편 주해

시편 주해의
원리

| 제1장 | # 시편이란 무엇인가? |

1. 시작하는 말

인류 역사에 사람들에게 가장 사랑받아 온 가장 위대한 책 100권을 조사 선정해서 보고한 『100권의 위대한 책』이란 조그만 책자가 있다.[1] 100권을 1위부터 100위까지 순위를 매겨 나열하고 간단한 해설까지 곁들여 놓아서 어떤 책을 읽는 것이 좋을지 알기 원하는 사람들에게 고전 양서에 대해 유용한 정보를 제공해 주는 책자이다.[2] 이 책자가 정한 고전들의 순위를 보면 예컨대 2위는 호머(Homer)의 『오디세이』, 3위는 에우리피데스(Euripides)의 『주신(酒神) 바쿠스의 시녀들』, 4위는 호레이스(Horace)의 작품들, 5위는 카툴루스(Catullus)의 작품들, 6위는 단테(Dante)의 『신곡』,.. 9위는 셰익스피어(Shakespeare), 10위는 밀턴(Mil-

---

1. John Cowper Powys, *One Hundred Best Books* (London: Village Press, 1975).

2. 특히 젊은이들이 고전 양서를 읽도록 도우려는 의도를 가지고 제작된 '독서표준서' 성격의 책인 것으로 보인다.

ton),.. 12위는 괴테(Goethe)의 『파우스트』 등이다.[3] 그러면 1위를 차지한 것은 어떤 책인가. 1위는 다름 아닌 『다윗의 시편』이다. 『다윗의 시편』이란 사실상 성경의 시편 전체를 가리키는 말이다. 예전에는 시편 전체를 다윗의 작품으로 생각하는 습관이 있었기 때문에 『다윗의 시편』이란 시편 전체를 가리키는 말인 것이다.[4] 여기서 시편은 인류 역사에서 사람들에게 가장 사랑을 많이 받은 가장 위대한 책으로 간주되고 있다. 시편은 불신 세계를 포함한 일반 사회가 볼 때에도 인간의 정신에 가장 깊은 영향을 끼친 책인 것이다. 과연 시편은 인류 역사에 있어 사람들의 영혼을 가장 많이 위로하고 격려한, 그래서 인간의 영혼에 가장 소중하고 요긴한 양식이 되어 온 책이라 할 수 있다.[5]

그리스도인의 경험이 그러하다. 그리스도인들은 시편을 사랑한다. 시편에는 많은 위로와 지지와 격려가 있기 때문이다. 여러 성경 중에서도 그리스도인들이 시편을 많이 사랑하는 것은 시편이 사람들에게 가장 가까이, 가장 친근히 느껴지기 때문일 것이다.[6] 이 점에 대해서는 이

---

3. 저자만 말하고 작품명은 굳이 언급하지 않은 경우는 그 저자의 작품 모두를 의미하는 것으로 보인다.

4. 실제로 시편이 표제에 저자를 다윗으로 명기하고 있는 시는 일흔 세편뿐이다: 3-9, 11-32, 34-41, 51-65, 68-70, 86, 101, 103, 108-110, 122, 124, 131, 133, 138-145편.

5. Powys의 책은 『다윗의 시편』을 "모든 시문학 중에 가장 아픈 감정 전달에 뛰어나고 통렬하며, 동시에 가장 고상하고 품격 있는"(the most pathetic and poignant, as well as the most noble and dignified of all poetic literature) 시라고 해설하고 있다. 그리고 인류의 모든 세대는 시편으로부터 "위로와 지지와 안식"을(consolation, support and repose) 얻게 될 것이라고 설명한다. Powys, *One Hundred Best Books*, 19.

6. 그리스도인들은 시편이 자신들에게 가장 가깝게 느껴지기 때문에 전도하는 데도 가장 효과적일 것이라 생각하는 듯하다. 어느 선교 단체가 선교 목적으로 발행하는 성경에는 신약과 더불어 구약에서는 유독 시편만이 함께 인쇄되어 있다. 국제기드온협회의 기드온 성경이 그것인데 호텔, 군부대, 병원, 요양소, 교도소 등에 선교할 목적으로 제작된 이 성경은 신약의 배포가 주목적인 것 같은데 시편을 함께 인쇄 발간한다(최근에는 잠언도 포함시킴).

렇게 생각해 볼 수 있다. 성경의 다른 책들은 대부분 '위로부터 주어진' '권위적인' 말씀이다. 구약의 오경, 역사서, 선지서 등은 원칙적으로 하나님이 화자로서(speaker) 하나님이 자신의 '의중'을 사람들에게 전한 것이다. 혹은 언약의 제정(制定)으로, 혹은 삶의 규칙(율법)의 선포로, 혹은 이스라엘의 삶에 대한 해석(예컨대 역사서는 이야기로 된 해석, 선지서는 설교로 된 해석이라 할 수 있음) 등으로 하나님이 사람에게 말씀하신다. '위에서' 하시는 말씀인 셈이다. 그래서 이 책들은—적어도 첫 인상에 있어서는—어쩐지 권위적이고 어렵게 느껴지는 면이 있다. 그런데 시편은 사정이 다르다. 말하는 이가(speaker) 사람이다. 사람이 하나님께 한 말, 즉 기도들이 모아져서 시편이 된 것이다. 시편이 사람의 말을 내용으로(또는 형식으로) 갖고 있다는 점이 독자로 하여금 시편을 친숙하게 느끼게 하는 것이 아닐까 생각된다. 물론 시편은 성경이요 하나님 말씀이다. 사람의 말(기도)이지만 모아지고 영감되어서 하나님 말씀이 되었다. 게다가 시편은 구약 중에서도 최고의 신학서이다. 하나님은 누구신가, 어떤 분이신가에 대해 결정적인 정보들을 제공한다. 시편 기자들은 자신들의 신앙 전통에서 배운 하나님을 충분히 소화하여 기도하기 때문에 시편에는 하나님의 성품과 활동에 관한 매우 소중하고 중요한 정보들이 고백의 형태로 가득 들어 있다. 이처럼 시편은 말씀이요 중요한 신학서이지만 그러나 어쨌든 내용 자체는 사람의 기도, 즉 사람의 말인 것만은 틀림이 없다. 오경, 역사서, 선지서 등을 '위에서 내려온 말씀'이라 한다면 시편은 '밑에서 올라간 말씀'이라 이름 붙일 수 있을 것이다. 시편은 이 땅을 살아가는 사람들이 자신들의 고뇌를 '밑에서부터' 하나님께 고해 아뢴 것이다. 여러 가지 곤경 중에 겪은 좌절, 슬픔, 아픔, 두려움 등을 솔직하게 하나님께 말한 것이다. 시편은 지상의 인간이 살아가는 삶의 실존을 그대로 반영한 책이다. 위대한 신학, **빼어난** 문학, 시인들의 깊은 경건 등 시편은 전문적인 탐구를 통해 해석하고 풀어내야 할 과제와 내용이 많다. 하지만 이처럼 복잡하고 어려운 책임에도 불구하고 시편은 우선 "우리와 성정이 같은"(약 5:17) 사람들의 진솔한 고백이기에 독자인 우리들에게 가까이, 친숙하게 있는 책이다.

이미 말한 것처럼 시편에는 많은 위로와 지지와 격려가 있다. 시편 기자들의 지상에서의 고초가 솔직히 진술되어 있기 때문에 시편은 현대 독자들의 동종의 경험에 공감해 주는 요소를 많이 가지고 있다. 슬픔, 좌절, 울분, 두려움 등 '아픈 감정'을 시편은 익히 알고 있기 때문에 시편은 한 마디로 사람을 '이해'해 주는 책이다. 이 공감과 이해는 독자에게 큰 위로와 지지가 된다. 여기에 시편은 혼자서는 도저히 해결할 수 없는 문제를 하나님께 기도하도록 격려한다. 신실하신 언약의 하나님은 자기 백성의 기도에 반드시 응답하신다. 그리고 가장 안전한 방식으로 그들을 보호하고 인도하신다. 하나님의 응답은 기도자의 상상을 초월하는 방식으로 그의 삶에 개입해 들어온다. 기도자의 운명은 전면적으로 바뀌며 그의 내면은 근본적으로 개혁되어 그는 좌절을 딛고 일어설 뿐 아니라 하나님 찬양이라는 높은 정신적 고양에까지 이르게 된다. 이 모든 것이 기도하는 하나님의 백성에게 일어나는 은총적 변화들이다. 시편은 가까이서 공감하고 위로해 주는 격려자일 뿐 아니라 인간 영혼이 누릴 수 있는 가장 큰 축복에로의 길을 열어주는 길라잡이이기도 하다.

이처럼 그리스도인들의 사랑을 독차지하고 그들의 영혼에 없어서는 안 될 영양제와 치료제 같은 시편이지만 그리스도인들이 시편을 잘 이해하고 그것을 자신들의 경건생활에 충분히 소화하여 활용하고 있다고는 말하기 매우 어렵다. 시편은 가까이 느껴지고 쉬운 책처럼 보이지만 사실은 이해나 적용이 그리 용이한 책이 아니기 때문이다. 강단이 시편을 충분히 해설해 주고 있는가 하면 그것도 그런 형편은 못 된다. 시편은 설교자들에게도 쉬운 책이 아니다. 구약에는 소위 해석의 사각지대란 것이 많은데 시편도 넓게 말하면 이 사각지대에 속하는 책이라 할 수 있다.[7] 바른 해석법을 익히지 않으면 시편 역시 해석이 매우 어려운 책이다. 막연한 선입견을 가지고 대강 이해하는 것은 가능하겠지만 개별 시편이 지니는 정확한 의도를 파악하고 그 시편이 드러내고자 하는 예리한 메시지의 각을 찾아 주해해 내는 것은 여간한 노력으로는 안 되는 고도의 주해 훈련이 필요한 작업이다.

그러면 시편 해석을 어렵게 하는 요소에는 어떤 것들이 있는가. 먼저 떠오르는 것이 문학적 요소이다. 우선 시편에 채용된 다양한 문학기법이 현대인, 현대설교자들에게 매우 낯설다. 시편은 히브리 시만의 독특한 수사 구조와 기술인 평행법(parallelism), 반복(repetition), 봉투구조(inclusio), 교차대칭구조(chiastic structure) 등을 주 수사기술로 채용하고,[8] 이외에도 여러 다양한 수사기술을 채용한다.[9] 이 기술들은 시편

---

7. 구약에서 해석의 사각지대란 책의 의도나 메시지를 파악하기 너무 어려워서 사실상 정확한 주경이 포기되는 책들을 말한다. 예를 들면 선지서의 심판 본문은 적용상의 어려움 때문에 설교에서 제외되는 수가 많고, 욥기와 전도서 같은 지혜서는 그 자체가 가진 질문적('사색적') 요소의 해석상의 어려움 때문에 주경이 포기되는 수가 많다. 이외에도 구약에는 뜻을 분명히 모르는 본문, 알고 있다고 생각하지만 잘못 알고 있는 본문이 시, 산문 할 것 없이 수두룩하다. 체계적인 문법 문학적인 훈련이 없이는 정확한 이해의 길이 요원한 것이 구약이라 할 것이다.

8. 이 주요 수사기술들에 대한 상세한 설명은 현창학, 『선지서 주해 연구』(수원: 합신대학원출판부, 2013), 109-36을 참고할 것.

9. 성경에(신약 포함) 채용되는 기타 다양한 수사기술에 대해서는 E. W. Bullinger, *Figures of Speech Used in the Bible* (Grand Rapids: Baker Book House, 1898)을 참고할 것. Wilfred G. E. Watson, *Classical Hebrew Poetry: A Guide to its Techniques* (Sheffield, England:

의 아름다움과 시적 설득력을(suasiveness) 위해 없어서는 안 되는 것들이지만 이에 익숙지 않은 현대 독자에게는 해석의 큰 장애가 된다. 다음으로 중요하고 문제가 되는 것은 개별 시편의 창작에 관여된 기도 장르들이다. 시편의 기도들은 몇 개의 정해진 기도 유형, 즉 장르들을 따라 창작되었다. 시편의 기도들은 시편 기자들의 개인적인 창의에 의해서만 작성된 것이 아니고 이미 히브리 문학이 보유하고 있던 일정한 패턴에 따라 지어진 기도들인 것이다(이미 있는 패턴[장르]을 가지고 거기에 기자들이 자신들의 창의를 더하여 창작한 것임). 시편 기도의 창작에 동원된 장르는 대강 일곱 개 정도인 것으로 생각된다.[10] 앞으로 하나씩 살펴보게 되겠지만 탄식시, 감사시(선언찬양), 찬양시(묘사찬양) 등이 그것이다. 시편의 시들(기도들)은 모두 이 장르들을 따라 제작되었기 때문에 전체 시들은 이 일곱 개의 장르로 모두 분류된다. 따라서 장르에 대한 지식은 시편을 체계적으로 이해하는 데 필수적이다. 장르의 존재가 시편 해석에 대해 갖는 중요한 함의는 이렇다. 우선 서로 간에 연관이 있는 것 같지 않아 보였던 시들(기도들)이 어떤 일정한 체계에 의해 수집된 것이 밝혀짐으로 시편이 하나의 통일된 작품임이 드러난다. 거기다 특정 장르 아래 분류되는 시들은 원래는 그것들 사이에 무슨 유사성이 있는지 정확히 알 수 없었던 것인데 유형(장르)적 일치로 말미암아 주제 또는 기능적으로 동일한 성격의 노래인 것도 확인하게 된다. 기도 장르는 시편이란 집을 세우는 구조적 기둥이라 할 수 있기 때문에 이에 대한 지식은 시편을 체계적으로 정확히 이해하는 일에 필수적이라 하겠다. 하지만

JSOT Press, 1984)도 좋은 참고가 된다.

10. 학자에 따라 시편의 기도를 지배하는 장르의 수에 대해서 조금씩 견해가 다르기도 하지만 그래도 대체로 일곱 개 정도라는 데 전반적인 동의가 이뤄지는 것 같다.

만일 이 장르에 대한 지식이 없으면 시편은 아무 체계가 없는 단순한 문학선집(anthology)으로만 나타나서 그것의 정확한 이해에 이르지 못하게 되고 만다. 장르에 대한 지식이 구비되지 않을 경우 장르는 해석자에게 또 하나의 해석의 걸림돌이 될 수밖에 없다.

이외에도 시편에는 현대인에게는 생소한 사고방식, 생소한 표현(용어)들이 많이 등장하고, 또 시적 상상력을 발휘하지 않으면 정확한 이해가 불가능한 은유도 많이 나온다. 이 모든 것들이 구약을 '맛나게' '아름답게' 하는 것들이지만 바른 이해를 원하는 현대 독자에게는 다 큰 어려움이 동반되는 도전이다. 여기 더하여 기독교 신학의 관점에서 해석하기 매우 어려운 항목이 몇 가지 더 있다. 복수 청원기도 또는 저주기도 같은 것이 그 한 예이다. 하나님께 원수를 벌해 달라고 하거나 원수에게 재앙이 일어나기를 기원하는 기도로서 자신의 적(들)에게 나쁜 일이 일어나기를 바라는 것을 말한다.[11] 이러한 기도는 액면 그대로라면 기독교

---

11. 예를 들면 시 94:1-2 "여호와여, 보수하시는 하나님이여 보수하시는 하나님이여 빛을 비추어 주소서 세계를 심판하시는 주여 일어나사 교만한 자들에게 마땅한 벌을 주소서"나 5:10 "하나님이여 그들을 정죄하사 자기 꾀에 빠지게 하시고 그 많은 허물로 말미암아 그들을 쫓아내소서 그들이 주를 배역함이니이다," 또는 79:6, 10, 12 "주를 알지 아니하는 민족들과 주의 이름을 부르지 아니하는 나라들에게 주의 노를 쏟으소서," "주의 종들이 피 흘림에 대한 복수를 우리의 목전에서 이방 나라에게 보여 주소서," "주여 우리 이웃이 주를 비방한 그 비방을 그들의 품에 칠 배나 갚으소서" 등은 복수 청원기도라 할 수 있고, 137:8-9 "멸망할 딸 바벨론아 네가 우리에게 행한 대로 네게 갚는 자가 복이 있으리로다 네 어린 것들을 바위에 메어치는 자는 복이 있으리로다"나 35:4-6 "내 생명을 찾은 자들은 부끄러워 하며 수치를 당할지어다 나를 향하여 악을 꾸미는 자들은 물러가 낭패를 당할지어다 여호와의 사자가 (그들을) 몰아 낼 때 그들은 바람 앞에 겨 같을 지어다 여호와의 사자가 그들을 뒤쫓을 때 그들의 길은 어둡고 미끄러울지어다"(35:4-6은 필자의 사역; 이 부분은 3인칭 명령들로[jussive] 되어 있기 때문에 개역개정처럼 2인칭 명령으로 번역하여 하나님께 간구하는 내용으로 취하는 것은 옳지 않고 "~할지어다"로 번역하여 화자의 소원을 표현한 것으로 처리하는 것이 옳다) 등은 저주기도라 할 수 있다.

신앙이나 신학에 정면으로 배치되는 심각한 것들이다.[12] 그런데 놀라운 것은 이 기도들이 전체 시편의 삼분의 이에 해당하는 백 편 이상에 등장 한다는 점이다.[13] 별 생각 없이 읽을 때는 지나쳤을지 몰라도 진지한 해석을 하려 들면 이렇게 높은 빈도로 이런 '적절치 않은' 기도가 등장하는 것은 시편 전체의 이해에 심각한 문제와 숙제를 던진다. 이외에 빈번히 등장하는 "원수"("대적" 또는 "악인")란 존재는[14] 누구를 가리키는 것인지 이 또한 해석이 분분한 내용이다. 이 존재가 개인을 가리키는 것인지 집단을 가리키는 것인지, 실제 인간을 가리키는 것인지 영적인 존재를 가리키는 것인지, 아니면 단순히 어떤 상황에 대한 상징인지 모든 것이 어려움으로 남아 있다.

이상에서 살펴본 바와 같이 시편은 해석을 어렵게 하는 요소를 많이 지니고 있다. 본서는 많은 사랑을 받으나 동시에 접근하기 어려운 요소도 많이 지니고 있는 시편을 해석하는 법을 바르게 정리하여 강단이 시편을 풍성히 설교하고 교회가 이로 말미암아 경건에 큰 유익을 얻도록 돕는 것을 목표로 한다. 성경은 해석이 어려운 부분이 많지만 그것의 어려움을 해결하기 위해 최선의 노력을 기울일 때 그러한 수고가 아니었으면 도저히 기대할 수 없었을 진리의 깊은 것들에 대한 깨달음을 보상

---

12. 예컨대 예수님께서 "너희 원수를 사랑하며 너희를 박해하는 자들을 위하여 기도하라"고(마 5:44) 하신 말씀을 비롯하여 신약의 여러 가르침들을 고려할 수 있다.

13. H. G. L. Peels, 『누가 여호와와 같은가?』, 독립개신교회신학연구원 옮김 (서울: 성약출판사, 2011), 149.

14. 시편에는 "원수," "대적," "악인"이라는 말이 합쳐서 200여 회 이상 등장한다. Robert Young, *Analytical Concordance to the Bible* (Grand Rapids: Eerdmans, 1970). "원수"는 "enemy," "대적"은 "adversary," "악인"은 "wicked"로 검색했다. 여기에 더하여 이 말들과 동일한 의미를 갖는 "행악자," "보복자," "일어나 (나를) 치는 자," "(나를) 쫓아오는 자" 등까지 합치면 "원수"("대적," "악인")를 의미하는 말은 200회를 훨씬 상회하여 나타나는 셈이다.

으로 허락하는 수가 종종 있다. 시편을 정확히 해석하고 충분히 소화하여 성경의 유일한 기도책인 시편이 가르치는 바 하나님께 말을 거는 법을 제대로 익혀나간다면 그것이 바로 성경적 경건일 것이다. 우리의 마음을 시편의 음성에 맞추어 하나님께 기도할 때 저 위의 은혜의 샘으로부터 넘치는 응답의 복이 부어질 것이며, 하나님의 섭리와 구속의 큰 경륜을 깊이 경험하게 될 것이고, 하나님이 자기 백성을 불쌍히 여기시는 따뜻하고 끈끈한 마음에 한층 가까이 다가가게 될 것이다. 하나님을 아는 것이 인간의 참된 목적이요 행복이라고 한다면[15] 시편은 그 목적을 충족시켜 주는 가장 확실한 도구임이 분명하다.

이제 시편은 무슨 책이며 어떤 책인지 살펴보기로 하자.

2. 시편은 무슨 책이며 어떤 책인가

시편은 기도집이며 찬양집이다. 시편은 개인의 기도들을 모은 것이다. 개인 문제 외에 국가 전체의 문제를 고한 것도 있지만 그 경우도 기도는 개인이 한 것이다. 시편은 약 900년 동안 쓰여진 기도들을 모은 것이다. 모세가 가장 오래된 시편의 저자로 생각되고(주전 1400년경; 참고: 90편) 가장 늦은 시기의 기도는 포로후기의 것으로 생각된다(주전 500년경; 참고 126, 137편).[16] 수집은 약 500여 년에 걸쳐 진행된 것으로 생각된

---

15. 참고: 제네바 신앙문답서 제1문 및 3문. 이장식 편역, 『기독교 신조사』 (서울: 컨콜디아사, 1979), 144를 참고함.

16. 126편과 137편은 저자가 명시되어 있지 않지만 포로후기의 상황을 반영하는 것으로 생각되어 왔다. 126편: "여호와께서 시온의 포로를 돌려보내실 때에 우리가 꿈꾸는 것 같았도다 그때에

다. 다윗 시대부터 수집되기 시작했고 이 일은 포로후기까지 계속되었을 것이다.[17] 너무 당연한 말 같지만 시편은 기도들이다. 기도이기 때문에 기도로 이해해야 한다. 기도를 하나님이 직접 하신 말씀이거나 모세나 선지자의 설교와 같은 성격의 것으로 간주하면 해석에 중대한 오류를 초래할 수 있다.

시편은 또한 찬양집이다. 시편의 히브리어 제목 터힐림(תהלים)("songs of praise")이 가리키는 것처럼 시편은 "노래"("찬양")할 목적으로 제작되었다. 터힐림의 칠십인역 번역어인 프살모이(ΨΑΛΜΟΙ)도 "노래"(songs) 또는 "악기를 동반한 음악"(instrumental music)이란 뜻으로 역시 "노래"라는 기능과 연결되어 있다.[18] 또한 시편의 개별 시들은 많은 경우 표제를(superscription) 가지고 있는데 표제들은 대부분 음악에 관한 지시를 담고 있다. 음정에 관한 언급이거나(알라못, 스미닛[19] 등), 사용할 악기를 지시한 것이거나(느기놋, 느힐롯, 스미닛 등), 특정 멜로디를 지정한 것이거나(알 뭇 랍벤, 알 아얄렛 하 샤할, 엘 쇼샤님, 알 타스헷, 알 요낫 엘렘 르호킴 등) 하는 등이다. "찬양대 지휘자를 위하여"라는[20] 언급도 많이 등장하

우리 입에는 웃음이 가득하고 우리 혀에는 찬양이 찼었도다 그때에 뭇 나라 가운데에서 말하기를 여호와께서 그들을 위하여 큰 일을 행하셨다 하였도다... 울며 씨를 뿌리러 나가는 자는 반드시 기쁨으로 그 곡식 단을 가지고 돌아오리로다"; 137편: "우리가 바벨론의 여러 강변 거기에 앉아서 시온을 기억하며 울었도다... 멸망할 딸 바벨론아 네가 우리에게 행한 대로 네게 갚는 자가 복이 있으리로다 네 어린 것들을 바위에 메어치는 자는 복이 있으리로다."

17. 느헤미야기까지 수집 작업이 계속된 것으로 가정하면 시편의 수집은 약 550년 정도 걸렸다고 할 수 있다.
18. 시편의 벌게이트 제목 "Psalmi"나 영역의 제목 "Psalms"는 칠십인역의 이 이름에서 온 것이다.
19. 스미닛은 악기에 관한 지시일 수도 있음.
20. 개역개정은 "인도자를 따라"로 옮기고 있다.

는데[21] 아마 성전 예배에서 찬양대가 전문적으로 사용할(부를) 목적으로 찬양대 지휘자를 위해 특별히 선곡한 시들(노래들)을 가리킨 것이 아닌가 한다. 이 음악적 지시들은 시편이 성전 예배에서 찬양의 용도로 사용되었음을 보여주는 분명한 증거라 할 수 있다. 종합하여 말하면 시편은 기도들을 모은 기도집인데, 이것들에 곡을 붙여 예배에서 하나님을 찬양한 찬양집이다. 내용은 기도이면서, 예배에서의 기능은 찬양이었던 것이다. 시편을 한 마디로 정의하라 한다면 "이스라엘의 예배에서 음악에 맞춰 불러진 기도-찬송집"이라 할 수 있을 것이다.

시편은 기도이긴 하지만 구약신학의 골자를 모두 담고 있는 중요한 책이다. 시편은 구약의 하나님의 성품과 활동에 대해 가장 풍부한 정보를 제공하기 때문에 구약 성경의 골수(marrow) 또는 성경의 "가장 기름진 부분"이라 불린다. 이스라엘에게 계시된 하나님을 삶에서 소화하여 영혼의 가장 깊은 곳으로부터 기도로 발설한 것이 시편이다. 울고 간구하고 신뢰하고 감사하고 환희하는 가운데[22] 그들이 배우며 믿은 하나님이 경험의 언어로 적나라하게 고백되었다. 하나님이 사람을 대하는 모든 면면이 시편에 들어 있기 때문에 사실상 전 성경이 시편에 들어 있다고 해도 과언이 아닐 것이다. 시편을 구약의 심장(heart)이요 성경의 중심(center)이라고 말하는 것도 이처럼 하나님의 전(全) 면모, 그리고 진

---

21. 55개의 시에 나옴.

22. 시편에는 이스라엘의 감성의 전 면모가 노정(露呈)되어 있다. 시편은 이스라엘의 가장 깊은 데서 솟구치는 감동을 쏟아부어 놓은 말하자면 이스라엘의 신앙 "일기장"이다. 존 칼빈의 해설이 이를 잘 설명한다: "이 보고(=시편, 필자 주)에 얼마나 다양하고 휘황찬란한 부가 담겨 있는지 말로 표현할 길이 없다... 나는 이 책을 '영혼의 모든 부분을 분석한 책'이라고 불러도 부당하지 않다고 생각한다. 왜냐하면 사람이 의식할 수 있는 모든 감정이 다 거울처럼 여기에 묘사되어 있기 때문이다"(Tremper Longman, 『어떻게 시편을 읽을 것인가?』, 한화룡 옮김 [서울: 한국기독학생회출판부, 1989], 15에서 재인용).

면모(眞面貌)가 시편에 드러나기 때문이다.[23] "시편은 구약 안에 있지만,
구약은 시편 안에 있다"라는 말도 있다.[24] 물리적으로야 시편이 구약 안
에 포함되어 있는 것이 분명히 맞다. 하지만 내용으로 보면 구약의 모든
사상이 시편에 들어 있기 때문에 구약이 시편 안에 들어 있다는 말도 상
당히 정확한 말이다. 시편의 중요성을 강조하는 언명은 교회사에서도
계속 있어 왔다. 예컨대 4세기 바실은(Basil) 시편을 "모든 신학의 요약"
이라 했고, 역시 4세기 아다나시우스는(Athanasius) 시편을 "성경 전체
의 축도"라 했다. 16세기 종교개혁자 루터는(Martin Luther) 시편을 "작
은 성경 및 구약의 개요"라고 불렀다.[25] 살펴본 바와 같이 시편은 성경
내에서도 중요하고 핵심적인 책이다. 특히 하나님이 어떤 분이신지를
보여주면서 그 하나님께 말을 거는 법을 가르쳐 주기 때문에 시편은 그
리스도인의 경건을 세우는 데 있어 필수 교과서가 된다. 바로 이해해서
시편을 기도와 경건의 참되고 든든한 밑거름으로 삼아야 한다. 시편의
음성에 맞추어 하나님께 기도 올리는 훈련을 하므로 우리의 기도가 바
르고 풍부한 것, 깊은 것이 되게 해야 한다. 이제 기도 장르들에 대해 살
피는 것으로부터 시편 이해의 첫걸음을 떼도록 하자.

---

23. 어떤 이들은 구약과 신약 합본 성경을 들고 정가운데를 펼치면 시편이 나오기 때문에 따라서
    시편이 성경의 '중심'(center)이 아니냐고 언어유희를 하기도 한다.

24. 참고: Longman, 『어떻게 시편을 읽을 것인가?』 65.

25. Longman, 『어떻게 시편을 읽을 것인가?』 65에서 재인용.

시편의 기도장르

제2장

시편을 이해하기 위해 학습해야 할 것이 많지만 가장 중요한 것이 기도 장르이다. 기도 장르는 시편이란 집 전체를 세우는 기둥에 해당하기 때문이다. 장르란 시편 기도들의 유형(문학 유형, literary types)을 말한다. 이미 정해진 유형들이 이스라엘의 문학자산(literary assets) 중에 있어서 하나의 시편이 제작될 때 이 유형들 중 하나가 선택되어 그 유형으로(유형을 따라) 해당 시편이 지어진 것이다.[1] 시인들이 자신의 창의만 가지고 임의로 시편을 제작한 게 아니고 일정한 패턴에 의존해서 그 패턴을 따라(패턴의 제약 아래) 개별 시편들을 지었다는 말이다. 물론 아무 독창 없이 기계적으로 기존 패턴(장르)을 따랐다는 말은 아니다. 이미 있는 패턴을 사용하되 내용에 따라 전하고자 하는 분위기에 따라 자신의 창의를 유감없이 발휘하여 자신의 시를 창작하였다. 그래서 개별 시편들은 하나하나가 다 자신만의 독특한 내용, 그리고 자기만의 맛과 색깔을 지니게 된다. 하지만 어쨌든 시인들의 시편 창작을 도운 기본 자산은 히브

---

1. 드물게 두 개의 장르를 섞어 하나의 시편을 제작한 수도 있기는 하다(예: 19, 27, 40편).

리 문학이 원래 보유하고 있던 기도 패턴, 즉 장르들이다. 이 장르들이
있었기에 시인들은 (자신들이 처한) 상황과 (기대하는) 목표에 맞게 장르
중 하나를 선택하여 자신들이 하나님께 올리고 싶은 말씀과 전해드리
고 싶은 감성을 마음껏 표현할 수 있었던 것이다. 따라서 장르는 시편의
창작을 지배한 기본적이면서 주요한 형식이라 할 수 있다. 150개의 개
별 시편 모두는 이 장르들을 따라 분류된다. 그러므로 장르는 하나하나
의 시편을 개별적으로 연구하기 이전에 시편 전체를 망라하여 이해할
수 있게 해주는 유용하고 편리한 방법이기도 하다. 시편에는 총 일곱 개
의 기도 장르가 있는 것으로 생각된다.[2] 탄식시, 감사시(선언찬양), 찬양
시(묘사찬양), 신뢰의 시, 회상의 시, 제왕시, 지혜시가 그것들이다.[3]

이 중 앞의 세 가지, 즉 탄식시, 감사시, 찬양시를 시편의 주 장르
(major genres), 나머지 신뢰의 시, 회상의 시, 제왕시, 지혜시를 부차적
장르라(minor genres) 불러도 좋을 것 같다. 물론 주(主)와 부(副)는 연구

---

2. 학자에 따라 장르의 수에는 조금씩 차이가 있다. 일곱 개에 좀 못 미치기도 하고 일곱 개를
좀 넘어서기도 한다. 그러나 대체로 일곱 개 정도에 동의하는 수가 많다. 최초로 시편에 장르
분류를 도입한 Gunkel은 시편에 여섯 개의 주 장르(main genres)와 여섯 개의 부장르(smaller
genres)가 존재한다고 제안한 바 있다. 여섯 개의 주 장르는 찬양시(Hymns), 여호와 즉위의
노래(Songs about YHWH's Enthronement), 공동체 불평시(Communal Complaint Songs),
제왕시(Royal Psalms), 개인 불평시(Individual Complaint Songs), 개인 감사시(Individual
Thanksgiving Songs) 들을 말하며, 여섯 개의 부 장르는 축복과 저주의 시(Sayings of Blessing
and Curse), 순례자의 시(The Pilgrimage Song), 승리의 시(The Victory Song), 이스라엘의
감사시(The Thanksgiving Song of Israel), 전설시(Legends), 율법시(The Torah) 들이다.
Hermann Gunkel, *An Introduction to the Psalms*, trans. J. D. Nogalski (Macon, GA:
Mercer University Press, 1998), 1-250.

3. 번역의 편의상 간편하게 장르들을 "시"라고 이름하고 있지만 정확하게는 "시편"(psalm)이라
하는 것이 옳을 것이다: 탄식시편, 감사시편(선언찬양시편), 찬양시편(묘사찬양시편),
회상시편 등. 또는 "기도"라는 이름도 무방하다: 탄식기도, 감사기도(선언찬양기도),
찬양기도(묘사찬양기도), 회상기도 등. 영어권에서는 "Psalm"으로 장르 이름을 표시한다:
Psalm of Lament, Declarative Psalm of Praise, Descriptive Psalm of Praise, Psalm of
Remembrance 등.

편의상 붙인 이름이지 그것들의 기능이나 시편 내에서의 중요성을 두고 하는 말은 아니다.[4]

주 장르인 탄식시(Laments), 감사시(Songs of Thanksgiving 또는 Declarative Psalms of Praise), 찬양시는(Hymns 또는 Descriptive Psalms of Praise) 장르 자체의 일정한 형식적 구조가 있다. 즉, 객관적으로 식별이 가능한 장르들이다. 예를 들면 탄식시는 '불평'(Complaint), '간구'(Petition), '신뢰의 고백'(Confession of Trust), '응답의 확신'(Assurance of Being Heard), '찬양의 맹세'(Vow of Praise) 등의 요소들로 되어 있다. 감사시는 '도움이 필요했던 시간에 대한 회고'(Looking Back at the Time of Need), '구원의 보고'(Report of Deliverance), '갱신된 찬양의 맹세'(Renewed Vow of Praise) 등의 구조적 요소를 지닌다. 그리고 찬양시는 '찬양에의 부름'(Imperative Call to Praise), '찬양의 이유(찬양 본론)'(Reason for Praise[Praise Proper]), '결론'(Conclusion) 등의 구조적 요소들로 되어 있다.[5] 이 세 장르는 시편 기도 전체의 큰 가지에 해당하는 기도들이다.

나머지 네 장르는 일정한 형식적 구조가 없다. 시의 내용과 분위기에만 의존하여 나눈 것이기 때문에 다소 주관적인 구분인 셈이다. 그리고 이 넷은 독특한 지혜시를 제외하면[6] 이런저런 면으로 앞의 세 주 장

---

4. 여기의 주와 부는 당연히 Gunkel의 주 장르, 부장르(smaller genres) 구별과는 다르다. Gunkel의 구별은 장르의 실제 비중을 뜻하는 구별이지만 필자의 구별은 단순히 연구 상의 편의를 위한 것일 뿐, 장르의 빈도나 중요도를 염두에 둔 구별은 아니다.

5. 이 세 주 장르에 대해서는 Westermann의 연구가 고전으로 남아 있다. Claus Westermann, *Praise and Lament in the Psalms*, trans. K. R. Crim and R. N. Soulen (Atlanta: John Knox Press, 1981)(특히 pp. 1-162를 볼 것).

6. 지혜시는 기도라기보다는 교훈의 성격이 강한 시들이어서 특별한 취급을 요한다(잠언, 욥기, 전도서 등 지혜서의 내용과 성격이 반영된 시들임). 기도가 주종인 시편에 삶의 교훈에 해당하는 지혜시가 포함된 것은 시편 해석의 특별한 관심의 대상이 되는데 이에 대해서는

르와 연관되어 있고 또한 그것들의 일부 또는 변형으로 볼 수 있는 여지
도 많다. 다만 나름대로의 독특성이 뚜렷하기 때문에 독립된 징르로 취
급되어야 할 이유는 충분하다 할 수 있다.

여기 2장에서는 부 장르에 대해서만 (간략히) 설명하고, 주 장르는 3
장 이하에서 상세히 다루기로 하자. 부 장르들은 주 장르들의 연장인 면
이 있고 별도의 구조적 특징이 있는 것도 아니기 때문에 긴 설명을 요하
지 않는다. 반면 주 장르들은 구조적 특징이 뚜렷하고 적어도 형식적으
로는 부 장르들을 존재케 하는 '근원적' 장르이기도 하기 때문에 상세하
고도 본격적인 분석을 필요로 한다. 주 장르들을 체계적으로 이해하면
시편에 채용된 전 장르가 쉽게 이해되고 또한 그로 말미암아 시편 전체
를 (바르고 풍부하게) 해석하는 일이 용이해진다. 본서는 이런 중요도 때
문에 주 장르들을 핵심 관심사로 삼아 심층적으로 탐구하고 있다. 3장
에서 5장까지 세 장을 한 장르에 한 장씩 할애하여 면밀하게 분석할 것
이다. 네 개의 부 장르에 대한 설명은 다음과 같다.

신뢰의 시는(Psalms of Confidence 또는 Songs of Trust) 탄식시의 '신
뢰의 고백'이란 요소가 확대된 것으로 볼 수 있어 넓게는 탄식시에 포함
시킬 수 있는 성격의 것이다. 다만 하나님을 의지하는 내용과 신뢰하는
분위기가 하나의 시편 전체를 지배하기 때문에 이 독특성이 신뢰의 시
로 하여금 독립 장르로서의 지위를 갖도록 한다. 다음의 시편들이 몇 개
의 예에 해당한다(시의 성격을 알아보기 쉽도록 하나님에 대한 신뢰를 나타내
는 주요 어휘와 은유를 붉은 글자로 표시함).

앞으로 상세히 다루게 될 것이다.

16편:

하나님이여 나를 지켜 주소서 내가 주께 피하나이다 내가 여호와께 아뢰되 주는 나의 주님이시오니 주밖에는 나의 복이 없다 하였나이다... 여호와는 나의 산업과 나의 잔의 소득이시니 나의 분깃을 지키시나이다... 내가 여호와를 항상 내 앞에 모심이여 그가 나의 오른 쪽에 계시므로 내가 흔들리지 아니하리로다... 이는 주께서 내 영혼을 스올에 버리지 아니하시며 주의 거룩한 자를 멸망시키지 않으실 것임이니이다 주께서 생명의 길을 내게 보이시리니 주의 앞에는 충만한 기쁨이 있고 주의 오른 쪽에는 영원한 즐거움이 있나이다.

23편:

여호와는 나의 목자시니 내가 부족함이 없으리로다 그가 나를 푸른 풀밭에 누이시며 쉴 만한 물가로 인도하시는도다... 내가 사망의 음침한 골짜기로 다닐지라도 해를 두려워하지 않을 것은 주께서 나와 함께 하심이라 주의 지팡이와 막대기가 나를 안위하시나이다... 내 평생에 선하심과 인자하심이 반드시 나를 따르리니 내가 여호와의 집에 영원히 살리로다.

91편:

... 나는 여호와를 향하여 말하기를 그는 나의 피난처요 나의 요새요 내가 의뢰하는 하나님이라 하리니 이는 그가 너를 새 사냥꾼의 올무에서와 심한 전염병에서 건지실 것임이로다 그가 너를 그의 깃으로 덮으시리니 네가 그의 날개 아래에 피하리로다 그의 진실함은 방패와 손 방패가 되시나니... 네가 말하기를 여호와는 나의 피난처시라 하고

지존자를 너의 거처로 삼았으므로 화가 네게 미치지 못하며 재앙이 네 장막에 가까이 오지 못하리니 그가 너를 위하여 그의 천사들을 명령하사 네 모든 길에서 너를 지키게 하심이라... 하나님이 이르시되 그가 나를 사랑한즉 내가 그를 건지리라 그가 내 이름을 안즉 내가 그를 높이리라 그가 내게 간구하리니 내가 그에게 응답하리라 그들이 환난 당할 때에 내가 그와 함께 하여 그를 건지고 영화롭게 하리라 내가 그를 장수하게 함으로 그를 만족하게 하며 나의 구원을 그에게 보이리라 하시도다.

회상의 시는(Psalms of Remembrance)[7] 이스라엘이 경험한 구속 사건을 기억하며 그것을 진술하고 고백하는 기도인데[8] 결국 하나님의 위엄(majesty, greatness)과 은혜(grace, goodness)에 대해 노래하는 것이기 때문에 사실상 찬양시에 포함될 수 있는 성격의 시이다.[9] 하지만 출애굽 사건 등 하나님의 위대한 구속 행위에 대해 집중적으로 회고하는 이야기식 기도라는 독특성이 너무 도드라져서 독립 장르로서의 지위를 부여받는다. 다음이 그 예들이다(시의 성격을 알아보기 쉽도록 출애굽 사건을 [광야 여정, 가나안 정복 포함] 묘사하는 특징적 단어들을 붉은 글자로 표시함).

---

7. 회상의 시는 통상 Psalms of Remembrance를 번역한 이름인데 정확하게 "기억의 시편"으로 번역하는 것이 옳아 보인다. 회상의 시란 이름은 시의 특징을 정확히 파악하기 어렵게 만드는 모호한 번역이다.

8. 따라서 회상의 시(Psalms of Remembrance)를 이야기 시편(Storytelling Psalms), 또는 구속사 시편(Redemptive-historical Psalms)이라고도 부른다.

9. 회상의 시 중에 106편만은 예외인데 이 시는 찬양이 아닌 회개 분위기의 이야기 시편이다.

105편:

... 그리하여 그는 그의 종 모세와 그의 택하신 아론을 보내시니 그들이 그들의 백성 중에서 여호와의 표적을 보이고 함의 땅에서 징조들을 행하였도다... 또 여호와께서 그들의 기력의 시작인 그 땅의 모든 장자를 치셨도다 마침내 그들을 인도하여 은 금을 가지고 나오게 하시니 그의 지파 중에 비틀거리는 자가 하나도 없었도다... 반석을 여신즉 물이 흘러나와 마른 땅에 강같이 흘렀으니 이는 그의 거룩한 말씀과 그의 종 아브라함을 기억하셨음이로다...

135편:

... 그가 애굽의 처음 난 자를 사람부터 짐승까지 치셨도다 애굽이여 여호와께서 네게 행한 표적들과 징조들을 바로와 그의 모든 신하들에게 보내셨도다 그가 많은 나라를 치시고 강한 왕들을 죽이셨나니 곧 아모리인의 왕 시혼과 바산 왕 옥과 가나안의 모든 백성이로다 그들의 땅을 기업으로 주시되 자기 백성 이스라엘에게 기업으로 주셨도다...

136편:

... 애굽의 장자를 치신 이에게 감사하라 그 인자하심이 영원함이로다
이스라엘을 그들 중에서 인도하여 내신 이에게 감사하라 그 인자하심이 영원함이로다
강한 손과 펴신 팔로 인도하여 내신 이에게 감사하라 그 인자하심이 영원함이로다
홍해를 가르신 이에게 감사하라 그 인자하심이 영원함이로다

이스라엘을 그 가운데로 통과하게 하신 이에게 감사하라 그 인자하심
이 영원함이로다
바로와 그의 군대를 홍해에 엎드러뜨리신 이에게 감사하라 그 인자하
심이 영원함이로다
그의 백성을 인도하여 광야를 통과하게 하신 이에게 감사하라 그 인
자하심이 영원함이로다
큰 왕들을 치신 이에게 감사하라 그 인자하심이 영원함이로다
유명한 왕들을 죽이신 이에게 감사하라 그 인자하심이 영원함이로다
아모리인의 왕 시혼을 죽이신 이에게 감사하라 그 인자하심이 영원함
이로다
바산 왕 옥을 죽이신 이에게 감사하라 그 인자하심이 영원함이로다
그들의 땅을 기업으로 주신 이에게 감사하라 그 인자하심이 영원함이
로다
곧 그 종 이스라엘에게 기업으로 주신 이에게 감사하라 그 인자하심
이 영원함이로다...

제왕시는(Royal Psalms) 왕의 즉위식, 결혼식, 전쟁 출정식 등의 경우
를 맞아 왕을 위해 복을 빌거나 하나님께 감사하거나 하나님을 의지하
고 신뢰하거나 하는 시들인데[10] 종종 하나님을 왕으로 높여 찬양하는 데
로 발전하곤 하는 시들이다(어떤 경우는 왕이란 단어가 인간 왕을 가리키는
것인지 왕으로서의 하나님을 가리키는 것인지 구별이 안 될 정도로 혼동해서 쓰이

---

10. 예컨대 21편 같은 경우는 즉위식, 45편은 결혼식, 20편은 출정식과 관계가 있다고 믿어진다.

는 데까지 나아가기도 한다[11]). 기본적으로 찬양의 성격을 띠는 수가 많기 때문에 넓게 찬양시에 포함시킬 수 있는 성격의 시이다. 하지만 왕의 존재에 대한 반복되는 언급이라든지, 왕과 관련된 특별한 행사들과 관계된 진술들이라든지(즉위, 결혼, 군사 행동) 하는 독특성이 제왕시를 별개의 독립된 장르로 취급하는 것이 유리하도록 만든다. 다음이 그 예들이다(왕 또는 왕과 관련된 행사를 언급한 단어들을 붉은 글자로 표시함).

20편:

... 우리가 너의 승리로 말미암아 개가를 부르며 우리 하나님의 이름으로 우리의 깃발을 세우리니 여호와께서 네 모든 기도를 이루어 주시기를 원하노라 여호와께서 자기에게 기름 부음 받은 자를 구원하시는 줄 이제 내가 아노니 그의 오른손의 구원하는 힘으로 그의 거룩한 하늘에서 그에게 응답하시리로다 어떤 사람은 병거, 어떤 사람은 말을 의지하나 우리는 여호와 우리 하나님의 이름을 자랑하리로다... 여호와여 왕을 구원하소서 우리가 부를 때에 우리에게 응답하소서.

21편:

여호와여 왕이 주의 힘으로 말미암아 기뻐하며 주의 구원으로 말미암아 크게 즐거워하리이다... 주의 아름다운 복으로 그를 영접하시고 순금 관을 그의 머리에 씌우셨나이다... 왕이 여호와를 의지하오니 지존하신 이의 인자함으로 흔들리지 아니하리이다...[12]

---

11. 예: 45:17.

12. 개역개정이 8절 이하에서 "왕"으로 옮기고 있는 것은 모두 하나님을 가리킨 것인데 잘못 이해해 오역한 것임. "하나님"으로 바꾸든지 원문대로 "주(당신)"로 옮겨야 함.

45편:

내 마음이 좋은 말로 왕을 위하여 지은 것을 말하리니 내 혀는 글솜씨가 뛰어난 서기관의 붓끝과 같도다... 왕이 가까이 하는 여인들 중에는 왕들의 딸이 있으며 왕후는 오빌의 금으로 꾸미고 왕의 오른쪽에 서도다 딸이여 듣고 보고 귀를 기울일지어다 네 백성과 네 아버지의 집을 잊어버릴지어다 그리하면 왕이 네 아름다움을 사모하실지라 그는 네 주인이시니 너는 그를 경배할지어다... 왕의 딸은 궁중에서 모든 영화를 누리니 그의 옷은 금으로 수 놓았도다 수 놓은 옷을 입은 그는 왕께로 인도함을 받으며 시종하는 친구 처녀들도 왕께로 이끌려 갈 것이라 그들은 기쁨과 즐거움으로 인도함을 받고 왕궁에 들어가리로다...[13]

지혜시는(Wisdom Psalms) 기도라기보다는 교훈의 성격을 띤 시들이어서 특수하다. 잠언, 욥기, 전도서 같은 지혜서들의 사상을 많이 반영하고 있고 어형이나 수사법에 있어서도 지혜서의 그것들을 많이 닮았다. 다음의 예들을 들 수 있다(지혜의 기본 교훈인 보응의 원리에 관계된 언급이거나 지혜 어휘나 수사에 관계된 단어들은 붉은 글자로 표시함).

1편:

복 있는 사람은 악인들의 꾀를 따르지 아니하며 죄인들의 길에 서지 아니하며... 오직 여호와의 율법을 즐거워하여 그의 율법을 주야로 묵상하는도다... 그가 하는 모든 일이 형통하리로다... 무릇 의인들의 길은 여호와께서 인정하시나 악인들의 길은 망하리로다.

---

13. 개역개정이 오역으로 "왕"이라 옮긴 것들은 붉은 글자로 표시하지 않음(참고: 9, 14절).

37편:

... 자기 길이 형통하며 악한 꾀를 이루는 자 때문에 불평하지 말지어다... 진실로 악을 행하는 자들은 끊어질 것이나 여호와를 소망하는 자들은 땅을 차지하리로다... 악인의 팔은 부러지나 의인은 여호와께서 붙드시는도다... 의인이 땅을 차지함이여 거기서 영원히 살리로다... 범죄자들은 함께 멸망하리니 악인의 미래는 끊어질 것이나...

119편:

행위가 온전하여 여호와의 율법을 따라 행하는 자들은 복이 있음이여 여호와의 증거들을 지키고 전심으로 여호와를 구하는 자는 복이 있도다... 청년이 무엇으로 그의 행실을 깨끗하게 하리이까 주의 말씀만 지킬 따름이니이다... 내가 주의 법을 어찌 그리 사랑하는지요 내가 그것을 종일 작은 소리로 읊조리나이다 주의 계명들이 항상 나와 함께 하므로 그것들이 나를 원수보다 지혜롭게 하나이다... 주의 말씀은 내 발에 등이요 내 길에 빛이니이다 주의 의로운 규례들을 지키기로 맹세하고 굳게 정하였나이다...

제3장 탄식시의 분석

1장에서는 시편의 정체와 성격에 대해 살폈고, 2장에서는 시편의 기도 장르들에 대해 개관했다. 시편의 시(기도)들은 탄식시, 감사시(선언찬양), 찬양시(묘사찬양), 신뢰의 시, 회상의 시, 제왕시, 지혜시 등 일곱 개 정도의 기도 장르로 나눠지는 것에 대해 살폈다. 신뢰의 시, 회상의 시, 제왕시, 지혜시 등 네 개의 부(副) 장르에(minor genres) 대해서는 전 장에서 간략한 설명을 마쳤다. 3장부터 5장까지는 본서의 핵심 관심사인 탄식시, 감사시, 찬양시 등 세 주(主) 장르에(major genres) 대해 분석하게 된다.[1]

여기 3장에서는 먼저 세 주 장르의 '구조'에 대해 살필 것이다. 즉, 주 기도 장르들은 어떤 성격의 것들이며 어떤 (세부) 종류가 있는지, 또한 서로 어떻게 연관되는지 등 세 주 장르에 대해 좀 더 체계적으로 분

---

1. 기도의 주 장르들에 대한 분석은 시편 전체를 체계적으로 이해하도록 도와주며, 또한 개별 시편을 착오 없이 바르게 주해하도록 도와준다. 기도 장르의 이해는 바르고 풍부한 시편 해석을 위한 선결 조건이라 할 것이다. 시편을 정확히 이해하게 하고 시편이 주는 깊고 풍부하고 다양한 영적 영양을 놓치지 않고 섭취하게 인도하는 소중한 길라잡이라 할 것이다.

석하고 분류하는 것을 말한다. 세 주 장르는 시편의 기도들을 이루는 주 기둥에 해당하기 때문에 이들 전체를 적절한 체계로 이해하는 일은 개별 시편들을 바르고 풍부하게 주해하는 일을 위해 반드시 필요하며 또한 크게 유익한 일이다.

그리고 3장에서는 탄식시를 분석하게 된다. 탄식시(탄식기도)는 가장 기본적인 기도이다(prayer *prima*). 가장 일차적인 기도로서 신앙인이 하나님께 나아가며 말을 건네는 첫 관문이다. 기도의 원초적인 본질을 담고 있는 탄식시는 시편에 가장 많이 나오는 기도이며 따라서 시편이 가장 공들여 설명하는 기도라 할 수 있다. 시편의 탄식시에 대해 바르게 익혀 곤경 시에 하나님께 어떻게 어떤 내용으로 말을 건넬 수 있으며 건네야 하는지 배우는 것만큼 기도 훈련에 중요한 일은 없다 할 것이다. 탄식시의 구조와 구성 요소들을 살필 것이고 그것들이 교회(신앙인)의 기도에 어떠한 의의를 지니는지 고찰하게 될 것이다. 감사시, 찬양시는 각각 4장과 5장에서 다루게 된다.

1. 주 기도 장르(major genres)의 분류

주 기도 장르란 장르의 형태적 구별이 뚜렷한 탄식시, 감사시(선언찬양), 찬양시(묘사찬양)를 말한다. 이들은 시편의 대표적인 장르들이며 나머지 장르들의(부 장르들) 존재를 가능케 하는 기반이기도 하다.

주 기도 장르를 정확히 이해하기 위해 먼저 이것들을 체계적으로 분류하는 일이 필요하다. 이 분류를 위해 먼저 탄식시부터 생각해 보자. 탄식시는 크게 두 종류로 나눠진다. 개인 탄식시와 백성의 탄식시이다.

개인 탄식시란 이스라엘의 시인 개인이 자신이 겪는 고난을 하나님 앞
에 아뢰며 자신을 그 곤경으로부터 구해주시기를 간구하는 기도이다.
백성의 탄식시는 고하고 구하는 면에서 개인 탄식시와 다를 바 없지만
이 경우는 시인 개인의 문제가 기도의 내용이 되는 것이 아니고 이스라
엘 국가 전체의 문제가 기도의 내용이 된다. 이스라엘이 어떤 국가적 곤
경을 만났을 때 이것을 하나님께 아뢰며 그 곤경으로부터 자신들을 구
해달라고 간구하는 기도가 백성의 탄식시이다. 개인 탄식시는 기도의
주체가 "나"이고, 백성의 탄식시는 기도의 주체가 "우리"인 점만 다르
고 그 외에는 내용이나 형식 면에 있어 두 기도가 사실상 큰 차이가 없
다. 베스터만은 개인 탄식시를 LI(Psalm of Lament of the Individual), 백
성의 탄식시를 LP(Psalm of Lament of the People)라는[2] 기호로 표시한
다.[3]

　　감사시와 찬양시는 좀 더 세심하고 정확한 분류를 요한다. 감사시,
찬양시는 다소 현대적인 분류라고 할 수밖에 없는데 히브리 시편은 이
런 분류를 알고 있지 못하기 때문이다.[4] 히브리 시편은 감사시, 찬양시

---

2. 탄식시(Lament)는 시인이 자신(들)이 겪는 곤경을 하나님께 눈물로 아뢰기 때문에 붙여진
이름이다. 이 시는 하나님께 문제를 해결하시어 자신(들)을 곤경에서 구해주시기를 간구하는
내용이 반드시 포함되기 때문에 간구시(Petition)라 불러도 무방하다. 즉, 탄식시와 간구시는
같은 이름이다. 개인 간구시(Psalm of Petition of the Individual), 백성의 간구시(Psalm of
Petition of the People)로 불러도 무방하다는 말이다.

3. 본고의 주 기도 장르 분류는 기본적으로 베스터만의 분류의 도움을 얻고 있다. Claus
Westermann, *Praise and Lament in the Psalms*, trans. Keith R. Crim and Richard N.
Soulen (Atlanta: John Knox Press, 1981).

4. 감사시, 찬양시라는 이름은 적어도 Gunkel 이후에 공식화된 분류가 아닌가 한다. 참고:
Hermann Gunkel, *An Introduction to the Psalms*, trans. J. D. Nogalski (Macon,
GA: Mercer University Press, 1998), 1-250. Mowinckel도 Gunkel을 따라 그대로
감사시(Thanksgiving Psalms), 찬양시(Hymn of Praise)라는 용어를 쓰고 있다. Sigmund
Mowinckel, *The Psalms in Israel's Worship*, trans. D. R. Ap-Thomas (Nashville: Abingdon,

라는 별도로 구별된 이름을 가지고 있지 않다. 하나의 "찬양"을 알 따름이다. 히브리어 할럴루(הללו), 짜머루(זמרו), 쉬루(שירו), 바라후(ברכו), 호두(הודו)라는 단어들을 통한 하나의 하나님 찬양만 있다.[5] 다만 내용은 두 가지라 할 수 있다. 하나는 하나님이 시인에게 베푸신 어떤 구체적인 구원 행위를 고백하며 찬양한 것이고, 다른 하나는 하나님이 하신 일들을 일반적이고 총체적으로 기술하며 찬양한 것이다. 전자는 어떤 구체적인 곤경이(질병, 곤경, 위험, 원수의 공격 등)[6] 전제되어 그것으로부터 구출받은 경험을 노래한 일종의 간증시이고, 후자는 하나님이 자신의 백성에게 베푸신 큰 일(은혜) 두 가지, 즉 창조(섭리)와 구속이라는 큰 화두에 대해서 이야기하는 서술시(敍述詩)이다. 그동안 전자는 감사시(Thanksgiving Psalms), 후자는 찬양시(Hymn of Praise)로 불려온 것이다.

베스터만은 히브리어가(또는 히브리 시편이) "감사," "찬양"이라는 별도의 어휘를 가지고 있는 것도 아니고 또한 이러한 범주를 알고 있는 것도 아니기 때문에 감사시, 찬양시라는 장르를 따로 구별하여 생각할 수 없다고 본다. 앞에 예를 든 다섯 개의 "찬양하다"라는 동사들도 각각 어느 쪽에 한정되어 쓰이거나 하는 것이 아니고 양쪽에 두루 쓰이기 때문에 감사시나 찬양시를 어휘나 문학 형식면에서 구별할 수는 없다. 따라서 베스터만은 이 양자가 둘 다 "찬양시"(Praise)라는 이름으로 불려야 한다고 주장한다. 다만 전자는 하나님이 하신 구체적인 일을 선언 내지

1962), vol. I, 81-105; vol. II, 31-43.

5. 이 단어들은 의미가 비슷하여 정확히 구별하여 번역하는 것이 쉽지 않다. 일관성 문제에 취약한 개역개정은 여기서도 어려움을 보이는데 대체로 할러루는 "찬양(讚揚)하다," 짜머루는 "찬송(讚頌)하다"(이 두 단어에 있어 특히 일관성이 없음), 쉬루는 "노래하다," 바라후는 "송축(頌祝)하다," 호두는 "감사(感謝)하다"로 옮기고 있다.

6. 참고: Mowinckel, The Psalms in Israel's Worship, vol. II, 31-32.

선포하는(declare) 것이므로 "선언찬양"이라(Declarative Praise) 부를 수 있고, 후자는 현재 시인에게 경험되는 현실적인 사건이 아니고 오래 전에 일어난 거대 사건을 묘사하는(describe) 것이므로 "묘사찬양"이라 (Descriptive Praise) 부르는 것이 적절하다고 제안한다. 이 주장은 전적으로 히브리 어법을 살펴 나온 결론이므로 히브리 시편이 자신의 시들 (기도들)을 어떻게 이해하는지를 보다 잘 반영하고 있다고 생각된다. 그러므로 시의 내용에 대한 간편한 이해를 위해서 전통적으로 써온 감사시, 찬양시라는 분류는 편의상 어느 정도 유지한다 해도 정확하게는 "선언찬양," "묘사찬양"이라는 명칭이 시편의 시들의 성격을 보다 정확히 드러내는 분류라 보아진다.

선언찬양(감사시)도 탄식시처럼 두 종류로 나누어진다. 개인 선언찬양과 백성의 선언찬양이다. 개인 선언찬양은 하나님이 시인 개인의 기도에 응답하여 그를 구원해 주신 경험을 노래한 것이고, 백성의 선언찬양은 하나님이 이스라엘 국가 전체를 곤경에서 구원해 주신 경험을 노래한 것이다. (탄식시에서처럼) 당연히 기도 주체도 전자의 경우는 "나"가 되며 후자의 경우는 "우리"가 된다. 개인 선언찬양은 다수가 발견되지만, 백성의 선언찬양은 상대적으로 매우 드문 편이다. 개인 선언찬양은 PI(Declarative Psalm of Praise of the Individual)라는 기호로, 백성의 선언찬양은 PP(Declarative Psalm of Praise of the People)라는 기호로 표시한다.

묘사찬양(찬양시)은 하나님의 현실에서의 구체적인 응답이나 개입을 다루는 것이 아니고 그분이 아주 오래 전에 하신 큰 일에 대해 말하거나 하나님이 하시는 일 전체를 포괄적으로 취급하기 때문에 그 수혜대상이 개인과 집단으로 구분될 수 없고 따라서 개인이 은혜를 받았다거나 백성 전체가 은혜를 받았다거나 하는 언급이 따로 있을 수 없다.
개인이나 백성의 경험이 소재가 되지 않고 하나님이 전 인류 또는 그의
백성에게 베푸시는 은총 전체를 기술하는 것이 묘사찬양이므로 묘사찬
양은 탄식시나 선언찬양처럼 개인의 것과 백성의 것으로 나누어지지
않는다. 이처럼 묘사찬양은 한 가지만 존재하는데 P(Descriptive Psalm
of Praise)라는 기호로 표시한다.

　이상과 같이 분류한 주 기도 장르들을 도표로 표시하면 다음과 같이
다섯 종류가 될 것이다.

　　LI:　개인 탄식시　　　　　　　예. 13, 22, 142편 등

　　LP:　백성의 탄식시　　　　　　예. 74, 79, 137편 등

　　PI:　개인 선언찬양(개인 감사시)　예. 30, 34편 등

　　PP:　백성의 선언찬양(백성의 감사시)　예. 124편 등

　　P:　묘사찬양(찬양시)　　　　　예. 8, 104, 136편 등

　시편의 기도 전체는 이 다섯 가지 장르를 주 기둥으로 하여 이루어
져 있다고 말할 수 있다. 이 다섯 장르를 숙지하는 것은 시편 전체를 이
해하는 것이며 개별 시편의 바른 주해를 위한 중요한 도구가 된다. 이제
한 장씩 할애하여 탄식시, 선언찬양(감사시), 묘사찬양(찬양시)의 순으로
분석하기로 한다. 여기 3장에서는 탄식시에 대해 분석한다. 탄식시는
(선언찬양도 마찬가지) 개인과 백성의 것 두 가지가 있지만 이 둘은 기도
의 주체만 다를 뿐 내용이나 형식에 큰 차이가 없다. 따라서 해설은 한
범주로 일반적으로 하되, 실제 예는 개인 탄식시에서만 들기로 하겠다.
다음 장의 선언찬양도 마찬가지다. 역시 해설은 한 범주로 일반적으로

하고 예는 개인 선언찬양 중에서만 들기로 한다.

2. 탄식시의 분석

탄식시(탄식기도)란 시인이 어려운 상황에 처해 하나님께 눈물을 흘리며 자신이 당한 괴로움을 하소연하며 곤경 가운데서 구원해 주실 것을 간구한 기도를 말한다. 개인 탄식시로 3, 4, 5, 6, 7, 13, 17, 22, 25, 26, 27,[7] 28, 31, 35, 36, 38, 39, 40:12-17,[8] 41(이상 1권),[9] 42-43, 51, 52, 53, 54, 55, 56, 57, 59, 61, 64, 69, 70, 71(이상 2권), 77, 86, 88(이상 3권), 102(이상 4권), 109, 120, 130, 139, 140, 141, 142, 143편(이상 5권) 등 다수가 있고,[10] 백성의 탄식시로 12(이상 1권), 44, 58, 60(2권), 74, 79, 80, 83, 85(3권), 90(4권), 123, 126, 129, 137편(5권) 등이 있다.[11]

---

7. 27편은 1-6절은 신뢰의 시, 7-14절은 개인 탄식시로 생각된다.

8. 40편은 12-17절은 개인 탄식시로 분류될 수 있는 데 비해, 1-11절은 개인 선언찬양으로 생각된다.

9. 시편은 총 5권으로 편집되어 있다. 1권은 1-41편, 2권은 42-72편, 3권은 73-89편, 4권은 90-106편, 5권은 107-150편 등이다. 개역개정에 붙여진 "제 1권," "제 2권" 등의 표현은(영역들의 경우 Book 1, Book 2 등) 원문에는 없다. 원문은 다만 각 권의 제일 마지막 시편 끝에 송영을 붙여 한 권이 끝나는 것을 표시하고 있다. 예컨대 1권의 마지막인 41:13에는 "이스라엘의 하나님 여호와를 영원부터 영원까지 송축할지로다 아멘 아멘"이라는 송영이, 2권의 마지막인 73:18-19에는 "홀로 기이한 일들을 행하시는 여호와 하나님 곧 이스라엘의 하나님을 찬송하며 그 영화로운 이름을 영원히 찬송할지어다 온 땅에 그의 영광이 충만할지어다 아멘 아멘"이라는 송영이 붙여져 있는 것 등이다.

10. 개인 탄식시는 시편 전체 150편의 약 30%에 해당한다.

11. 백성의 탄식시는 전체 시편의 약 9.3%에 해당한다. 개인과 백성의 것을 합쳐 탄식시 전체는 시편 전체 150편의 대략 39.3%에 해당한다. 그리고 탄식시는(선언찬양, 묘사찬양도 마찬가지임) 시편만의 문학 장르가 아니다. 시편 밖에서도 많이 발견된다. 즉, 이스라엘의 문학 전체가 보유한 문학자산이었던 것이다. 특히 선지서에서 많이 발견된다. 예컨대

탄식시는 인간이 하나님께 올릴 수 있는 가장 기본적인 기도이다. 지상을 살아가는 인간은 기본적으로 결핍 가운데 있기 때문에 이를 해결하기 위한 하나님의 공급하심이 절대적으로 필요하다. "구하라 그리하면 너희에게 주실 것이요"라고(마 7:7) 하신 주님의 말씀은 탄식기도의 의의에 대한 가장 적절한 해설이다.

그런데 시편(구약성경)의 탄식기도들은 일정한 형식적 패턴을 가지고 있다는 점이 중요하다. 아무런 규칙 없이 지어진 것이 아니고 일정한 구조를 따라 제작되었다는 말이다. 시인이 하나님께 자신이나 국가가 처한 상황을 고하고 어려움에서 건져주시기를 기도할 때 고통을 말하고 간구를 드리는 일정한 기도 패턴이 있어 이 패턴에 의존하여 이 패턴을 따라 기도를 작성했던 것이다. 히브리 문학의 문학자산 중의 하나인 탄식시의 패턴은 다음과 같은 요소들로 이루어진다.

1) 불평(Complaint)

2) 간구(Petition)

3) 신뢰의 고백(Confession of trust)

4) 응답의 확신(Assurance of being heard)

5) 찬양의 맹세(Vow of praise)

각 요소에 대해 살펴보기로 하자.

이사야서는 38:9-20이 개인 탄식시이며, 63:15-64:12가 백성의 탄식시이다. 예레미야서는 예레미야의 마음의 고초를 많이 표현한 책으로서 탄식시가 두드러지게 많이 발견된다. 11:18-29, 12:1-4, 15:10-14, 15:15-18, 17:12-18, 18:18-23, 20:7-18 등이 개인 탄식시이고, 3:22-25, 14:7-9, 14:19-22 등이 백성의 탄식시이다. 참고: 현창학, 『선지서 주해 연구』 (수원: 합신대학원출판부, 2013), 94.

1) 불평

불평은 겪고 있는 고난에 대해 어려움을 토로하는 것이다. 말 그대로 괴로움을 두고 '불평'한 것이다. 여기서 불평이란 말을 너무 부정적으로 취할 필요는 없다. 민수기에서의 이스라엘처럼 하나님에 대한 불신앙적 태도에서 나온 불평은 경계해야 할 바이지만, 탄식시에 등장하는 불평은 문제를 해결하기 위한 정당하고 합법적인 과정으로 보는 것이 옳다.[12] 스스로 감당하기 어려운 너무나 큰 시련을 만난 시인은 절망감 속에서 하나님께 문제를 아뢴다. 물론 절제를 넘어섰다고 보일 정도의 "원수들," 자신, 하나님에 대한 극심한 평가가 등장하는 것이 사실이지만 이것들은 시인이 만난 어려움의 극한성 내지 절박성의 표지가 될 뿐이다. 극도의 어려움 그리고 도움을 구할 곳이 전혀 없는 상황은 시인으로 하여금 마지막이며 유일하게 호소할 수 있는 대상인 하나님을 향하여 자신의 어려움을 있는 그대로 털어놓게 한다. 인간으로서 버틸 수 있는 한계를 넘어선 어려움이기에 시인의 어휘는 사납고 그의 문법은 거칠다. 그러나 이와 같은 적나라한 절망의 표현은 하나님께서 시인의 어려움을 "아신다"는 의미를 지니고 있어서 기도하는 하나님의 백성에게 오히려 큰 은혜가 된다. 이제 하나님은 시인의 기도를 들으실 것이요

---

12. 영어에서의 '불평'(complaint)이란 말을 생각해 보는 것이 탄식시의 이 요소 이해에 도움이 될 수 있다. 어떤 가게에서 물건을 샀는데 문제가 생겼다고 해보자. 값은 지불했는데 제품에 하자가 있다든지 가격에 비해 제품의 수준이 기대에 못 미친다든지 하는 일이 생길 수 있다. 그러면 구매자는 제품을 들고 판매자를 찾아가서 문제점을 시정해 줄 것을 요구하게 되고, 판매자는 이 요구에 대해 제품을 바꿔준다든지 환불을 해준다든지 하는 식으로 발생한 문제를 해소하는 조치를 취해 주게 된다. 바로 이 과정에서 소비자가 판매자를 찾아가 시정 조치를 요구하는 것이 '불평'이다. 탄식시의 불평도 이와 유사하다. 부정적인 함의로만 생각할 필요가 없다. 시인에게 어떤 문제가 생겼을 때 그 문제를 해소하기 위하여 하나님께 나아가 호소하는, 문제 해결을 위한 하나의 정상적인 과정이 불평인 것이다.

적절하게 그의 기도에 응답하실 것이다. 탄식시의 불평은 이와 같은 것이다. 곤란한 상황을 아뢰고 도움을 구하고 그 결과 하나님의 응답을 경험하고 하는 기도 응답 전 과정의 맨 선두에 있는 단계이다. 맨 선두에 있는 합법적이고 정당한 단계이다.

불평은 세 가지 차원에서 이뤄진다. 즉, 원수들에 관해 불평하거나, 시인 자신에 대해 스스로 불평하거나, 하나님(또는 하나님이 하시는 일)에 대해 불평하거나 등이다. 원수들에 관한 불평은 적들이 시인을 부당하게 조롱하거나 공격해 오는 것 때문에 오는 고통을 아뢴 것이다. 시인 자신("나")에 대한 불평은 여러 이유 때문에 시인 자신이 고통에서 헤어나지 못하는 점, 또는 시인 자신에게 적절한 구원 수단이 없는 점 등을 토로한 것이다. 하나님("당신")에 대한 불평은 하나님이 오랫동안 자신을 숨기시고 응답해 주시지 않거나 하나님이 하시는 일이 시인의 (공의의) 눈에 도무지 이해되지 않거나 하는 것에 대한 당혹을 솔직히 털어놓은 것이다. 이 세 가지는 하나의 시편에 모두 등장하기도 하지만, 어떤 경우는 둘이나 한 가지만 나오기도 한다. 어쨌든 불평은 탄식시를 이루는 필수적인 요소이다. 불평이 있음으로 해서 시편의 탄식시가 존재하는 것이다. 고통, 곤경이라는 삶의 실존이 시인이 간절한 기도를 하나님께 올리게 된 배경임을 알 수 있다. 앞에 언급한 대로 개인 탄식시만 예로 들어보기로 하자. 13편과 142편을 살펴보자.[13]

---

13. 여기 드는 구절들의 절수는 번역들의(한글역, 영역 등) 절 수를 따른 것이다. 시편에 표제(superscription)가 있는 경우는 BHS는 표제를 1절로(혹은 1, 2절로) 하여 여기서부터 절수를 매기기 때문에 번역들보다 절 수가 하나(또는 둘) 많다(번역들은 표제에 절 수를 매기지 않음).

(1) 원수들에 대한 불평:

13:2b[14] "내 원수가 나를 치며 자랑하기를 어느 때까지 하리이까";

142:3b "내가 가는 길에 그들이[15] 나를 잡으려고 올무를 숨겼나이다"

(2) 시인 자신("나")에 대한 불평:

13:2a "나의 영혼이 번민하고 종일토록 마음에 근심하기를 어느 때까지 하오며";

142:3a "내 영이 내 속에서 상할 때에도," 4 "나를 아는 이도 없고," "나의 피난처도 없고," "내 영혼을 돌보는 이도 없나이다"

(3) 하나님("당신")에 대한 불평:

13:1 "여호와여 어느 때까지니이까 나를 영원히 잊으시나이까 주의 (당신의) 얼굴을 나에게서 어느 때까지 숨기시겠나이까";

(142편은 이 부분이 없음)

---

14. 영문자 a, b는 한 절의 전반절, 후반절을 표시한다.

15. "그들"이 가리키는 것은 6절의 "나를 핍박하는 자들"인 것으로 생각된다.

2) 간구

간구는 불평에 이어지는 요소로서[16] 불평에서 제시된 문제에 대해 하나님의 해결을 구하는 내용이다. 아마 탄식과 간구는 서로 불가분리의 관계에 있는 요소들이라 할 것이다. 문제 해결을 구하지 않는 순수 불평이라는 것도 있을 수 없고, 문제를 제대로 고하지 않는 단순 간구란 것도 존재하지 않을 것이기 때문이다. 자신으로서 어찌 할 수 없는 문제를 아뢴 다음 당연하고 자연스럽게 시인은 그 문제를 해결해 주실 것을 하나님께 청하게 된다. 이것이 간구이다. 이처럼 탄식시에는 불평의 요소에 이어 간구의 요소가 반드시 등장하게 된다. 그래서 탄식시는(Psalm of Lament) 간구시로(Psalm of Petition) 불리기도 하는 것이다. 불평이 탄식시의 핵심 요소인 만큼 간구도 핵심 요소이다. 간구는 탄식시가 존재하는 이유 그 자체이기 때문이다. 간구도 세 가지 내용으로 이루어진다. "들으소서"(시인의 기도를 무시하지 말고 귀를 기울여 달라는 청), "구하소서"(처한 곤경으로부터 구원해 달라는 청), "벌하소서"가(자신을 부당하게 공격하는 원수들을 벌해달라는 청) 그것이다. 개인 탄식시 13편, 142편, 59편을 예로 들어 보자.

(1) "들으소서":
13:3a "여호와 내 하나님이여 나를 생각하사 응답하시고";

---

16. 간구가 불평에 이어진다는 말은 논리적으로 그렇다는 것이며, 실제 많은 경우 그러하다(예: 13, 142편). 그러나 이 순서가 법칙처럼 고정되어 있는 것은 아니다. 간구가 먼저 나오고 그 다음에 불평이 이어지는 순서도 얼마든지 가능하다(예: 59편). 중요한 것은 탄식시에 불평, 간구 두 요소가 항상 핵심 요소로 등장한다는 점이다.

142:6a "나의 부르짖음을 들으소서";

59:4b "나를[17] 도우시기 위하여 깨어 살펴 주소서"

(2) **"구하소서"**:

13:3b "나의 눈을 밝히소서";

142:6b "나를 핍박하는 자들에게서 나를 건지소서," 7a "내 영혼을 옥에서 이끌어 내사";

59:1 "나의 하나님이여 나의 원수에게서 나를 건지시고 일어나 치려는 자에게서 나를 높이 드소서 악을 행하는 자에게서 나를 건지시고 피 흘리기를 즐기는 자에게서 나를 구원하소서"

(3) **"벌하소서"**:

(13, 142편에는 이 부분이 없음);

59:5 "일어나 모든 나라들을 벌하소서 악을 행하는 모든 자들에게 은혜를 베풀지 마소서," 11 "그들을 죽이지 마옵소서 나의 백성이 잊을까 하나이다 우리 방패되신 주여 주의 능력으로 그들을 흩으시고 낮추소서," 12 "그들이 말하는 저주와 거짓말로 말미암아 그들이 그 교만한 중에서 사로잡히게 하소서," 13a "진노하심으로 소멸하시되 없어지기까지 소멸하사," 14 "그들이[18] 저물어 돌아와서 개처럼 울며 성으로 두루 다니게 하소서"

---

17. 개역개정의 "나를" 앞에 있는 "주여"는 원문에 없는 내용이다.

18. 개역개정 "그들에게"는 한글 어법상 적절치 않아 "그들이"로 고친다. 오히려 개역한글 "저희로 저물게 돌아와서... 두루 다니게 하소서"는 한글 어법의 무리가 없다.

3) 신뢰의 고백

불평을 토하고 간구를 올리고 하던 중에 어떤 연유에서인지 시인의 마음속에 하나의 큰 변화가 찾아온다. 하나님을 의지하고 그분의 은혜를 믿고자 하는 믿음이 발생한 것이다. 신뢰의 고백은 이러한 (급작스런) 마음의 변화를 표현한 요소이다. 이것은 이스라엘의 탄식시를 중근동 다른 지역의 유사한 시들과 현저히 구별짓는 요소이기도 하다. 중근동 다른 지역의 탄식기도들은 불평으로 시작하여 불평 자체에 머물다 마치는 경우가 대부분이지만 이스라엘의 탄식시는 불평과 간구를 넘어 기도가 반드시 찬양으로 발전 승화하는 경향을 보여준다. 즉 이스라엘에게 있어 순수한(mere) 탄식이나 간구, 다시 말하면 탄식이나 간구 자체에만 머무는 기도란 존재하지 않는다는 것이다.[19] 이스라엘의 기도가 불평과 간구를 넘어 찬양으로 발전하는 바로 그 변곡점에 신뢰의 고백이 자리한다. 신뢰의 고백이라는 신비한 사건이 발생함에 따라 암울한 분위기 속에 흐느끼던 기도가 구원의 확신과 찬양의 맹세라는 밝은 빛으로의 급격한 반전을 맛보게 된 것이다. 이것이 시편 탄식시의 특징이고 이 특징을 있게 하는 신뢰의 고백의 매력이다. 실의에 잠겨 있던 시인의 마음에 어떻게 신뢰의 고백 같은 예기치 못한 기적이 도래하는지는 자세히 알 길이 없다. 다만 하나님의 영이 개입하여 시인의 마음에 모종의 작용을 했을 것이라는 지극히 평범한 (그리고 상식적인) 수준의

---

19. 이 점은 베스터만이 예리하게 관찰하였다. Westermann, *Praise and Lament in the Psalms*, 74-75. 베스터만은 구약의 탄식기도들은 반드시 불평과 간구를 넘어 찬양으로 전진하고 있음을 보고 놀라게 된다고 말한다. 이스라엘의 모든 부르짖음은 언제나 간구와 찬양의 중간 지점 어디에 존재하는 것이고, 그것은 어디까지나 찬양으로 나아가는 과정일 뿐이라고 시편의 탄식시에 대해 관찰한다.

추정에 머무를 뿐이다.[20] 어쨌든 신뢰의 고백은 시편 탄식시를 그것 되게 하는 결정적인 요소로서 그 의의가 크다. 신뢰의 고백으로 말미암아 시편의 탄식시는 그 자체로 늘 승리의 노래가 된다. 지금은 실의 속에 울지만 그것은 이내 확신으로 승리의 찬양으로 승화될 것이기 때문이다. 13편, 142편에서 신뢰의 고백의 예를 찾아보자.

13:5 "그러나 나는 주의 인자를[21] 의지합니다"[22];

142:3 "주께서 내 길을 아셨나이다," 5 "주는 나의 피난처시요 살아 있는 사람들의 땅에서 나의 분깃이시라"

베스터만(C. Westermann)은 신뢰의 고백과 관련하여 몇몇 개인 탄식시에서 흥미로운 어법 하나를 관찰한다. 와우 역접(waw adversative)이라는 독특한 문법 형태인데 "그리고"란 뜻의 접속사 *와우*(ו)에 일인칭 단수 인칭대명사 *아니*(אני)를 연결한 형태이다(연결된 ואני는 *와아니*라고 읽

---

20. 양식비평이라면 성전에서의 예전을 삶의 정황으로(*Sitz im Leben*) 설정하여 예배를 인도하는 제사장이 구원의 신탁 따위를 선포했을 것이고 이때 모인 회중이 보인 반응(양식)이 신뢰의 고백이었을 것이라고 가정하겠지만 본문만 두고 확정적으로 말할 수 있는 것이라곤 아무것도 없다.

21. 개역개정이 *헤세드*(חסד)를 포괄적인 단어 "사랑"으로 옮긴 것은 적절하지 않다. "사랑"으로 번역해서 적합한 단어는 *아하바*(אהבה)란 히브리어가 따로 존재한다(이 단어의 동사 *아합*[אהב]이 구약성경에 200회 이상 쓰이고 있다). *헤세드*는 구약 신앙 내용의 핵심을 표현하는 말이기 때문에 개역개정처럼 일관성 없이 이 단어 저 단어로 번역하는 일은 지양되어야 한다. 가장 적합하다고 판단되는 단어를 찾아 그것으로 일관되게 번역해 주는 일이 필요하다. 현재로서는 개역한글이 채용한 "인자"("인자하심")가 미흡한 점이 좀 있어도 *헤세드*를 가장 가까이 옮긴 말로 생각되므로 가급적 이 단어를 일관되게 쓰는 것이 옳아 보인다.

22. 구문의 의미를 정확히 드러내기 위한 필자의 사역.

힘).[23] 이 구문은 "그러나 나는…"이란 의미가 되는데[24] 이 구문이 "나는 주를 의지합니다," 또는 "나는 주의 인자를 의지합니다"와 같은 신뢰의 고백을 이끈다는 것이다. 와우 "역접"(逆接)이라는 이름처럼[25] *와아니*는 시의 내용과 분위기를 종래의 것과는 정반대로 뒤집는 어법이기 때문에 실의와 낙담에서 확신과 찬양으로 시의 분위기를 반전시키는 신뢰의 고백의 기능을 분명히 하기에 매우 적합한 문법이다. *와아니*라는 와우 역접 문법으로 말미암아 신뢰의 고백이 탄식시 내에서 갖는 분위기 반전의 기능이 더욱 명료해졌다. 다음의 구절들이 개인 탄식시에 등장하는 와우 역접의 예이다.[26]

23. C. Westermann, *Praise and Lament in the Psalms*, 71-75.

24. 와우에 동사가 아닌 단어, 즉 비동사 요소(non-verbal elements)가 연결되면 순조롭게 흐르던 담화(discourse)가 일단 끊어지며 소위 "와우 이접(離接)"(waw disjunctive)이란 현상이 발생한다는 것이 알려져 있다(와우에 동사가 연결되는 동안은 담화가 순조롭게 이어지기 때문에 이 구문은 "와우 순접(順接)"[waw conjunctive]이라 부른다). 와우 이접이 되면 사건이나 논리의 흐름이 끊기면서 따르는 문장의 의미가 (대체로) 대조, 부대(附帶) 상황, 설명, 주제의 시작이나 종결 중 하나가 된다. 이것은 램딘이 관찰한 이래 학자들 사이에 꽤 많은 동의를 얻고 있는 문법 사항이다. 참고: Thomas O. Lambdin, *Introduction to Biblical Hebrew* (New York: Charles Scribner's Sons, 1971) §132. 시편 탄식시에 나오는 와아니는 대조의 의미가 된다고 보는 것이 가장 적절할 것이다. 그래서 "그리고"에 "나"가 덧붙여진 된 문법 형태지만 그 의미는 "그러나 나는…"이 된다고 보는 것이다.

25. 램딘의 와우 이접(waw disjunctive)과 베스터만의 와우 역접(waw adversative)은 같은 현상에 대한 다른 이름이다. 다만 베스터만은 램딘이라면 와우 이접 중 대조라고 불렀을 와아니를 와아니가 이끄는 신뢰의 고백이 시의 분위기에 대반전을 가져오기 때문에 이 점을 강조하기 위해 "역접"(逆接)이라는 강한 이름을 붙인 것일 뿐이다.

26. 와우 역접의 예에 해당하는 구절들은 개역개정이 이 문법 형태의 특징을 분명히 드러내지 못하는 경우가 많아 모두 필자의 사역으로 대체함. 여기 드는 예들은 베스터만의 도움을 많이 받았지만 그대로 따르지 않고 필자 자신의 관찰을 토대로 수정하고 보완한 자료들이다.

13:5 "그러나 나는 주의 인자를[27] 의지합니다"[28]

(ואני בחסדך בטחתי)

31:14 "그러나 나는 주께 의지합니다, 여호와여!"[29]

(ואני עליך בטחתי יהוה)

52:8 "그러나 나는 하나님의 집에 있는 푸른 감람나무 같음이여 하나님의 인자를 영원 영원히 의지합니다"[30]

(ואני כזית רענן בבית אלהים בטחתי בחסד־אלהים עולם ועד)

59:16과 73:23은 정확히 "그러나 나는 주를(주의 인자를) 의지합니다"라고 말하지는 않지만 위의 세 구절들처럼 "그러나 나는..."이라는 말로 시작하고 있고 내용도 사실상 이 셋과 상통하는 것이어서 이들 역시 기도 분위기의 반전을 보여주는 와우 역접 구절들로 분류할 수 있다.

59:16 "그러나 나는 주의 힘을 노래하며 아침에 주의 인자를 높이 부르겠습니다"[31]

(ואני אשיר עזך וארנן לבקר חסדך)

---

27. 이하 개역개정이 *헤세드*를 "인자하심"으로 옮기는 것들을 일괄적으로 "인자"로 바꿈.

28. 개역개정 "나는 오직"은 "그러나 나는"으로 하는 것이 의미가 분명하다.

29. 개역개정 "그러하여도"를 의미가 분명하게 드러나도록 "그러나"로 고침.

30. 여기서 개역개정은 개역한글 "오직"을 "그러나"로 고치고 있는데 그것은 잘한 일이다.

31. 개역개정에는 "그러나"가 표현되어 있지 않음.

73:23 "그러나 내가 항상 주와 함께 하니 당신께서 내 오른손을 붙 드십니다"[32]

(ואני תמיד עמך אחזת ביד־ימיני)

이외에 27:13, 38:15, 141:8 등의 구절들도 고려해 볼 수 있는데 이것들은 정확하게 "그러나 나는…"이라는 형식은 취하고 있지 않으나 위의 구절들처럼 문맥적으로 역접의 흐름을 드러내고 내용도 신뢰의 고백에 상응하는 것이어서 넓은 의미에서 위의 구절들처럼 역접성 신뢰의 고백으로 간주할 수 있다.

이상과 같이 시편의 탄식시에서 신뢰의 고백이 갖는 독특한 기능과 이를 더욱 명료히 표현하기 위해 몇몇 시편에 동원된 와우 역접의 어법에 대해 살펴보았다. 시편의 탄식시들은 신뢰의 고백이라는 독특한 변곡점을 지니고 있어 아무리 어려운 상황이라 하더라도 절망과 슬픔에 매몰되지 않고 그것을 뚫고 희망과 기쁨으로 비상하는 강력한 잠재력을 지닌 기도이다. 하나님의 백성의 기도는 '뒤집는' 힘을 지니고 있다. 이 뒤집는 힘은 언약갱신이라 할 수 있는 계속되는 은혜의 새로운 체험으로부터 오는 것이다. 이스라엘에게 순수한 슬픔의 넋두리란 결코 존재할 수 없었다. 고통의 토로란 그것 자체가 찬양으로 견인되는 승리의 함성에 다름 아니었다.

---

32. 개역개정에는 "그러나"가 표현되어 있지 않음.

4) 응답의 확신

응답의 확신은 하나님이 시인이 드린 기도를 들으셨다는 확신을 진술한 것이다. 시인의 불평과 그의 간구는 그냥 허공에 외쳐진 소리가 아니다. 하나님이 들으시는 소리이다. 하나님은 들으시며 문제 해결을 위한 조치를 취하신다. 시인은 신뢰의 고백에 표현된 대로 하나님과 하나님의 인자에 대해 믿게 되었고, 그 결과 이제는 하나님이 자신의 기도를 들으셨다는 확신에 이르게 된다. 실제적인 응답은 선언찬양(감사시)에 가서 구체적으로 고백될 것이지만 그러나 그 전에 이미 시인의 마음은 하나님이 응답하실 것이라는(하나님이 어떤 문제 해결의 조치를 취해주실 것이라는) 확신으로 충만하게 된다. 응답의 확신은 시인으로 하여금 찬양으로(찬양의 맹세로) 기도를 마무리 짓게 하는 원동력이 된다. 13편에는 응답의 확신이 나오지 않는다. 142편, 59편에서 예를 들어 보자.

(13편은 이 부분이 없음)
142:7b "주께서 나에게 갚아 주시리니 의인들이 나를 두르리이다"
59:8 "여호와여 주께서 그들을 비웃으시며 모든 나라들을 조롱하시리이다," 10 "나의 하나님이 그의 인자로 나를 영접하시며 하나님이 나의 원수가 보응 받는 것을 내가 보게 하시리이다"

5) 찬양의 맹세

찬양의 맹세는 시편 탄식시의 요소들 중 해당 시편의 제일 마지막 부분에 등장하는 요소이다. 이스라엘의 탄식은 결국 찬양으로 마무리

된다는 것을 보여주는 의미심장한 요소이다. 처음에 울며 기도하던 시인은 마침내 (새롭게) 하나님과 하나님의 은혜(인자)를 발견하여 의지하게 되었고(신뢰의 고백), 그 결과 하나님께서 자신을 구해주신다는 확신까지 얻게 되었다(응답의 확신). 지극히 당연한 귀결로 이제 시인은 은혜와 기적을 가져다주시는 하나님을 높이는 순서를 취하게 된다. 시인의 계산을 넘어 큰 자비를 가져다주신 하나님은 영광 받아 마땅한 분이시기 때문이다. 하나님을 높이고자 하는 시인의 마음의 결단이 표현된 것이 찬양의 맹세이다. 진정한 의미의 찬양은 묘사찬양(찬양시)에 제대로 드러날 것이지만 탄식시에서는(그리고 선언찬양에서는[33]) 그에 앞서 하나님을 찬양하겠다는 마음의 다짐이 먼저 예비적으로 표현된 것이다.

찬양의 맹세는 탄식시와(또는 선언찬양과) 묘사찬양을 연결해 주는 요소이다. 탄식시에서 찬양을 맹세한 것이 결국 묘사찬양에서 본격적인 찬양으로 열매를 맺는 모양새이기 때문이다. 찬양의 맹세는 하나님으로부터 응답 받은 구체적인 일에 대한 개별적인 감격의 표현이다. 구체적인 응답의 경험과 그에 대한 개별적인 감격의 표현이 쌓이면서 시인은 점차 하나님의 은혜 전체에 대해 깨달음을 얻어 갈 수 있었을 것이다. 하나님의 은혜 전체란 창조(섭리)와 구속으로 요약할 수 있는 것인데 이는 이미 오경에 계시된 바이지만 시인이 그것을 자신의 고백으로 토설할 수 있게 되기까지는 많은 시간과 많은 하나님 경험(임재경험)을 필요로 했을 것이다. 탄식시의 기도와 찬양의 맹세가 묘사찬양(찬양시)의 토대가 되었으리라고 보는 이유이다. 어쨌든 이처럼 탄식시는 찬양의 맹세로 말미암아 그 자체 이미 찬양의 성격을 띠고 있으며, 또한 묘

---

33. 선언찬양에도 찬양의 맹세가 있음.

사찬양을 태동시키는 토대가 되어주기 때문에 이스라엘의 "찬양집(찬양들)"(터힐림[ꠥꠥꠥꠥ])이라[34] 불리는 시편에 아무런 자격 조건의 제한 없이 포함될 수 있었을 것이다.

묘사찬양은 2인칭 복수명령의 문법과 3인칭 진술의 문법을 조합한 형식으로 찬양을 말하고, 탄식시는(선언찬양도 마찬가지임) 1인칭(단수, 복수)[35] 의지형(cohortative) 동사의 문법으로 찬양의 맹세를 표현한다. 찬양의 맹세의 예를 개인 탄식시인 13편, 142편에서 살펴보자.

13:6a "내가 여호와를 찬송하리니"
142:7a "주의 이름을 감사하게 하소서"[36]

3. 탄식시(탄식기도)의 의의

지상에 살아가는 인간은 여러 종류의 결핍과 마주하며 살아가야 한다. 때로는 건강을 잃을 때도 있고, 때로는 물질의 부족에 시달리기도 하며, 때로는 관계의 악화에서 오는 고통을 겪기도 한다. 경우에 따라서는 파괴적이고 적대적인 사회 환경이 빚어내는 비극에 휘말려 여러 사

---

34. 터힐림은 터힐라(ꠥꠥꠥꠥ)("찬양의 노래")의 복수형이다. 터힐라가 개별 시편의 제목으로 쓰인 것은 145편 한 번뿐이다. 터힐라는 시편 본문에는 22:26, 48:11, 100:4, 149:1(이상 모두 MT) 등에 쓰였다. 참고: Mowinckel, *The Psalms in Israel's Worship*, vol. I, 2; vol. II, 218.

35. 짐작할 수 있는 바와 같이 개인 탄식시는 단수 동사, 백성의 탄식시는 복수 동사를 쓴다.

36. 이 부분은 히브리어 원문이 목적을 의미하는 부정사구로 되어 있어서 직역하면 "당신의 이름을 감사하도록"이 되는데 이는 곧 "나를 구해 주시면 당신의 이름을 찬양(감사)하겠습니다" 하는 뜻에 다름 아니어서 시인의 의지의 표현이 된다.

람이 함께 엄청난 재난의 시간을 경과하는 수도 있다. 예수 믿어 죄의 문제와 영원의 문제를 다 해결 받은 성도라 하더라도 이와 같은 지상의 고되고 어려운 삶의 현실로부터 완전히 자유로워지는 것은 아니다.

탄식시는 삶의 힘든 현실을 살아가는 인간이 하나님께 기도하므로 자신이 겪는 곤경으로부터 벗어날 수 있게 마련해 주신 귀하디 귀한 은혜의 수단이다. 아무리 절망의 순간이 온다 하더라도 성도에게는 위에서 주어진 구원의 통로가 있다. 하나님이 자기 백성의 기도를 들으신다. 그리고 응답해 주신다. "우리는 기도하고 하나님은 응답하신다"는(We pray and God answers) 간단한 명제가 그리스도인의 신앙생활을 지배하는 가장 기본적인 원리이다. 기도에 그리스도인의 신앙의 실존이 있다. 그리스도인은 기도와 기도 응답 속에서 하나님의 임재를 경험한다.

예수께서 무한한 확신을 가지시고 "구하라 주실 것이요"라고 외치셨다. "너희가 기도할 때에 무엇이든지 믿고 구하는 것은 다 받으리라"고 약속하셨다(마 21:22). 백지 수표에 금액을 적어 원하는 것을 다 받듯, 기도하면 우리에게 구원과 복이 무한히 열리는 사실을 그림처럼 약속한 말씀들이다. 삶에는 고된 시간이 찾아온다. 사람의 힘으로 넘기 힘든 좌절의 시간도 올 수 있다. 그러나 "도와주세요!", "구해 주세요!" 하는 간절한 부르짖음만 있으면 그것으로 우리는 이 모든 어려움을 넘어설수 있다. 문제 해결과 더불어 또한 전혀 상상하지 못했던 복된 세계가 열리게 된다. 어려움이 온다고 좌절할 것이 아니고 정신을 차려 기도의문을 열어 놓고 있어야 한다. 문제가 문제가 아니라 기도하지 않는 것이문제일 뿐이다. 기도는 우리로 하여금 하나님의 구원을 경험하게 하고살아 계신 하나님과 깊은 사귐을 이어가게 한다.

탄식시는 전체 시편의 약 40%에 해당한다. 비단 탄식시만 아니라 감사시나 신뢰의 시들에도 탄식의 요소가 들어 있는데 이것들까지 다 합치면 탄식의 내용을 가진 시는 전체 시편의 55%를 상회하는 분량이 다. 시편의 기도는 반수 이상이 하나님을 향해 눈물을 흘리는 기도라는 말이다. 그러나 탄식의 내용을 지닌 시가 이것들만으로 끝나는 것이 아 니다. 밀러는(P. D. Miller) 시편의 대부분의 시는 작든 크든 시인이 겪은 괴로움과 역경에 대해서 적어도 조금씩은 말하고 있다고 그가 관찰한 결과를 보고한다.[37] 전혀 그럴 것 같지 않은 찬양시나 지혜시 같은 것들 도 조금씩은 탄식의 요소를 다 보유하고 있다는 말이다. 시편에는 장르 나 목적이 어찌 됐든 아픔이 없는 기도는 (거의) 없다는 말이 된다. 아픔 은 인간 실존의 보편적 현상이며 시편은 이 아픔을 반영하는 성경이다. 시편은 지상을 살아가는 사람들의 고통과 신음을 반영하는 책이다. 하 나님이 시편을 통해 우리의 신음을 들어 주고 계시다.

하나님이 우리의 아픔을 '아신다.' 성경의 탄식시의(또는 탄식의 내용 을 지닌 시의) 존재는 이것을 말해 준다. 하나님은 우리의 아픔을 '이해' 하시는 하나님이시다. 하나님이 아신다는 것은 단순한 지적인 지식을 의미하는 것이 아니다. 그보다 훨씬 더 나아간, 삶을 전적으로 공감하시 는 '앎'을 말한다. 이것을 하나님의 파토스(divine pathos)라 한다. 우리 를 아픔으로 사랑하시는 사랑을 말한다. 아픔으로 우리의 삶에 참여하 셔서 우리의 삶과 우리의 삶의 아픔을 아시는 것을 말한다. 예수님이 걸 으신 십자가의 길이(via dolorosa) 이 신적 파토스이다. 그는 십자가에 죽

---

37. 그의 표현을 그대로 옮겨 보자: "The reader of the psalms of the Old Testament is quickly struck by the fact that most of the psalms deal with some sort of trouble or adversity, the psalmists' experiences of enmity, oppression, and wickedness." Patrick D. Miller, *Interpreting the Psalms* (Philadelphia: Fortress Press, 1986), 48.

으심으로 우리의 죄를 사해주셨고, 또한 십자가의 삶을 사시고 십자가의 길을 가신 것으로 죄인들의 고통스러운 삶에 직접 참여해 주셨다. 예수님은 "우리의 질고를 지고 우리의 슬픔을 당하신" 분이시며(사 53:4), 그래서 "우리의 연약함을 동정하시는(sympathize with)" 분이시라는(히 4:15) 것이 성경의 증언이다. 주님이 우리의 아픔을 공감해 주신다는 것은 세상의 어떤 것으로 비교할 수 없는 큰 위로이다. 예수님이 알아주시므로 성도는 모든 고통을 감내할 수 있다. 아픔 자체의 해소는 또 다음의 문제라 하더라도 주님이 '아신다'는 사실 하나가 우리로 하여금 모든 고통을 이기게 한다.

이런 깊고 신비로운 진리와 더불어 그러나 여전히 중요한 움직일 수 없는 사실은 성도의 기도는 반드시 하나님이 응답해 주신다는 점이다. 응답되지 않는 기도란 것은 도대체 존재하지 않는다. 응답이 기도하는 이의 소원대로 되었든 소원과 다른 것이 되었든 하나님은 성도의 기도에 반드시 응답하시고 좋은 것을 주신다. 우리의 소원대로 응답해 주시면 물론 감사하다. 하지만 우리의 소원대로 이뤄지지 않아도 감사하다. 아니 훨씬 더 감사하다. 왜냐하면 우리 뜻이 이뤄지지 않고 하나님의 뜻이 이뤄지고 있기 때문이다. 불완전하고 심지어 위험하기까지 한 우리의 뜻은 항상 좋은 것은 아니다. 하나님의 뜻은 완전하며 우리 자신을 위해 가장 좋은 결과를 가져오기 때문에 항상 좋은 것이다. 우리가 하나님께 어떤 소원을 아뢸 때 "주의 뜻이 이루어지이다"(마 6:10) 하는 기도를 항상 수반해야 하는 이유이다. 우리의 기도는 하나님이 응답하시는 기도이며 가장 좋은 결과를 동반하는 기도이다. 따라서 우리의 탄식은 그 자체로 승리의 노래이다. 고통을 털어 놓으면서도 우리는 곧장 찬양을 시작할 수 있다. 시간문제일 뿐 문제 해결과 승리의 시간이 바로 우리 눈앞에 있다.

제4장 선언찬양(감사시)의 분석

1. 선언찬양의 분석

선언찬양(감사시)은 탄식시의 연장선상에 있다. 탄식시에서 하나님께 울면서 자신의 곤경을 아뢰고 구원해달라고 간구한 것이 마침내 하나님께 상달되어 하나님이 기도에 응답하시고 시인을 어려움 가운데서 건져내 주셨다. 이 구원의 경험을 간증적으로 고백한 것이 선언찬양이다. 따라서 선언찬양은 탄식시의 내용을 반영하는 과거 곤경의 때에 대한 회상과 구체적인 하나님의 응답의 내용을 기술하는 간증 이 두 요소를 핵심 내용으로 지니게 된다. 선언찬양도 개인의 구원 경험을 간증하는 개인 선언찬양과 국가 전체가 적으로부터 구원 받은 경험을 간증하는 백성의 선언찬양 둘로 나눠진다. 백성의 선언찬양은 상대적으로 수가 매우 적다. 개인 선언찬양(감사시)으로 18, 30, 32, 34, 40:1-11[1](이상

---

1. 12-17절은 개인 탄식시임.

1권), 66:13-20²(2권), 92(4권), 116, 118, 138편(5권) 등을 들 수 있고,³ 백성의 선언찬양(감사시)으로 65,⁴ 67⁵(이상 2권), 75(3권), 107, 124편(5권) 등을⁶ 들 수 있다.⁷

　백성의 선언찬양이 수가 매우 적은 것은 설명하기 어려운 현상 중의 하나이다. 베스터만은 선언찬양(감사시)이란 것이 어떤 곤경 중에 기도 했을 때 매우 가까운 시기에 구원의 응답이 있을 경우 가능한 것인데 이스라엘이 국가적 위기, 특히 바벨론에 의한 멸망 같은 위기에 기도해서 곧바로 회복된 경험이 별로 없기 때문에 백성의 선언찬양이란 것이 수가 적을 수밖에 없는 것이라고 설명한다.⁸ 바벨론에 의한 멸망의 경우 적어도 수십 년, 혹은 백오십 년 가까이 지나서야, 그것도 상당히 제한된 범위 내에서 회복을 경험했기 때문에 회복의 감격도 미미할 뿐더러

---

2. 1-12절은 묘사찬양으로 분류할 수 있음.

3. 개인 선언찬양은 시편 전체 150편의 약 6.7%에 해당한다.

4. 묘사찬양으로 분류될 수도 있음.

5. 묘사찬양으로 분류될 수도 있음.

6. 129편은 본고가 백성의 탄식시로 분류하고 있지만 보기에 따라 백성의 선언찬양으로 분류될 수도 있음.

7. 백성의 선언찬양은 전체 시편의 약 3.3%밖에 안 되는 적은 수다. 129편을 포함시켜도 4%이다. 그나마 여기 분류해 놓은 것들 중에도 확실히 백성의 선언찬양이라 할 수 있는 것은 124편 하나뿐이고 나머지는 분류에 다소 모호한 점이 있는 것들이어서 엄격한 잣대를 사용하면 백성의 선언찬양은 사실상 1%도 안 된다. 이론적으로 분류는 가능하지만 백성의 선언찬양의 분포가 매우 적은 것에 대해서는 학자들 사이에 토론이 분분하다. 어쨌든 개인과 백성의 것을 합치면 선언찬양은 시편 전체의 10% 정도가 된다(혹은 6~7%). 선언찬양도 탄식시처럼 이스라엘 문학 전체의 공통 보유 자산으로 시편 밖에서도 발견된다. 개인 선언찬양으로는 욥 33:26-28, 애 3:52-58, 욘 2:2-9 등을 들 수 있고, 백성의 선언찬양으로는 출 15:21, 18:10, 사 26:13-19, 63:7-14 등을 들 수 있다.

8. Claus Westermann, *Praise and Lament in the Psalms*, trans. Keith R. Crim and Richard N. Soulen (Atlanta: John Knox Press, 1981), 81-82.

'문제'와 '기도 응답' 사이의 거리가 너무 멀어 새삼스럽게 감격의 노래를 짓는다는 것이 매우 어색한 일이 되었을 것임을 짐작할 만하다. 문제와 기도 응답의 직접적인 상관 관계를 확인하기 어려운 만큼 백성의 선언찬양은 차차 설 자리를 잃게 되고, 아마 그 자리는 하나님이 이스라엘을 위해 하신 큰 일을 일반적이고 전체적으로 서술하는 묘사찬양(찬양시)이 대체하게 되었는지도 모른다.

선언찬양도 일정한 패턴에 의해 드려진 기도이다. 단순히 내용만 기도응답에 대한 간증인 것이 아니라 일정한 구조적 형식이 있다는 말이다. 개인 선언찬양을 중심으로 살펴보자. 히브리 문학자산 중의 하나인 선언찬양의 패턴은 다음과 같은 요소들로 이루어진다.[9]

1) 곤경의 회고(Looking back at the time of need)
2) 구원의 보고(Report of deliverance)
3) 갱신된 찬양의 맹세(Renewed vow of praise)

각 요소에 대해 살펴보기로 하자.

1) 곤경의 회고

시인은 하나님께서 구원의 응답을 주신 일을 간증하기에 앞서 하나님의 도움이 절실하게 필요했던 과거의 상황을 먼저 회상한다. 탄식기

---

9. 이 요소들에 대해서는 Westermann의 도움을 받았다. Westermann의 구조 이해는 이후 시편을 해설하는 많은 학자들에게 영향을 주었다. 참고: Westermann, *Praise and Lament in the Psalms*, 81-116.

도의 불평에 나타난 어려운 상황이 바로 이 상황인 셈이다. 탄식기도가
닥친 곤경으로부터 구해 주실 것을 간구한 것이 응답되어 그 응답의 결
과가 선언찬양으로 고백된 것이라면 논리적으로 선언찬양은 탄식기도
에서 파생된, 탄식기도에 이어지는 후속 기도라 할 수 있다. 곤경의 회
고에 나타나는 시인의 절박한 사정은 한 마디로 "기가 막힐 웅덩이와
수렁"이라고(시 40:2) 표현될 수 있는 것으로, 하나님의 도움이 없었다면
그대로 '멸망'할 수밖에 없었던(적어도 그렇게 느껴진) 극한적인 위기를
말한다. 한 마디로 "보호받거나 지지받을 데가 전혀 없는"(helpless) 상
태이다.[10] 이 절박한 상황에서 시인은 오직 하나님밖에 의지할 데가 없
었다. 그래서 그는 하나님을 바라보며 간절히 매달려 부르짖었다. 곤경
의 회고는 인간의 절박한 상황을 묘사하는 데 히브리시가 동원할 수 있
는 가장 아름다운 은유들을 동원한다. 히브리 성경은 인간의 고난, 고통
을 묘사하는 데 히브리시가 지닌 가장 빼어난 은유들을 사용하는데 선
언찬양의 곤경의 회고가(그리고 탄식기도의 불평이) 그 대표적인 예라 할
수 있다.[11] 곤경의 회고는 선언찬양의 첫 구성요소로서 하나님의 기도
응답이 시인의 '생존'을 위해 필수적이며 또한 매우 시급하다는 사실을

---

10. 오 할레스비는 기도가 성립하려면 두 조건이 필요한데 하나는 인간에게 닥친 "보호받거나
지지받을 데가 전혀 없는 상태"(helplessness)요, 다른 하나는 이 상황에서의 그의
"믿음"(faith)이라고 했다. 인간은 조금이라도 의지할 데가 있으면 기도하지 않고 그것에
기대려 한다. 즉 아직 여전히 믿는 구석이 있기 때문에 그것으로 하나님 없이 무언가 해보려
하고 하나님을 진심으로 그리고 전심으로 의지하지 않는다. 의지할 데도 도움 받을 데도
없는 절망적인 상태가 다가오면 그때 비로소 인간은 자신의 무력함을 알고 하나님을 향해
눈을 돌리고 하나님만 의지하는 기도를 올리게 된다. "보호 받거나 지지받을 데가 전혀 없는
상태"는 진정 참된 의미의 기도가 성립하는 조건이라 할 것이다. 참고: O. Hallesby,『기도』
(서울: 생명의 말씀사, 1966), 1-25.

11. 선언찬양의 곤경의 회고와 탄식기도의 불평 외에는 욥기의 욥의 불평-독백(Compla-
int-Monologue)과 에스겔이나 예레미야애가의 애가(조가)(dirge) 등을 예로 들 수 있다.

말해 주고 있다. 개인 선언찬양인 시편 30편, 18편에서 예를 들어 보자.

> 30:7b "주의 얼굴을 가리시매 내가 근심하였나이다"
> 18:4-5 "사망의 줄이 나를 얽고 불의의 창수가 나를 두렵게 하였으며 스올의 줄이 나를 두르고 사망의 올무가 내게 이르렀도다"

2) 구원의 보고

구원의 보고는 선언찬양의 핵심요소에 해당한다. 선언찬양의 본질인 '간증'을 담고 있기 때문이다. 즉, 시인이 하나님께 자신이 당한 어려운 사정을 고하고 그 결과 하나님이 베풀어 주신 구원을 체험한 고백이다. 구원의 보고는 다음 세 가지 요소로 되어 있다: "내가 부르짖었다"(I cried); "그(하나님)가 들으셨다"(He heard); "그(하나님)가 나를 건지셨다"(He drew me out). "내가 부르짖었다"는 극심한 곤경 중에 하나님께 구원을 베풀어 주십사고 기도했다는 내용이고, "그가 들으셨다"는 하나님이 시인이 올린 기도를 들으셨다는 내용이며, "그가 나를 건지셨다"는 기도를 들으신 하나님이 시인을 곤경으로부터 건져 주셨다는 내용이다. '우리는 기도하고 하나님은 응답하시는'(we pray, and God answers) 가장 기본적인 신앙의 원리가 여기 고백되어 있다고 할 수 있다. 기도와 (기도) 응답은 성도가 경험하는 가장 기본적인 신앙의 실존이다. 우리는 기도하고 하나님은 응답하시고 구원을 베풀어 주시는 이것이 바로 성도가 하나님을 만나는 경험이다. 예수님께서도 무한한 확신을 가지시고 "구하라 그리하면 너희에게 주실 것이요!"라고(마 7:7) 말씀하셨다. 구원의 보고의 세 요소가 과거 시제로 표현된 것은 하나님의 구원을 (사건적으로) 경험하고 나서 그것을 고백한 것이기 때문이다. 구원의 보고의 세 요소는 시편에 따라 세 요소가 전부 등장하는 수도 있고, 경우에 따라서는 두 요소만 나오는 수도 있다. 개인 선언찬양인 30편, 40:1-11, 66:13-20, 18편에서 예를 들어 보기로 하자.

(1) "내가 부르짖었다":

30:2 "내가 주께 부르짖으매," 8 "여호와여 내가 주께 부르짖고 여호와께 간구하기를," 10 "여호와여 들으시고 내게 은혜를 베푸소서 여호와여 나를 돕는 자가 되소서 하였나이다"

40:1a "내가 여호와를 기다리고 기다렸더니"[12]

66:17a "내가 나의 입으로 그에게 부르짖으며"

18:6aα "내가 환난 중에서 여호와께 아뢰며 나의 하나님께 부르짖었더니"

(2) "그가 들으셨다"

(30편은 이 부분이 없음)

40:1b "귀를 기울이사 나의 부르짖음을 들으셨도다"

66:19 "그러나 하나님이 실로 들으셨음이여 내 기도 소리에 귀를 기울이셨도다"

18:6aβb "그가 그의 성전에서 내 소리를 들으심이여 그의 앞에서 나의 부르짖음이 그의 귀에 들렸도다"

---

12. 40:1에는 정확히 "부르짖었다"는 표현은 없지만 이어서 하나님이 "귀를 기울이시고 시인을 끌어올리셨다"는 말이 나오므로 "기다렸다"는 것이 기도를 의미함을 알 수 있다.

(3) "그가 나를 건지셨다"

30:1 "주께서 나를 끌어내사," 2 "나를 고치셨나이다," 3 "여호와여 주께서 내 영혼을 스올에서 끌어내어 나를 살리사 무덤으로 내려가지 아니하게 하셨나이다," 11 "주께서 나의 슬픔이 변하여 내게 춤이 되게 하시며 나의 베옷을 벗기고 기쁨으로 띠 띠우셨나이다"

40:2 "나를 기가 막힐 웅덩이와 수렁에서 끌어올리시고 내 발을 반석 위에 두사 내 걸음을 견고하게 하셨도다"

(66:13-20에는 이 부분이 없음)

18:16 "그가 높은 곳에서 보내어[13] 나를 붙잡아 주심이여 많은 물에서 나를 건져내셨도다," 17 "나를 강한 원수와 미워하는 자에게서 건지셨음이여" 19 "나를 넓은 곳으로 인도하시고 나를 기뻐하시므로 나를 구원하셨도다"

3) 갱신된 찬양의 맹세

선언찬양에도 탄식시처럼 찬양의 맹세가 나오는데 이 경우는 하나님께 드린 기도가 응답된 것에 대해 감격하고 감사해서 찬양을 맹세한 것이다. 탄식기도에서처럼 1인칭 의지형(cohortative) 동사를 사용하여 "감사하겠다," "찬양하겠다"고 마음의 다짐을 선포하는 어법이다. 탄식시에서 이미 찬양을 다짐했던 일이 있으므로 선언찬양의 찬양의 맹세는 새롭게 다시 하는 다짐이라는 점에서 갱신된 찬양의 맹세라 이름

---

13. 개역개정은 "손을 펴사"라고 하고 있는데 16절에는 "손"이라는 말이 없다. 샬라흐(שׁלח)가 손을 보냈다(뻗었다)는 말인지 천사를 보냈다는 말인지 알 수 없다.

한다. 기도 응답을 통해서 하나님의 임재를 구체적으로 경험하고 결심하는 찬양이므로 한 단계 심화된 찬양의 다짐이라 할 수 있다. 30편, 18편에서 예를 들어 보자.

> 30:12 "이는 잠잠하지 아니하고 내 영광으로 주를 찬송하게 하심이니 여호와 나의 하나님이여 내가 주께 영원히 감사하리이다[14]"
>
> 18:49 "여호와여 이러므로 내가 이방 나라들 중에서 주께 감사하며[15] 주의 이름을 찬송하리이다[16]"[17]

2. 선언찬양의 의의

선언찬양의 본체는 역시 구원의 보고다. 선언찬양이 '선언'하고자 하는 간증 내용 자체이기 때문이다. 구원의 보고는 앞에서 "내가 부르짖었다," "그가 들으셨다," "그가 나를 건지셨다" 등 세 가지 요소로 되어 있음을 살폈다. 흥미로운 것은 이 세 요소가 많은 경우 와우계속법 미완료라는 문법 형식으로 연결된다는 점이다(이는 구원의 보고의 첫째 요

---

14. אודך.

15. אודך.

16. אזמרה.

17. 18편은 찬양의 맹세를 넘어 찬양 자체로 넘어가고 있다. 49절이(MT 50절) 찬양의 맹세를 말하는데 다음 마지막 절인 50절이(MT 51절) "큰 구원을 주시며"와 "인자를 베푸심이여"라고 말하는데 이 말들이 모두 분사로 표현되고 있다(מגדיל[מגדל], עשה). 분사는 묘사찬양(찬양시)이 찬양의 본론(하나님의 큰 일에 대한 기술)을 말할 때 일반적으로 채용하는 문법 형식이다.

소는 완료로, 둘째, 셋째 요소는 와우계속법 미완료로 표현된다는 말임[18]. 구원의 보고가 이와 같은 문법으로 되어 있는 점으로부터 신자의 기도와 기도응답에 대해 다음과 같은 교훈을 얻을 수 있다.

첫째, 신자의 기도에 대한 하나님의 응답은 역사 속에서 경험할 수 있는 구체적인 사건으로 주어진다는 사실이다. 관념이나 추상이 아니고 역사에서 실제 일어나는 사건이라는 말이다. 와우계속법 미완료라는 문법이 이것을 말한다. 구원의 보고는 둘째, 셋째 요소가 와우계속법 미완료로 되어 있다. 그것은 하나님의 "들으심"과 "건져 주심"이 특정 시점에 실제적으로 일어난 구체적 사건이라는 의미이다. 히브리어는 시제를 특정하여 말하는 데 인색한 언어이다. 히브리 동사의 대표격인 완료(perfect)와 미완료(imperfect)가 시제의 함의를 지니지 않은 동사라는 사실이 이것을 말해 준다. 완료와 미완료는 (편의상 '시제'로 불리지만) 완결된(complete) 행동이냐 완결되지 않은(incomplete) 행동이냐 등 소위 '양식'만을(mode) 나타내는 동사들이다. 군이 시제를 특정해서 말하고자 할 때는 와우계속법이란 특별한 어법을 만들어 쓴다. 와우계속법 미완료(waw consecutive imperfect)는 과거의 사건을, 와우계속법 완료 (waw consecutive perfect)는 미래의 사건을 말하는 식이다. 따라서 "들으심"과 "건져 주심"이 와우계속법 미완료로 표현된 것은 그것들이 단순한 바램이나 이론이 아니고 과거 어느 시점에 실제적으로 일어난 사건

---

18. 시편 **40:1-2**에서 대표적인 예를 찾을 수 있다: 첫째 요소: "내가.. 기다렸더니(קִוִּ֫יתִי)"(완료); 둘째 요소: "(그가) 귀를 기울이사(וַיֵּט).. 들으셨도다(וַיִּשְׁמַע)"(와우계속법 미완료); 셋째 요소: "..나를 끌어올리시고(וַיַּעֲלֵנִי) ..내 발을 (반석 위에) 두사(וַיָּקֶם).."(와우계속법 미완료)("[내 걸음을] 견고하게 하셨도다[כּוֹנֵן]"는 완료임). 둘째, 셋째 요소가 단순히 완료나 미완료로 표현되는 수가 더러 있긴 하나, 그래도 여전히 와우계속법 미완료로 표현하는 것이 표준적인 방식인 것으로 생각된다.

임을 명료히 보이는 것이다. 와우계속법 미완료는 특히 산문을 끌어가
는 기법으로서 산문에 주로 쓰이고 시에는 잘 쓰이지 않는 어법인 관계
로 이것이 시편 같은 시(詩)에 쓰이게 되면 기술된 내용이 실제적 사건
임을 강조하는 의도가 더 도드라진다. 이처럼 구원의 보고는 하나님의
응답이 역사 속에 실제로 일어나는 사건임을 분명히 하고 있다. 성도의
기도에 대한 하나님의 응답은 관념이 아니라 역사적인 실재(reality)이
다. 추상이 아니라 "만질 수 있게"(tangible) 임하는 구체적인 도움이다.

둘째, 와우계속법 미완료는 구원의 보고의 요소들이 실제적 사건임
을 말할 뿐 아니라, 그것들이 어떤 연결성을 가지고 발생했음을 말해 준
다. 와우계속법은 사건들의 시간적 논리적 연쇄관계를(sequence) 나타
내는 문법 기술이다.[19] 와우계속법으로 사건들이 이어지면 그것들이 각
각 별개로 단절된 사건들이 아니라 앞의 사건이 원인, 시발이 되어 다음
사건이 오고, 그 사건이 다시 원인, 시발이 되어 그 다음 사건이 오고 하
는 식으로 연쇄 내지는 인과적으로 사건들이 전개되는 것을 의미한다.
따라서 구원의 보고가 와우계속법 미완료로 이어지는 것은 세 요소, 즉
"부르짖음"과 "들으심"과 "건지심" 역시 서로 별개가 아니고 긴밀히
연결되어 연쇄적 인과적으로 발생하는 사건들임을 뜻한다. 즉, "부르짖
음"의 결과로 "들으심"이 발생하고, "들으심"의 결과로 "건지심"이 발
생하는 것이다. 성도가 기도하면 그 기도는 기도 자체로 끝나는 것이 아
니고 반드시 그리고 필연적으로 하나님의 응답을 유발한다. 성도의 기
도와 하나님의 응답은 끊을 수 없는 사슬로 연결되어 있어서, 사슬 한
끝에 있는 기도라는 고리를 잡아당기면 '들으심'과 '구원하심'이라는

---

19. 참고: GKC § 49a, § 111a.

다른 고리들이 필연적으로 딸려 나오는 그런 이미지이다. 한 때 교회가 기도에 열심을 낼 때에 "기도해서 하나님의 보좌를 흔든다"는 말이 교회 안에 돌아다닌 적이 있다. 이 말은 하나님의 존엄과 주권을 고려하지 않은 신학적으로 미숙하고 심지어 불온하기까지 한 말로 비판을 받았다. 하지만 사실 따지고 보면 이 말이 전혀 성경적 근거가 없는 말은 아니다. 선언찬양 구원의 보고는 하나님의 백성의 기도는 하나님의 보좌를 '흔드는' 능력이 있는 것처럼 말하기 때문이다. 성도가 기도하면 하나님은 그것에 필연적으로 응답하신다! 이것이 구원의 보고의 문법이 가르치는 진실이다. 물론 하나님은 기도를 들으시고 그것을 '처리'하여 응답하신다. 기도한 내용 액면 그대로 응답해 주시는 것이 아니고 (그대로 주시기도 하지만) 자신에게 영광이 되고 자신의 백성에게 가장 유익이 되는 결과가 오도록 적절한 내용으로 바꿔 응답하신다. 하나님은 주권자이시므로 얼마든지 그렇게 하신다. 하지만 구원의 보고가 보여주는 하나님에 대한 이미지는 그러한 주권적 조정 여부를 떠나 매우 단순하다: 하나님은 자신의 백성의 기도에 '종속'되어 그것에 '끌려' 나오시는 분이시다! 하나님은 자유로운 분이시지만 성도의 기도에 관한 한 자유를 사용하지 않으신다. 성도의 기도 소리가 귓가에 들리면 반드시 응답하신다. 와우계속법 미완료로 연결된 구원의 보고는 기도응답의 필연성을, 그리고 성도가 그로 말미암아 가질 수 있는 응답의 확신을 이렇게 간곡한 방식으로 그려내고 있다.

고난 중에 있는 성도는 기도하면 반드시 하나님의 응답을 받는다. 응답이 없으면 어쩌나 걱정할 필요가 없다. 다소 과격하게 들릴 수 있으나 하나님은 마치 종이 주인의 부름에 응답하듯 자신의 백성의 기도에 끌려 나오듯 응답하신다. 성도는 하나님의 기도응답을 무한히 확신할 수 있다![20] 고개를 쳐든 채 상황을 바라보며 두려워만 할 게 아니라, 머리 숙여 하나님의 도움을 구하며 상황이 지나가기를 기다려야 한다. 그러면 그분은 항상 거기에 계시다! 그분은 문제를 해결해 주시고, 또한 문제를 해석하는 힘을 주신다! 기도를 통해 하나님의 백성은 하나님의 도우시는 임재를 구체적이고 실제적으로 체험한다. 하나님은 우리 기도를 들어 주시며 모든 어려움에서 우리를 건지신다. 위대한 구원 수단이 우리에게 주어져 있음을 알고 모든 근심과 염려를 내려놓고 하나님께 도움을 부르짖어 어떤 곤란한 환경이라도 거뜬히 헤쳐 나갈 일이다.

---

20. 신약성경에도 기도응답의 확신에 관한 말씀이 수없이 많이 나온다. 예를 들면 "구하라 그리하면.. 주실 것이요"(마 7:7), "너희가 기도할 때에 무엇이든지 믿고 구하는 것은 다 받으리라"(마 21:22), "너희 중에 누구든지 지혜가 부족하거든 모든 사람에게 후히 주시고 꾸짖지 아니하시는 하나님께 구하라 그리하면 주시리라"(약 1:5) 등등이다. 신약성경의 이 말씀들은 다 시편 선언찬양의 영향을 받은 것으로 보인다.

제5장 묘사찬양(찬양시)의 분석

1. 묘사찬양의 분석

선언찬양(감사시)이 시인이 하나님으로부터 받은 개별적인 구원 경험들을 술회 고백하는 찬양이라면 묘사찬양(찬양시)은 하나님이 하신 일을 일반적이고 총체적으로 노래하는 찬양이다. 선언찬양은 시인의 경험 속에 일어나는 구체적이고 특정적인 응답 사건을 다루는 것이고, 묘사찬양은 전능하신 하나님이 모든 시간에 일으키시는 큰 일들에 대해 기술하는 것이다. 선언찬양이 하나님이 개인에게(또는 이스라엘에게) 베푸신 개별 사건을 노래한 것이라면 묘사찬양은 하나님이 성도와(또는 이스라엘과) 이 세계를 향해 베푸시는 은총 전체, 즉 그분의 위대하심(greatness)과 선하심(goodness)에 대한 노래이다.

시인은 많은 기도를 올리며 응답을 경험했고 이것을 선언찬양으로 노래했다. 그런데 기도 응답의 경험, 즉 선언찬양이 많이 집적되면서 결국 응답의 모든 것이 하나님의 섭리와 구속의 은혜에서 온 것임을 깨닫게 되었다. 그래서 하나님이 베푸시는 은혜 전체를 묘사찬양으로 노래하게 되었을 것이다. 수많은 간구의 기도가 탄식시에 표현되었고, 그 기도의 응답들이 선언찬양을 통해 노래되었으며, 수많은 응답이 집석되면서 그 응답을 가능케 하는 하나님의 은혜 전체가 묘사찬양으로 결실을 보게 된 것이라 할 수 있다. 묘사찬양은 개인의 기도 경험을 훌쩍 뛰어넘는 것이기 때문에 여러 기도 중에도 특별나며, '초월적인' 성격을 지닌 기도(노래)라 할 수 있다.[1]

묘사찬양은 하나님께서 온 우주와 온 역사에 행하시는 거대한 일들을 노래하는 것인데, 하나님의 장엄한 능력(majesty, might)을 노래하는 부분과 하나님의 자비한 사랑(grace, mercy)을 노래하는 부분 등 두 요소를 핵심으로 한다. 그 중에도 하나님의 두 큰 일, 즉 창조(섭리)와 출애굽(구속)이 특히 중요한 주제이다. 묘사찬양은 탄식시나 선언찬양처럼 개인의 것과 백성의 것이 나눠지지 않는다. 하나님의 창조와 구속의 은총을 수혜하는 데 있어 개인과 국가의 구별이란 별 의미가 없기 때문이다. 묘사찬양은 8, 19:1-6, 29, 33(이상 1권), 46, 47, 48, 65,[2] 66:1-12, 67,[3] 68(이상 2권), 76, 81, 84, 87(이상 3권), 93, 95, 96, 97, 98, 99, 100, 103, 104, 105(이상 4권), 111, 113, 114, 115, 117, 122, 134, 135,[4] 136,[5] 145, 146, 147, 148, 149, 150편(이상 5권) 등이다.[6] 이 통계에는 제왕시

---

1. 참고로 이해를 돕기 위해 탄식시, 선언찬양(감사시), 묘사찬양(찬양시)을 시인의 하나님 경험과 관련시켜 표현한다면, 탄식시는 하나님 부재(absence) 경험, 선언찬양은 임재(presence) 경험, 묘사찬양은 편재(omnipresence) 경험이라 말해도 좋을 것이다.

2. 백성의 선언찬양(감사시)으로 분류될 수도 있음.

3. 백성의 선언찬양으로 분류될 수도 있음.

4. 찬양시이면서 동시에 회상의 시(Psalm of Remembrance)이다.

5. 찬양시이면서 동시에 회상의 시(Psalm of Remembrance)이다.

6. 찬양시는 전체 시편 150편의 약 26.7%에 해당한다. 찬양시도 시편 밖에 다수가 있다. 삼상 2:1-

와 회상의 시 일부도 포함되었다. 제왕시와 회상의 시는 찬양시로 이해
될 수 있는 소지도 높기 때문에 이들을 다 포함시키면 찬양시의 범위는
훨씬 더 넓어진다.

  묘사찬양 역시 일정한 패턴으로 되어 있다. 매우 단순한 문학 구조
이다. 즉, 찬양에의 명령적 부름으로(imperative call to praise) 된 서론, 하
나님의 행동이나 속성에 대해 묘사하는 본론, 찬양을 다시 한 번 명령하
는 결론 등 세 부분으로 되어 있다. 문법적으로는 서론(찬양에의 명령적
부름)이 주절로 되어 있고, 본론이 찬양의 이유를 설명하는 부사절(동기
절)로 되어 있다. 이 부사절에 하나님의 행동과 속성에 대한 묘사가 들
어가기 때문에 이 부분이 사실상 묘사찬양의 본체이다. 그래서 부사절
부분을 '찬양 그 자체'(praise proper)라 부른다. 결론은 찬양에의 부름을
다시 한 번 반복함으로 마무리하는 것이다.[7] 묘사찬양을 구성하는 요
소들을 다음과 같이 정리할 수 있다.

  1) 서론: 찬양에의 명령적 부름(imperative call to praise)
  2) 본론: 찬양의 동기 또는 이유(motive or reason for praise): 하나님
    의 행동과 속성에 대한 묘사

10, 느 9:6-31, 사 12:1-6, 42:10-13, 렘 10:6-16, 20:13, 32:16-25, 암 4:13, 5:8-9, 9:5-6, 나 1:2-
11 등이 찬양시이다. 참고: 현창학, 『선지서 주해 연구』(수원: 합신대학원출판부, 2013), 95.

7. 베스터만은 묘사찬양에는 원래 결론이라는 게 없다고 본다. 혹 있다고 해도 너무 여러 종류의
내용이 나와서 결론을 무엇이라 확정지어 말하기 어렵다고 본다. 예컨대 찬양의 본체 다음에
하나님의 선하심에 대한 찬양, 신뢰의 고백, 간구, 권면, 심지어 지혜의 말씀 등이 나오는 것들을
말한다. 참고: Claus Westermann, *Praise and Lament in the Psalms*, trans. Keith R. Crim
and Richard N. Soulen (Atlanta: John Knox Press, 1981), 130. 그러나 그럼에도 불구하고
묘사찬양의 가장 기본적이고 표준적인 형식은 찬양에의 부름을 제일 마지막에 다시 한 번
반복시키는 것이 아닌가 생각된다. 이것을 표준으로 하여 다양한 장르의 내용이 찬양의
부름을 대체하게 하는 변용이 가해진 것이 아닌가 본다.

3) 결론: 찬양에의 명령적 부름(imperative call to praise)

이렇게 단순한 구조이지만 찬양의 본론 부분은 한없이 깊고 심오한 내용을 담고 있다. 본론은 하나님의 행동과 속성에 대한 묘사인데 크게 하나님의 위대하심에(greatness) 대한 묘사와 하나님의 선하심에(good-ness) 대한 묘사 둘로 이루어진다. 하나님의 위대하심은 하나님이 창조주(Creator)이심을 묘사하는 내용과 하나님이 역사의 주인(Lord of the history)이심을 묘사하는 내용으로 되어 있다. 하나님의 선하심은 "그가 (하나님) 구원하신다"(He saves)는 내용과 "그가 먹을 것을 주신다"(He gives bread)는 내용을 담고 있다. 묘사찬양의 본론을 다음과 같은 도표로 표현할 수 있다.

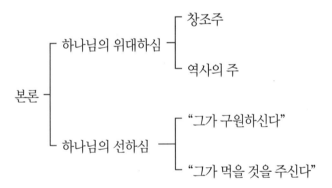

각 요소에 대해 살펴보기로 하자.

1) 서론: 찬양에의 명령적 부름

묘사찬양은 2인칭 복수명령으로 된 "찬양하라"("감사하라")는 찬양에의 부름으로 기도를 시작한다. 물론 2인칭 명령과 함께 3인칭 명령 (jussive라 함)이 쓰이기도 한다. 이 명령이 한 시편 전체의 주문장인 경우가 많다. 회중을 향해 하나님께 찬양할 것을 촉구하는 형식이다. 136편, 135편, 149편을 예로 들어 보자.

136:1-3 "여호와께 감사하라... 신들 중에 뛰어난 하나님께 감사하라... 주들 중에 뛰어난 주께 감사하라..."
135:1-2 "할렐루야[8] 여호와의 이름을 찬송하라 여호와의 종들아 찬송하라..."
149:1-3[9] "할렐루야 새 노래로 여호와께 노래하며[10]..."

2) 본론: 찬양의 동기 또는 이유

이 부분은 하나님의 행동이나 속성에 대한 서술로서 찬양의 본론에 해당한다. 접속사 키(כִּי)에 의해 인도되므로 문법적으로는 부사절인데,

---

8. 할릴루야(הַלְלוּ יָהּ)는 "여호와를 찬양하라"라는 뜻의 2인칭 복수명령이다. 이 말은 1절에도 나오고 3절에도 나오는데 개역개정은 1절에서는 이것을 "할렐루야"라 옮기고 3절에서는 "여호와를 찬송하라"로 옮긴다. 한 시편 안에서 동일 구절을 다른 두 표현으로 번역하는 것은 적절치 못한 일이다. 영어성경들은(NASB, NRSV) 둘을 모두 "Praise the Lord!"로 옮긴다.

9. 149편의 찬양에의 부름은 1절만 2인칭 복수명령 동사로 되어 있고, 2, 3절은 3인칭 명령동사(jussive)로 되어 있다. 또한 5절에도 찬양에의 부름이 등장한다. 5절의 동사는 모두 3인칭 복수명령이다.

10. "노래하라"라는 2인칭 복수명령임.

키가 "왜냐하면"이란 뜻을 가지고 있으므로 찬양의 동기 또는 이유를 설명하는 내용이다. 문법적으로는 부사절이지만 찬양의 실질적 내용을 담고 있는 찬양 본체이므로 가장 중요한 부분이다. 이 부분을 해석하는 것이 묘사찬양을 이해하는 핵심이 된다. 특이한 점은 하나님이 하신(또는 하시는) 일을 묘사하는 동사로 기본적으로 분사를 사용한다는 점이다.[11] 136편, 135편, 149편의 본론 부분을 각각 분석해 보자.

136편:[12]

  본론 4-25절

    위대하심 4-22절

      창조주 4-9절[13]

      역사의 주 10-22절[14]

    선하심 23-25절

      "그가 구원하신다" 23-24절[15]

---

11. 참고: William S. LaSor, David. A. Hubbard and Frederic Wm. Bush, *Old Testament Survey: The Message, Form and Background of the Old Testament* (Grand Rapids: Eerdmans, 1982), 513, n. 7. 하나님이 하신 일을 묘사하는 데 분사를 사용하는 것을 기본 틀로 하고 여기에 완료, 미완료, 와우계속법 등을 적절히 섞어 쓴다.

12. 136편은 찬양의 본체가 "감사하라"(הודו)는 명령의 목적어들로 이루어져 있다(이때 목적어란 감사를 받는 대상을 말함). 이 목적어들은 기본적으로 분사로 표현된다. 또한 매 절은(모두 26절임) 키로 시작되는 "그의 인자가 영원하기 때문이다"라는 후렴구를 지니고 있다.

13. "홀로 큰 기이한 일들을 행하시는 이에게 (감사하라)"로부터 시작하여 "달과 별들을 밤을 주관하도록 (만드신 이에게 감사하라)"(필자의 사역)에까지 이름.

14. "애굽의 장자를 치신 이에게 감사하라"로부터 시작하여 "곧 그 종 이스라엘에게 기업으로 (주신 이에게 감사하라)"에까지 이름.

15. "우리를 비천한 가운데에서도 기억해 주신 이에게 (감사하라)"와 "우리를 우리의 대적에게서 건지신 (이에게 감사하라)."

"그가 먹을 것을 주신다" 25절[16]

135편:

본론 3-18절

선하심 3-4절[17]

위대하심 5-18절

창조주 5-7절[18]

역사의 주 8-14절[19]

우상의 부정 15-18절[20]

149편:

본론 4, 6-9절

선하심 4절

---

16. "모든 육체에게 먹을 것을 주신 이에게 (감사하라)."

17. "여호와를 찬송하라 왜냐하면 여호와는 선하시기 때문이다 그의 이름을 찬양하라 왜냐하면 그것은 아름답기 때문이다..."(필자의 사역) 개역개정이 3절 후반절의 두 문장을 순서를 바꿔 번역하는 것은 정당한 이유가 없어 보인다.

18. "내가 알거니와 여호와께서는 위대하시며 우리 주는 모든 신들보다 위대하시도다"부터 "안개를 땅 끝에서 일으키시며 비를 위하여 번개를 만드시며 바람을 그 곳간에서 내시는도다"까지 임.

19. "그가 애굽의 처음 난 자를 사람부터 짐승까지 치셨도다"부터 "여호와께서 자기 백성을 판단하시며 그의 종들을 불쌍히 여기시리로다"(필자의 사역)까지임. 14절 후반절의 *잍네함*(סחנתי)을 개역개정은 "위로를 받으시리로다"로 옮기고 있는데 이 말은 "불쌍히 여긴다"로 옮기는 것이 옳다. 바른성경 "긍휼히 여기십니다"가 바른 번역이다. NASB, NRSV, NIV 들도 모두 "have compassion"으로 하고 있다.

20. "열국의 우상은 은금이요 사람의 손으로 만든 것이라"부터 "그것을 만든 자와 그것을 의지하는 자가 다 그것과 같으리로다"까지임.

"그가 구원하신다" 4절[21]

위대하심 6-9절

역사의 주 6-9절[22]

3) 결론: 찬양에의 명령적 부름

묘사찬양은 일정한 결론 형식이 없다고 보는 경우도 있지만, 많은 경우 서론에 나온 찬양에의 명령적 부름을 다시 한 번 반복함으로 끝을 맺는다. 2인칭 복수명령으로 된 찬양에의 부름이 묘사찬양의 봉투구조를 이루는 셈이다. 역시 136편, 135편, 149편의 예를 보자.

136:26 "하늘의 하나님께 감사하라 그 인자하심이 영원함이로다"[23]

135:19-21 "이스라엘 족속아 여호와를 송축하라 아론의 족속아 여호와를 송축하라... 송축하라... 송축하라... 할렐루야"[24]

149:9 "할렐루야"[25]

---

21. "여호와께서는 자기 백성을 기뻐하시며 겸손한 자를 구원으로 아름답게 하심이로다."

22. "그들의 목에는 하나님을 높이는 찬양이 있고 그들의 손에는 두 날 가진 칼이 있도다"(필자의 사역)부터 "기록된 판결을 그들에게 시행하리로다 이것이 그의 모든 성도들에게 영광이로다"(필자의 사역)까지임.

23. "감사하라"(הודו)는 서론 1-3절에 쓰인 다음에 이곳에만 유일하게 쓰이고 있다.

24. 첫 단어인 "할렐루야"가 제일 마지막 단어로 다시 배치되었다. 서론(1-2절)의 찬양에의 부름에서는 "찬양하라"(할렐루[הללו]) 한 단어만을 썼는데 결론의 찬양에의 부름은 "찬양하라"(할렐루)와 함께 "송축하라"(바라후[ברכו])를 곁들인다.

25. 149편은 서론이 세 절이나 될 정도로 길지만 결론은 "할렐루야" 한 단어로 매우 간단하다. "할렐루야"는 149편의 첫 단어이며 또한 맨 마지막 단어이다.

2. 묘사찬양의 의의[26]

　한 미국의 유명한 구약학자가 "미국교회는 탄식이 죽었다"고 말한 적이 있다. 미국 교회가 긴 교회 역사를 가지고 신앙생활을 하지만 간절히 부르짖어 구하는 기도를 할 줄 모르게 되었다는 것이다. 왜 부르짖어 구할 일이 없겠는가. 수많은 문제를 교회와 개인이 지니고 있어 응당 하나님께 울며 부르짖어야 하겠으나 오래 편안한 삶을 누리다 보니 이제는 문제가 있어도 기도하지 못하는 이상한 습관과 문화가 몸에 배어버린 것이다. 기도하지 안하거나 못하는 것이 습관과 문화가 되어버렸다면 그것처럼 불행한 역사가 어디 있겠는가. 곪아 썩어가는 심각한 죄와 중증의 질병이 번연히 있는데도 기도하지 못하는 교회에 비하면 한국교회는 (개인기도는 물론이려니와) 새벽기도로 여러 예배와 기도모임으로 꾸준히 기도하는 전통을 지켜오고 있어 참으로 다행이며 참으로 은혜라 아니할 수 없다. 비록 힘겨운 근대사로 깊은 고통의 수렁에서 몸부림쳐야 했던 시간이 길었던 것은 안타깝기 짝이 없는 일이나 그를 통해서 하나님 앞에 바짝 엎드려 기도하는 것을 배울 수 있었으니 이것은 무엇과도 바꿀 수 없는 은혜다. 게다가 속된 말로 기름 한 방울 안 나는 나라에서 이 같은 평화와 번영을 누리게 된 것은 오직 기도의 눈물방울이 쌓여 이루어진 기적 외에 아무것도 아니기에 곤경에 처한 자신의 백성의 부르짖음에 반드시 귀를 기울이시고 구원하시는 하나님의 신실하신 사랑이(참고: 출 2:23-25) 감사하기만 할 따름이다.

　탄식기도는(Lament) 과연 한국교회의 특기라 할 것이다. 특히 새벽

26. 이 부분은 2019년 4월 20일자 기독교개혁신보에 "찬양이 있는 신앙"이란 제목으로 기고한 글을 상당 부분 수정 보완한 것이다.

기도는 그 기도의 장르를 말하라 한다면 탄식이 아닌가. 새벽마다 하나
님께 나아가 자신과 사회에 닥친 어려움을 토로하며 구해주시기를 그
얼마나 기도했던가. 아마 교회 역사 전체를 보아도 한국교회만큼 탄식
기도에 능통한 교회는 없다고 해도 과언이 아닐 것이다. 한국교회는 이
처럼 탄식기도를 통해 수많은 응답을 받고 하나님의 구원하시는 손길
을 경험하는 엄청난 은혜를 누렸다. 하지만 이 큰 은혜에는 한없는 감사
를 올리면서도, 한편 우리의 기도 생활에 한 가지 반성하고 넘어가지 않
으면 안 될 점이 있음을 지적하지 않을 수 없다. 그것은 찬양기도가 극
히 약하거나, 좀 더 심하게 말하면 부재하다는 점이다. 시편은 탄식과
찬양을 동시에 가르치고 있는데, 우리는 탄식기도에는 능통하고 익숙
하지만 유감스럽게도 찬양기도에 대해서는 거의 무지하며 또한 거의
진지한 관심을 갖지 않는 것 같다. 그러나 찬양기도는 우리가 정상적인
그리스도인으로 자라나고 열매를 맺는 데 결정적으로 중요한 기도이
다. 찬양기도는 복음의 본질을 반영하는 기도이기 때문이다.

　시편이 주는 교훈을 전체적으로 다시 한 번 생각해 보자. 시편은 하
나님이 자신의 백성이 기도드릴 때 그들의 기도를 그 책에 실린 기도들
의 음성에 맞추어 기도하도록 가르치시려고 주신 책이다. 시편은 기도
를 어떻게 가르치는가. 시편에는 예닐곱 개의 기도 장르가 있는데, 그
중 대표적인 것은 탄식기도(탄식시), 감사기도(선언찬양), 찬양기도(묘사
찬양)라 할 수 있다. 감사기도는 하나님께 받은 은혜의 고백이므로 넓게
찬양기도에 넣어 이해할 수 있는 관계로 여기서는 논의를 단순화하기
위해 탄식기도와 찬양기도에 대해서만 생각하기로 하자. 크게 말해 탄
식기도와 찬양기도는 시편의 기도를 이루는 두 기둥이다. 시편은 우리
에게 탄식(간구)과 찬양을 균형 있게 하나님께 올리도록 가르친다고 볼

수 있다. 탄식기도는 중요하다(탄식기도 및 탄식의 요소를 지닌 기도가 시편 전체 분량의 반 가까이 된다). 지상에 살아가는 인간은 항상 결핍 가운데 있기 때문에 늘 하나님으로부터 오는 공급을 필요로 하고, 따라서 "주세요" 하는 기도를 기본으로 하여 살아가게 된다(참고: 마 6:11). "우리는 기도하고 하나님은 응답하신다"는(we pray and God answers) 단순한 명제가 신앙의 가장 기본적인 원리가 된다. 비록 거듭난 신자라 하더라도 지상에 사는 동안 걱정과 두려움에 쉽게 휩싸일 수 있기 때문에 인간은 항상 하나님을 향한 탄식을 필요로 한다. 그러나 시편은 탄식 외에 또 하나의 중요한 기도를 가르치고 있다. 바로 묘사찬양에 반영된 찬양기도이다. 찬양기도는 "주세요" 하는 것 대신 "하나님이 (이미) 주셨습니다" 하고 고백하는 기도이다. (2인칭으로) 요구하는 것 없이 하나님이 이루신 큰 일들을 (3인칭으로) 진술만 하는 것이기에 '시인 기도'(是認 祈禱)라고도 부른다. 우리는 달라고 요구하는 것만 기도로 생각하기 쉽지만 시편은 하나님이 무엇을 하셨습니다 하고 시인하는 것도 기도로, 그것도 아주 중요한 기도로 가르친다. 인간이 하나님께 건네야 될 말로서 달라는 요청만 아니라 하나님 하신 일을 그저 기술하는 시인도 있음을 말한다. 찬양기도(묘사찬양)는 하나님이 하신 큰 일들을 묘사하는 기도로서 하나님이 자신의 백성에게 베푸시는 은혜 전체를 기술하는 기도이다.

찬양기도, 즉 묘사찬양의 특징과 내용을 살펴보자. 묘사찬양들에는 탄식기도, 즉 탄식시의 핵심 요소인 '불평'과 '간구'가 없다. 이는 우리의 두려움이나 걱정, 심지어 문제 해결을 위한 간구까지도 필요 없을 만큼 하나님의 인도가 완벽하다는 것을 의미한다. 하나님의 백성은 완전하신 하나님께 자신의 모든 것을 맡기고 전적으로 안심하여 살아갈 수 있다는 뜻이 된다. 삶의 모든 국면이 '결핍'으로 보이는 이 세상에서 하나님의 모자람 없는 완전하고 완벽한 인도와 보호를 시인하는 것이 묘사찬양이다.

묘사찬양은 하나님의 창조와 출애굽을 진술하는 것을 주 내용으로 한다. 창조의 진술은 태초의 창조만(creatio prima) 의미하는 것이 아니고 하나님의 계속되는 창조적 활동도(creatio continua) 의미한다.[27] 즉 하나님의 백성을 가장 안전하게 구원으로 인도하고 가장 복된 삶이 되도록 인도하는 섭리의 은혜까지를(gubernatio mundi) 의미하는 것이다. 출애굽으로 예표된 구속은 성경 계시의 핵심 진리다. 주님의 십자가와 부활은 하나님의 백성을 죄와 사망에서 건져 내어 천국으로 인도하고 그들로 하여금 영생이라는 삶의 질을 누리게 하는 가장 중요한 은혜이다. 이처럼 묘사찬양은 구속의 은혜와 섭리의 은혜를 진술한다. 구속과 섭리는 하나님이 그의 백성에게 베푸시는 은혜 범주 전체이다. 따라서 묘사찬양은 하나님이 그의 백성에게 베푸시는 전 은혜를 시인하는 기도이다. 이러한 점에서 볼 때 묘사찬양(찬양기도)은 복음적 신앙을 고백하는 가장 적절한 기도이다. 십자가 구속에 대해 고백하고 섭리의 은혜에 대해 고백하며 이로 말미암아 성도를 새롭게 하시는 하나님의 은혜와 기적을 경험하게 하는 기도이기 때문이다. 달라는 것이 없기 때문에 싱겁거나 기도의 열심을 유발하지 못하는 유약한 기도로 생각해서는 안 된다. 이미 주신 구원의 은총(출애굽, 십자가)을 기억하고 고백하므로 그 은총과 기적이 신자의 삶에 새롭게 활성화되게 하는 언약갱신적 기도이므로 가장 어려운 시간에 기도해서 하나님의 크신 구원을 경험할 수

---

27. 묘사찬양이 하나님이 하신 일을 기술할 때 기본적으로 분사를 사용하는 것도 이에 대한 상당한 힌트가 된다.

있는 강력한 능력의 기도이다. 찬양기도는 이처럼 하나님의 은혜와 복음의 성격을 잘 드러내기 때문에 기독교 신앙을 이방신앙과 구별 짓는 가장 분명한 기준이 되기도 한다.

거듭 확인하게 되지만 "주세요" 하고 요청하는 탄식기도는 매우 중요하다. 그것을 통해 필요를 채움 받으며 하나님의 손길을 체험하는 것이니 이 얼마나 중요한 은혜의 수단인가. 탄식이 약해지거나 멈추면 우리의 미래나 운명도 멈춘다는 사실에 경각심을 가지면서 간구하는 기도가 약해지지 않도록 각별한 주의를 기울여 더 많이 모이고 더 열심으로 기도해야 할 것이다. 그러나 달라고 하는 기도에만 머물러선 안 된다는 것이 기도생활에 대해 반성하면서 우리 마음에 꼭 새기게 되는 점이라는 말이다. 우리 신앙은 "주세요"로만 일관하지 않고 "하나님이 다 주셨습니다," "다 받았습니다" 하는 시인의 기도로 나아가야 할 것이다. 달라는 기도에만 머무른다면 우리가 재래적 민간신앙의 수준에서 얼마나 탈피하고 있는지 자문해 봐야 할 소지가 많은 것이다. 찬양기도를 우리 믿음의 언어가 되게 할 때 비로소 우리는 자칫 감염되기 쉬운 이방성을 완전히 털어 버리고 우리 신앙을 복음의 본질 위에 굳건히 세울 수 있다. 찬양은 하나님 하신 일을 기림으로 하나님을 영화롭게 하는 기도이기 때문에 하나님 중심 신앙도 이때 비로소 구현된다. 우리의 기도를 시편 찬양의 음성에 조율하는 법을 배워야 하겠다. 세상의 어떤 아픔 슬픔도 이겨낼 수 있으며, 근원적으로 복음의 은혜와 능력을 깊이 경험하게 될 것이다.

마지막으로 한 가지 빠뜨리지 않아야 할 점은 찬양(묘사찬양)은 하나님과 인격적 교제를 나누는 기도라는 점이다. 묘사찬양(찬양시)에 대한 한 학자의 설명을 보자.

찬양시의 핵심은 시인과 회중이 가지는 그들이 주님 그분 자신 앞에 대면
하여 서 있다는 의식이나. 그러면서 그들은 그분의 처소에서 전능하시고 거
룩하시고 자비하신 하나님을 만나며, 찬양과 경배로 그분을 예배하고 있는
것이다. 그분은 그들 중에 계시며, 그들은 그분에게 모든 것을 빚진 그분의
선택된 백성이다. 그러므로 그들은 지금 그분이 행하신 모든 크고 영광스러
운 일들을 기억하면서, 경외와 떨림으로, 그리고 또한 전적인 신뢰와 사랑
과 환희와 넘치는 열정으로 거룩한 이이신 그분을 만나고 있다.[28]

우리는 찬양할 때 하나님 앞에 서 있다. 암송한 기도 문구만 주문처
럼 외고 있는 것이 아니고 인격이신 하나님께 말을 걸고 있는 것이다.
얼굴과 얼굴을 맞대어 그분을 바라보면서 그분이 우리를 위해 베푸신
은혜를 기리며 노래하고 있는 것이다.

무엇을 달라는 것이 없이 찬양은 그 자체로 하나님만을 높이는 노래
이다. 따라서 찬양은 "거래의 요소, 회유책이 전혀 없는 가장 순수하고
아름다운 영혼의 교제"이다.[29] 찬양의 가치를 평가하는 씨 에스 루이스
의 해설을 보자.

우리가 즐거워하는 것을 높이고 싶어 하는 것은 그 즐거움을 표현하기 위
해서뿐 아니라 완성시키기 위함이다. 그것 없이는 절정이 없다.[30]

---

28. 모빙켈의 글이다. 모빙켈의 전제와 방법, 결론들은 수용할 수 없는 것이 많으나 그의 찬양
자체에 대한 관찰은 참고할 만하여 여기 게재한다. 참고: Sigmund Mowinckel, *The Psalms
in Israel's Worship*, vol. 1, trans. D. R. Ap-Thomas (Nashville: Abingdon, 1962), 82.

29. C. S. Lewis의 표현들을 사용하여 필자가 만든 찬양의 정의이다. C. S. Lewis의 표현들은 그의
『시편 사색』 김정우 옮김 (서울: 총신대학교출판부, 1992), 106에서 찾아볼 수 있음.

30. C. S. Lewis, 『시편 사색』 104.

만약 피조된 영혼이 모든 것 중에 가장 값진 대상에게 충분히(즉 유한한 존
재로서 생각할 수 있을 만큼 완전히) 감사를 표하며 사랑하고 기뻐할 수 있
다면, 그리고 이와 동시에 매 순간마다 이 기쁨을 완전하게 표현할 수 있다
면 그 영혼은 최고의 축복을 누리고 있는 셈이다.[31]

하나님을 인격적으로 즐거워함으로 인간은 인간의 영혼이 누릴 수
있는 최고의 축복을 누리는 것이라 한다. 하나님을 즐거워하는 것을 말
과 노래로 표현한 것이 찬양인데 찬양함으로 또한 그 즐거움이 완성된
다고 한다. 하나님과의 인격적 교제의 가치과 그 교제를 누리는 장으로
서 찬양의 가치를 높이 평가한 말이다. 소요리 문답 1문은 인간의 제일
되는 목적을 "하나님을 영화롭게 하고 그를 영영토록 즐거워하는 것"
이라고 했다. 이는 하나님을 즐거워하는 것, 즉 찬양하며 하나님과 교제
하는 것이 곧 하나님을 영화롭게 하는 것이라는 뜻이 된다. 무엇을 받고
못 받고 이전에 하나님을 사랑하고 즐거워하는 것이 신앙의 본질이요
기본임을 명심하자. 이 본질과 기본이 표현된 것이 찬양이다.

씨 에스 루이스는 다른 책에서 하나님은 "우리로부터 가장 머신 분
이며, 동시에 우리에게 가장 가까우신 분"이라고 했다.[32] 창조주요 초월
자이시니 이 세상 어떤 인격이나 사물보다 우리로부터 머시다. 건널 수
없는 존재의 질적 차이가 있는 것이다. 그러나 그분은 우리 안에 내주하

31. C. S. Lewis, 『시편 사색』, 104.

32. C. S. Lewis가 원래 한 말을 이해하기 쉽도록 조금 바꾸었다. 원래는 "하나님은 한 편으로는
다른 어떤 존재보다도 우리로부터 머시고, 동시에 다른 한 편으로는 다른 어떤 존재보다도
우리에게 가까우시다"(God is both further from us, and nearer to us, than any other
being)라고 했다. C. S. Lewis, *The Problem of Pain* (New York: Macmillan Publishing
Company, 1962), 41.

신다. 그가 내 안에 사시는 것이다(갈 2:20). 그러니 어떤 인격이나 사물보다 나와 가까우시다. 신비한 "연합"이라 불릴 정도로 하나님은 이 우주에서 나와 가장 가까운 분이시다. 하나님과의 친밀한 교제는 예수를 믿을 때 이미 내 안에 시작되었다. 주님으로부터 나오는 무언가 얻어 건질 것에만 관심을 가지지 말고 주님 자신을 좋아하고 사랑해야 한다. 이 방종교는 얻어 받을 "무엇"에만 관심을 가지지만 복음은—물론 크고 참된 "무엇"도 주시지만—인격이신 "그분"과 사귀는 것이다. 예수를 믿는 영혼은 주님과의 인격적 사귐에 목마르다.[33] 찬양(묘사찬양)은 가장 순수하게, 가장 자연스럽고 가장 친밀하게 하나님을 만나게 한다. 복음적 신앙의 질은 인격적 교제의 질임을 기억하고 찬양이 우리의 신앙의 체질에 잘 섭취되도록 마음을 다하자.

한국인은 주고받기식 신앙이 너무 강렬한 편이다. 이것은 신앙에 열심을 내고 많은 사람을 교회에 나오게 하는 데까지는 유리하나 영혼을 기독교 신앙의 본질인 하나님과의 인격적 교제에까지 성장하도록 하는 데는 적지 않은 걸림돌이 된다. 무언가 받아야 할 것에 집착에 가까울 정도의 과도한 관심을 쏟고 거기에 과도한 정력을 집중하는 경향을 부인할 수 없다. 복음의 본질인 우리를 구원하신 하나님의 "사랑"에 대해 생각할 수 있어야 하겠다. 구속의 은총과 섭리의 은총이 다 하나님의 말할 수 없는 동정과(sympathy) 사랑에서 나온 산물이요 결과다. 주님이 우리를 사랑하시는 사랑과 불쌍히 여기심이 없다면 남는 것이라곤 사

---

33. 존 스타트가 그런 말을 한 적이 있다: "젊어서는 십자가가 그렇게 좋더니, 나이가 들어서는 그분 자신이 좋더라." 물론 십자가와 주님의 인격을 얼마나 분리해 생각할 수 있는지 모르겠으나 그러나 적어도 이 말은 예수님과의 인격적 교제가 얼마나 소중하고 간절히 사모하게 되는 것인지를 잘 말해 준다.

실상 아무것도 없다. 사랑하시기에 우리를 구속하여 주셨고 사랑하시기에 세밀히 섭리로 인도하신다. 그 사랑을 알고 그 사랑의 주님을 만나며 교제하는 것이 신앙의 본질이다. 그리고 그 본질을 기도로 구현한 것이 찬양(묘사찬양)이다. 찬양을 통해 주님 앞에 서서 주님과 동행하며 주님과 사귀는 기쁨의 실재를(reality) 소유해야 한다. 주님과 친밀히 교제하며 그의 삶에 참여하고 그의 성품을 닮는 성숙이 현실이 되어야 한다.

제6장 기도 장르에 따른 시편의 분류

지금까지 2장에서 5장까지에 걸쳐 시편의 일곱 개의 기도 장르에 대해 설명했다. 부 장르(minor genres) 넷에 대해서는 간략히 설명했지만 세 개의 주 장르에(major genres) 대해서는 할 수 있는 한 상세하고 심도 있게 내용을 분석했다. 이제는 시편의 전체 150편의 시를 이 일곱 장르의 범주를 따라 분류해 보기로 하자.

시편의 시들을 아무 예비지식 없이 읽으면 내용이 너무 다양하고 복잡하며 반복도 많아서 정확한 의미를 파악하기 어려운 경우가 대부분이다. 잘 알고 있다고 생각하고 별 주의 없이 지나가지만 시편 본문의 의미를 명확히 그리고 바르게 이해하고 읽는 경우는 손에 꼽힐 정도로 드물다고 할 것이다(사실 구약성경 전체가 그러하다). 유사한 내용이 반복되는 경우는 그 말이 그 말 같아서 이해가 어렵고, 생소한 내용이 등장하면 새로운 지식이 준비가 안 돼 있어 이해가 안 된다. 본문의 개별 구절들이 각각 무엇을 의미하는지, 하나의 시편은 전체적으로 어떤 주제를 가지고 무슨 메시지를 전하는 것인지 이 모두가 해석자의 상당한 수준의 주해 훈련을 요하는 것들이다. 신앙인들의 그토록 극진한 사랑을 받는다는 시편이 이처럼 의미 파악이 어렵고, 그래서 사실상 제대로 이해되지 않은 채 읽혀지고 설교되고 있다는 점이 새삼 놀라움을 가져올 뿐이다.

개별 시편들을 장르에 따라 분류하는 것은 이와 같이 난해한 시편에 하나의 해석의 길을 여는 일이다. 장르는 시편의 개별 시편들을 '맵핑'(mapping)해 준다. 특정 시편이 시편 전체의 문맥 속에서 어디 어느 그룹에 속하는지 그 '위치'를 찾아 준다는 말이다. 이 맵핑으로 말미암아 하나의 시편은 신앙인의 기도(경건) 생활에서 어떤 기능으로 작동하는 기도인지 드러나게 된다. 곤경을 만날 때 올리도록 되어 있는 기도인지, 기도 응답을 받고 하나님의 임재를 경험하고 나서 올리게 되어 있는 기도인지, 자신의 문제와 직접적인 상관없이 하나님과 하나님이 하시는 일을 높이는 기도인지 등, 다양한 종류의 하나님과의 대화의 기능을 말한다. 어떤 기능의 기도인지가 결정되면 이제 그 시편의 전체적인 메시지를 파악하는 일과 그 시편에 속한 개별 구절들의 의미를 결정하는 일이 훨씬 명료하게 주경의 윤곽 안에 들어온다. 따라서 보다 정확한 주해의 결과를 얻게 된다. 장르에 대한 지식을 소유한다는 것은 시편을 읽는 '전략'을 확보하는 것이다. 시편 전체를 체계적이고 조직적으로 이해하게 되며 개별 시편의 주해에 정확성을 기할 수 있다. 목표도 궤도도 없이 방황하는 '읽기'가 아니라 정비된 체제가 있는 질서 있는 읽기가 되는 것이다.

이처럼 장르 이해는 시편 해석을 위해 긴요하다. 따라서 본서는 장르에 대한 분석을 핵심 관심사로 취급해 왔고, 그 결과 장르에 따른 개별 시편의 분류를 여기 별도의 장을 마련하여 수록한다. 분류란 학자의 주관이 개입될 소지가 없지 않은 것이 사실이지만, 그러나 긴 시간 면밀한 검토를 거친 후 가장 타당하다고 판단되는 결과물을 여기 제시하고 있다(앤더슨의 연구로부터 많은 도움을 얻음). 시편을 읽으면서 이 상의 분류표를 함께 사용하면 시편 읽기가 훨씬 용이해지고 또 훨씬 흥미로워질 것이다. 시편이 체계적으로 이해됨으로 말미암아 시편으로부터 경건 생활에 필요한 보다 깊고 풍요한 영적 자원들을 풍성히 발견하고 누리는 기쁨을 맛보게 될 것이다.

(기도 장르에 따른) **시편의 분류**[1]

시편	분류
제 1 권	
1편	지혜시 (토라시)
2	제왕시
3	개인 탄식시
4	개인 탄식시 (신뢰의 시?)
5	개인 탄식시
6	개인 탄식시 (회개시)
7	개인 탄식시

---

1. 이 분류는 Anderson의 분류에 큰 도움을 받았다. Anderson의 용어 중 혼란을 가져올 수 있는 것은 삭제하거나 명료한 말로 바꿨다. 여기 나오는 명칭들은 기본적으로 필자의 분류에서 사용하는 용어를 따른 것이다. 참고: Bernhard W. Anderson, *Out of the Depths*, rev. ed. (Philadelphia: Westminster Press, 1983), 239-42. 특별히 탄식시와 감사시는 각각 개인 탄식시와 백성의 탄식시, 그리고 개인 감사시와 백성의 감사시로 더 세분화되므로 세분화된 명칭을 사용하였다. *로 표시된 것은 Anderson의 견해를 수정했거나 토론의 여지가 남아 있는 사항임을 의미한다.

8	찬양시
9-10	개인 탄식시? (알파벳 이합체[離合體] 시)
11	신뢰의 시
12	백성탄식시
13	개인 탄식시
14	(= 53) 개인 탄식시
15	지혜시*
16	신뢰의 시
17	개인 탄식시
18	(= 삼하 22) 개인 감사시 (왕의 개인 감사시)
19:1-6	찬양시
19:7-14	지혜시 (토라시)
20	제왕시
21	제왕시 (감사시)
22	개인 탄식시
23	신뢰의 시
24	지혜시?*
25	개인 탄식시 (알파벳 이합체 시)
26	개인 탄식시
27:1-6	신뢰의 시
27:7-14	개인 탄식시
28	개인 탄식시
29	찬양시
30	개인 감사시
31	개인 탄식시
32	개인 감사시 (지혜 요소가 들어 있는 회개시)

57	개인 탄식시
58	백성 탄식시
59	개인 탄식시
60	백성 탄식시
61	개인 탄식시
62	신뢰의 시
63	신뢰의 시 (또는 개인탄식시)
64	개인 탄식시
65	백성 감사시 (찬양시?)
66:1-12	찬양시
66:13-20	개인 감사시
67	백성 감사시 (찬양시?)
68	찬양시 (시온전례시?)*
69	개인 탄식시
70	(= 40:13-17) 개인 탄식시
71	개인 탄식시
72	지혜시

제 3 권

73	지혜시
74	백성 탄식시
75	백성 감사시?
76	찬양시: 시온의 노래
77	개인 탄식시
78	회상의 시 (다윗 언약에 기초한 이야기 시)
79	백성 탄식시

102	개인 탄식시 (회개시) (찬양 요소 포함)
103	찬양시
104	찬양시
105	회상의 시 (찬양 분위기의 이야기 시)
106	회상의 시 (회개 분위기의 이야기 시)

제 5 권

107	백성 감사시
108	(=57:7-11; 60:5-12) 신뢰의 시? (혼합형)*
109	개인 탄식시
110	제왕시
111	찬양시 (알파벳 이합체 시)
112	지혜시 (알파벳 이합체 시)
113	찬양시
114	찬양시
115	찬양시? (전례시)*
116	개인 감사시
117	찬양시
118	개인 감사시 (왕의 개인 감사시)
119	지혜시 (토라시) (알파벳 이합체 시)
120	개인 탄식시
121	신뢰의 시
122	찬양시: 시온의 노래?*
123	백성 탄식시
124	백성 감사시
125	신뢰의 시 (백성 탄식시?)

시편의 구조

제
7
장

이제는 마지막으로 시편의 구조와 표제에 대해 살펴보기로 하자. 시편은 5중 구조로 되어 있다. 책 전체가 다섯 개의 "권"으로 구성되어 있는 것이다. 이 다섯 권의 구조는 개별 시편들이 수집(편집)된 역사와 밀접한 관련이 있는 것으로 보인다. 표제는 개별 시편의 서두에 있는 해당 시편의 종류, 저자, 저작 배경, 음악적 지시 등에 대해 언급하는 내용이다. 그 자체 기도나 찬양 본문은 아니나 해당 시편이 지어진 배경과 예배에서 쓰인 기능에 대해 말해 준다. 구조나 표제 모두 그 기원과 의미에 대해 명확히 알려진 바가 많지 않다. 토론이 계속되고 있으나 아직까지 베일에 가려 있는 부분이 많고 어떤 것은(특히 표제의 음악에 관한 언급 따위) 앞으로도 명확히 밝혀질 가능성이 매우 희박해 보인다. 하지만 엄연히 정경의 일부로 자리잡고 있는 성경 '본문'이기 때문에 가능한 한 정확히 규명되어야 하는 것은 두말할 필요가 없다. 이것들이 정확히 규명되면 될수록 그만큼 개별 시편의 해석은 더 도움을 받을 수 있을 것이다. 그러나 충분히 규명되지 못한다 하더라도 시편은 '의도된' 모호함 그 자체로 하나님의 백성을 향한 계시로서의 기능을 수행하는 데에는 전혀 부족함이 없을 것이다.

이 상에서는 시편의 구조에 대해 살피고, 다음 장 8장에서는 시편의 표제에 대해 알아보기로 한다.

시편은 5중 구조, 즉 다섯 권의 책으로 구성되어 있다. 한글 번역이나 영역 등 현대역들에 1권, 2권, 3권, 4권, 5권 등으로 표시되어 있는 것이 그것이다. 1권은 1-41편(총 41편), 2권은 42-72편(31편), 3권은 73-89편(17편), 4권은 90-106편(17편), 5권은 107-150편(44편)이다. 1권, 2권, 3권 등 "권"의 명시적 표시는 맛소라 본문에는 없는 것이다. 이 명시적 구분이 정확히 언제부터 시작되었는지는 알 수 없고, 다만 유대 문학으로부터 출발한 것이 아닌가 짐작하고 있는 정도이다.[1] 오늘날 현대역들은 모두 이 구분을 따른다. 맛소라 본문이 이 명시적 구분을 가지고 있지 않다고 해서 히브리어 원문이 이 5중 구조를 의도하지도 알지도 못했다고 말할 수는 없다. 왜냐하면 각권의 마지막에 배치된 일정한 형태의 송영들이(doxologies) 원문 자체가 다섯 권의 구분을 의도하고 있음을 말해 주기 때문이다. 5중 구조는 나중에 "해석된" 것이 아니고 시편이 완성될 때에 이미 내재적 형식으로 본문의 일부가 되어 있었다는 말이다. 번역 전통에서 "권"을 명시적으로 표시한 것은 원문의 의도를 잘 반영한 것이라 할 수 있다. 5중 구조는 시편의 수집 및 편집 역사와 밀접한 연관이 있다. 처음에는 지금의 내용 중 일부밖에 되지 않았던 '작은' 시편이 더 많은 개별 시편들이 순차적으로 수집되면서 계속 확대되어 지금과 같은 형태와 분량의 '큰' 시편에 이르게 된 것이다. 따라서 5중 구조는 시편이란 책이 형성되어 온 긴 역사를 읽게 한다. 또한

---

1. 참고: C. Hassell Bullock, 『시편총론』, 류근상 옮김 (고양: 크리스챤출판사, 2003), 71.

시편이 예배 문맥에서 가지는 성격과 기능을 엿보게 한다. 각 권 말미의
송영들은 다음과 같다.[2]

1권 41:13(MT 14[3])

"이스라엘의 하나님 여호와를 영원부터 영원까지 송축할지로다 아
멘 아멘"

(בָּרוּךְ יְהוָה אֱלֹהֵי יִשְׂרָאֵל מֵהָעוֹלָם וְעַד הָעוֹלָם אָמֵן וְאָמֵן׃)

2권 72:18, 19

"홀로 기이한 일들을 행하시는 여호와 하나님 곧 이스라엘의 하나
님을 찬송하며 그 영화로운 이름을 영원히 찬송할지어다 온 땅에 그
의 영광이 충만할지어다 아멘 아멘"

בָּרוּךְ יְהוָה אֱלֹהִים אֱלֹהֵי יִשְׂרָאֵל עֹשֵׂה נִפְלָאוֹת לְבַדּוֹ׃

[4](וּבָרוּךְ שֵׁם כְּבוֹדוֹ לְעוֹלָם וְיִמָּלֵא כְבוֹדוֹ אֶת־כָּל הָאָרֶץ אָמֵן וְאָמֵן׃

---

2. 각 권을 송영으로 마무리한 것은 어떤 종류의 기도를 수집했든 어떤 종류의 기도를
   올렸든(그것이 하나님을 향한 불평을 담은 탄식기도라 할지라도) 결국은 그 모든 기도들이
   하나님을 찬양하는 하나의 목표를 지향했음을 말해 준다. 시편은 하나님을 찬양하는 것을
   목적으로 한 하나님 중심의 기도책이라 할 수 있다.

3. MT는 (the) Masoretic Text의 줄인 말로서 BHS의 히브리어 본문을 뜻한다. BHS는 표제부터
   한 절로 계산하여 절 수를 붙인 수가 많기 때문에 현대역들보다 절 수가 하나(경우에 따라 하나
   이상) 더 많아지는 것이 보통이다. 물론 표제가 없는 경우와, BHS가 표제와 첫 절을 묶어서 한
   절로 취급한 경우는 절 수가 같다. BHS의 절 수가 현대역과 다른 경우(많아지는 경우) 그것을
   표시하기 위해 괄호 안에 MT라 표현했다. 여기 "MT 14"는 BHS로는 14절이란 말이다.

4. 72:18, 19의 송영 다음에는 "이새의 아들 다윗의 기도가 끝나니라"라는 구절이 20절로 더
   첨부되어 있음.

3권 89:52(MT 53)

"여호와를 영원히 찬송할지어다 아멘 아멘"

(בָּרוּךְ יְהוָה לְעוֹלָם אָמֵן וְאָמֵן׃)

4권 106:48

"여호와 이스라엘의 하나님을 영원부터 영원까지 찬양할지어다 모든 백성들은[5] 아멘 할지어다 할렐루야"

(בָּרוּךְ־יְהוָה אֱלֹהֵי יִשְׂרָאֵל מִן־הָעוֹלָם וְעַד הָעוֹלָם וְאָמַר כָּל־הָעָם אָמֵן הַלְלוּ־יָהּ׃)

5권 150편 전체[6]

"(1절) 할렐루야(여호와를 찬양하라).. 하나님을 찬양하라..

　　　그를 찬양하라..

　(2) 그를 찬양하라[7].. 그를 찬양하라..

　(3) 그를 찬양하라.. 그를 찬양하라..

　(4) 그를 찬양하라.. 그를 찬양하라..

　(5) 그를 찬양하라.. 그를 찬양하라..

　(6) 호흡이 있는 것마다[8] 여호와를 찬양할지어다 할렐루야(여호와를

---

5. 개역개정 "모든 백성들아"는 오역이다. 히브리어는 "모든 백성들"이 호격이 아니고 와우계속법으로 표현된 3인칭 명령 동사(jussive)의 주어이다. 따라서 "모든 백성들은 아멘 할지어다"라고 옮기는 것이 옳다(참고: NASB "And let all the people say, 'Amen'").

6. 학자에 따라 마지막 다섯 편, 즉 146-150편 전체를 5권의 송영으로 보는 경우도 있다. Bullock, 『시편총론』 70.

7. 개역개정은 2-5절의 8개의 "그를 찬양하라"를 목적어 없이 "찬양하라"로 옮기고 있음. 목적어를 다 넣어주는 것이 옳음.

8. 개역개정 "호흡이 있는 자마다"는 사람만 가리키는 의미이므로 생명이 있는 모든 것을 지칭하기 위해 "호흡이 있는 것마다"로 바꾸는 것이 좋다. 너샤마(נשמה)는 사람만 아니라

찬양하라)"

(הַלְלוּ יָהּ הַלְלוּ־אֵל.. הַלְלוּהוּ.)

הַלְלוּהוּ.. הַלְלוּהוּ..

הַלְלוּהוּ.. הַלְלוּהוּ..

הַלְלוּהוּ.. הַלְלוּהוּ..

הַלְלוּהוּ.. הַלְלוּהוּ..

(כֹּל הַנְּשָׁמָה תְּהַלֵּל יָהּ הַלְלוּ־יָהּ:)

시편을 다섯 권으로 나눈 것은 모세 오경이[9] 다섯 권으로 되어 있기 때문에 이에 맞춘 것이 아닌가 생각된다. 또한 시편이 150개의 시편으로 이루어져 있는 것은 모세 오경이 153개의 *서다림*(סדרים)으로 되어 있는 것과 무관하지 않아 보인다. 유대인의 회당에서는 모세 오경 153개의 *서다림*을 한 주에 한 *세데르*(סדר)씩(세데르는 "분할"이란 의미임) 3년간 낭독했는데 시편은 매주 오경 한 *세데르*에 시편 한 편씩 병행 낭독하기 위해 (153과 비슷한 숫자로) 150편을 수집한 것이 아닌가 생각된다. '하나님의 말씀'을 한 부분(세데르) 낭송하고 그에 대한 반응으로 찬양을 한 곡 올려 드리고 하는 방식인 셈이다. 시편 첫 편이 "율법을 즐거워 함"에 대해 말씀하는 것도 이 병행 용도를 짐작하게 하는 요소이다.

시편은 900년간 저작되고, 500년간 수집된[10] 저작물이라 할 수 있다. 모세의 저작인 90편을 가장 오래된 저작으로 보고 내용상 포로기

호흡이 있는 모든 피조물을 가리킨다(참고: NASB, NIV "everything that has breath").

9. 유대인의 성경으로는 모세 오경을 율법(토라)이라 부른다.

10. 시편 수집에 대한 가장 뚜렷한 증거는 72:20이라 할 것이다. "이새의 아들 다윗의 기도가 끝나니라"는 말씀은 수집(편집)의 한 단계를 마감하는 표현임이 분명해 보이기 때문이다.

또는 포로후기의 저작인 126, 137편을 가장 늦은 저작으로 본다면 저술 기간은 대강 주전 1400년에서(출애굽 시기) 500년까지(느헤미야보다는 늦지 않은 시기) 900년 정도라 할 수 있다. 수집은 최초의 문예부흥기인 다윗 시대에 시작된 것으로 보고 포로후 신앙부흥기인 에스라 느헤미야 시대에 마감된 것으로 본다면 수집 기간은 주전 1000년에서 500년까지 약 500년간 정도라 할 수 있다. 성경의 대부분의 책이 한 저자에 의해 단기간에(적어도 저자의 생존 기간 동안) 저술되었는데[11] 시편은 이러한 사정의 적용을 받지 않는다. 시편 자체가 여러 저자의 존재를 증거하고[12] 또한 매우 긴 시대를 반영하기 때문이다. 시편은 이처럼 한 권의 책으로는 예외적으로 긴 시간에 걸쳐 저술 제작된 책이다. 긴 기간 여러 세대의 경건과 예배 경험이 복합적으로 융합되어 있는 것이 시편인 것이다. 왕정을 포함한 전 이스라엘 역사의 하나님과의 교제 경험이 농축된 것이 시편인 만큼 그 깊이와 복합성(복잡성)을 적절히 고려하는 것이 시편 해석의 또 하나의 긴요한 요소라 하겠다.

각 권은 각각 특정 시기에 수집 제작된 것으로 생각된다. 한 권씩 제

---

11. 저술 기간이 아마 성경에 대한 보수적 입장과 비평적 입장을 가르는 대표적인 범주가 될 것이다. 비평주의는 성경의 책들이 상당히 오랜 시간 동안 성장한 것이라 믿는다. 단일 저자가 짧은 기간 내에 창작했다는 것을 수용하는 것은 드물다. 비평주의는 우선 성경이 말하는 저자란 것을 신뢰하지 않는다. 성경이 말하는 저자는 명목상의 이름일 뿐 실제 저자는 오랜 기간 동안 관여한 (매우 많은) 익명의 다수이다. 여러 세대의 여러 신학이 중첩되고 여러 손의 가필을 거치며 성장한 것이 오늘의 성경의 모습이다. 오경 문서설과 이사야 삼분설 정도는 가장 단순한 초기 모델에 불과할 뿐이다. 비평주의는 성경의 모든 책을 거의 예외 없이 긴 시간 여러 세대의 고백에 의해 성장하고 '진화한' 매우 복잡한 문학 복합체로 간주한다. 이에 비해 보수적인 입장은 성경의 책들이 짧은 기간에 저술되었다고 본다. 성경이 증거하는 저자 자신이 자기의 생애 동안 '설교' 활동을 벌인 내용을 그 활동과 그리 멀지 않은 시점에 직접 정리하여 집필한 것이 성경이다.

12. 모세, 다윗, 솔로몬, 아삽, 고라 자손들, 에스라인 헤만, 에스라인 에단 등 적어도 일곱 종류의 저자.

작되면서 순차적으로 모아져서 급기야 오늘의 모습의 시편이 되었다.
각 권은 언제 어떻게 수집된 것일까. 유감스럽게도 시편 편집의 역사 전
반의 실체는 확정지어 말할 수 있는 바가 그리 많지 않다. 각 권이 언제
누구에 의해 모아지고 편집되었으며 현재의 시편은 언제 어떻게 확정
된 것인지 등 세세한 것들에 대해 정확히 말할 수 있는 것이 많지 않다
는 말이다. 학자마다 각기 다른 견해를 제시하는데 성경 자체가 충분한
증거를 제공하지 않으므로 그 어느 것도 가설 수준 이상을 넘어가지 못
한다. 하지만 실제 주석가들이 도움을 얻으려면 어떤 형태로든 편집 역
사에 대한 그림이 그려져야 한다. 개별 시편을 주석하려면 그 시편의 문
학적 역사적 문맥이 되는 편집 역사를 배경지식으로 우선 이해하는 게
필요하기 때문이다. 따라서 이스라엘의 정치, 종교, 예배 역사를 꼼꼼히
살피면서 이것과의 연관 속에 가장 납득할 만한 그림을 그려내는 것이
불가피하게 요청된다. 본고는 가장 보수적인 입장에 서 있는 학자라 할
수 있는 글리슨 아처(Gleason Archer)의 견해를 기반으로 시편 편집의
역사에 대해 간략히 기술하려고 한다.[13] 여기 제시하는 모델은 물론 하
나의 가능성이지 절대적인 것은 될 수 없다. 더 나은 모델이 얼마든지
가능하며 이에 대한 상상이 모든 해석자에게 열려 있다.[14]

---

13. 참고: Gleason L. Archer, 『구약총론』, 김정우 옮김 (서울: 기독교문서선교회, 1985), 510-13.

14. 사실 대부분의 학자들은 시편의 편집 역사에 대해 구체적으로 말하기를 꺼려한다. 확정적으로
말할 수 있을 만큼 자료가 충분치 못하기 때문이다. 시편이 오랜 기간의 편집 과정을 거쳐
탄생한 작품이라는 점에는 거의 모두가 동의할 것이다. 그리고 최종 편집이 포로후기, 특히
느헤미야 활동기 정도에 이루어졌을 것이라는 점에도 많은 수가 동의할 것이다(명시적으로
혹은 암묵적으로). 참고: Bullock, 『시편총론』, 69-98(특히 92, 98); William S. LaSor, David
A. Hubbard and Frederic Wm. Bush, *Old Testament Survey: The Message, Form and
Background of the Old Testament* (Grand Rapids: Eerdmans, 1982), 510-11; Peter
C. Craigie, *Psalms 1-50*, WBC (Waco, TX: Word Books, 1983), 27-31. 컨센서스는 그
정도까지이고 그 이상의 그림은 가설적인 요소가 많이 가미된 것이라 할 것이다. 따라서 여기

아처는 시편 다섯 권을 세 개의 편집 뭉치로 생각한다. 1권이 한 뭉치이며, 2, 3권이 한 뭉치이고, 4, 5권이 한 뭉치이다.

(1) 뭉치 1인 제1권은(1-41편) 다윗 또는 다윗의 '집현전'(集賢殿)이 수집 배열했을 것이다. 다윗에게는 레위 지파 출신으로 구성된 예배와 예배 찬송을 위한 음악 전문가 그룹이 있었다. 이 전문가 그룹이 신앙 절정기인 다윗 치세 때 1권을 수집 제작한 것으로 추정할 수 있다. 1권은 다윗이 지은 시들만을 모은 모음집으로 보인다. 표제는 대부분의 시를 다윗의 시라고 말한다(3-9편, 11-32편, 34-41편). 중간에 빠진 10편, 33편도 다윗의 시로 간주할 만하다. 10편은 표제가 없지만 이는 원래 9편과 함께 하나의 알파벳 이합체(alphabet acrostic) 시로 작성된 것이 분명하므로 사실상 9편과 하나의 작품이다. 칠십인역은 9, 10편을 한 편의 시로 취급하고 있다. 33편은 맛소라 본문에는 표제가 없지만 칠십인역은 이 시의 서두에 "다윗의 것"(Τῷ Δαυιδ)이란 표제를 달고 있다.[15] 전통적으

제시하는 모델도 자료에 기반을 둔 확정적인 '역사'라기 보다는 개별 시편의 문맥 이해를 위한 사고의 출발점 정도로 간주하면 좋을 것이다.

15. 33편은 칠십인역에서는 32편이다. 칠십인역은 10편을 9편과 하나로 묶어 9편으로 하기 때문에 11편부터 편 수가 하나씩 줄어서 33편이 32편이 된 것이다. 히브리어 시편과 칠십인역 시편은 칠십인역이 종종 히브리어와는 다르게 시편을 묶거나 나누기 때문에 책의 첫 부분과 마지막 부분을 제외하고는 개별 시편에 붙여진 편 수가 대부분 서로 차이가 난다. 다음 표는 히브리어 시편과 칠십인역 시편이 개별 시편의 편 수를 어떻게 매기고 있는지 (그 차이를) 보여준다.

히브리어 시편 편 수	칠십인역 시편 편 수
1-8	1-8
9-10	9
11-113	10-112
114-115	113
116	114-115
117-146	116-145
147	146-147

로 다윗의 시로 간주되어 온 것이 분명하다. 이렇게 1권의 1편과 2편을 제외한 모든 부분이 다윗의 시로 채워졌음에 대해 살폈다. 1편과 2편도 다윗의 시였을 가능성이 다분하다. 1편과 2편은 시편 전체, 또는 1권에 대한 서론이므로 굳이 저자를 명시하지 않고 책의 서두에 배치한 것일 수 있다. 이 둘은 시편 전체, 또는 1권 전체가 수집된 후 별도의 목적으로(서론이 되게 할 목적) 창작된 시들일 가능성도 있지만, 원래 있던 다윗의 작품들 중에서 골라 서론으로 배치한 것일 수도 있다. 시편은 여러 저자, 여러 종류, 여러 상황의 작품을 모은 것이므로 그것의 서론이 되려면 표제가 없는 것이 적절했을 것이다. 2편은 사도행전이 다윗의 작품으로 지목하여 말한다(행 4:25-26).

(2) 뭉치 2인 2권과(42-72편) 3권은(73-89편) 히스기야 개혁기나, 아니면 요시야 개혁기에 수집 제작되었을 것으로 추정할 수 있다. 히스기야는(주전 727-699)[16] 북왕국 멸망을 전후한 시기에 남왕국 유다에 신앙부흥을 가져온 왕이다. "다윗의 행실을 따라 여호와 앞에 정직히 행하여"(대하 29:2) 우상숭배를 대대적으로 척결하며 하나님께 드리는 예배를 회복했다. 무엇보다 잊혀졌던 유월절을 다시 지키므로 하나님과의 언약을 갱신하는, 이스라엘 신앙 역사에 유래를 찾을 수 없는 큰 획을 그었다(왕하 18:1-8; 대하 29:1-31:21 참고). 성경은 히스기야의 출중함에 대해

148-150   148-150

참고: Craigie, *Psalms 1-50*, 42. 칠십인역은 사실은 150편 외에 여분의 시편 한 편을 더 가지고 있다. 즉, 151편이다. 하지만 그것은 칠십인역 스스로 "계산 밖의"(ἔξωθεν τοῦ ἀριθμοῦ) 시편이라고 밝혀 잉여(supernumerary) 시편임을 분명히 하고 있다.

16. 왕들의 연대는 편의상 이 제이 영을 따름. Edward J. Young, 『구약총론』, 오병세·홍반식 옮김 (서울: 개혁주의신행협회, 1972), 216-18.

"하나님을 향한 믿음이 그의 전후 유다 여러 왕 중에 그러한 자가 없었다"고 극찬한다(왕하 18:5). 거기에다 히스기야는 그의 종교개혁을 효과적으로 추진하기 위한 강력한 신학 위원회도 운영한 것으로 보인다. 잠언 25:1은 "히스기야의 신하들"이 잠언 25-29장의 금언들을 모았다고 말하고 있다. 이처럼 신앙부흥과 더불어 신학적 문예부흥에 힘쓴 인물이 히스기야였으므로 시편 뭉치 2의(2권과 3권) 제작이 그와 그의 '위원회'에 의해 수행되었을 것이라고 추측하는 것은 상당한 설득력과 매력을 지닌다. 뭉치 2의 책임과 관련하여 히스기야는 상당히 추천할 만한 신앙 영웅이다.

히스기야에 비견할 또 하나의 유력한 후보를 든다면 그것은 다름 아닌 요시야이다(640-609). 요시야 역시 대대적인 종교개혁으로 남왕국에 신앙부흥을 일으킨 왕이다. 그 역시 히스기야처럼 "여호와 보시기에 정직히 행하여 그의 조상 다윗의 길로 행하고 좌우로 치우치지 않은" 사람이었다(왕하 22:2; 대하 34:2). 히스기야가 한 것처럼 전국적으로 우상숭배를 척결하고 성전을 청결케 하였으며 특히 우상의 온상이었던 지방 산당들을 대대적으로 정리하였다. 성전을 수리하던 중 율법책을 발견한 것은 요시야 종교개혁의 백미이다. 요시야는 발견된 율법의 말씀에 의거하여 하나님과의 언약을 갱신하였다.[17] 유다와 예루살렘의 백성에게 언약책의 모든 말씀을 낭독하여 듣게 하였으며, 이와 더불어 온 백성이 우상을 버리고 하나님 말씀에 순종하는 데로 돌아오는 대대적 영적 각성이 일어났다. 히스기야 시대처럼 유월절 준수도 대대적으로 이루

---

17. 히스기야의 기록과(대하 29:10) 요시야의 기록(대하 34:31) 모두에 "하나님과 언약을 세운다"는(כרת ברית) 언급이 나온다. 이는 두 왕이 모두 기존의 모세 언약의 은혜를 발견하고 이 언약에 대해 새롭게 헌신했다는 의미, 즉 언약을 갱신했다는 의미이다.

어졌다. 그것은 "선지자 사무엘 이후로 이스라엘 가운데서 유월절을 이같이 지킨 예가 없다"고 할 정도로(대하 35:18) 대규모요 철저한 것이었다. 요시야 시대에는 율법책이 발견되었기 때문에 경건 문헌에 관한 관심이 어느 시대보다 남달랐을 것으로 보인다. 예배 문헌으로서의 시편의 편찬을 요시야의 책임으로 고려할 수 있는 이유이다. 요시야에 대한 성경 기록에는 예배 음악과 관련되는 이름들도 많이 등장한다. "다윗," "아삽," "헤만," "여두둔," "노래하는 자들" 등이다(대하 35:15). 이 또한 요시야를 시편의 편찬과 연관지어 생각하게 하는 근거가 된다.

2권과(42-72편) 3권을(73-89편) 하나의 뭉치로 묶어 동 시대의(히스기야기 또는 요시야기) 작품으로 추정하는 것은 이 두 권이 수집된 시들의 저자가 유사한 분포를 보이기 때문이다. 2권과 3권의 시들의 저자는 다음과 같다.

(2권)

42-49편   고라 자손들[18]

50   아삽

51-65   다윗

66-67   (저자 없음)

68-70   다윗

71   (저자 없음)

72   솔로몬

---

18. 개역개정에 "고라 자손"이라고 되어 있는 것은 정확하게는 복수 "고라 자손들"이다.

(3권)

73-83편	아삽
84-85	고라 자손들
86	다윗
87-88	고라 자손들(88편은 에스라인 헤만도 저자로 병기됨)
89	에스라인 에단

2권과 3권은 주로 고라 자손들, 아삽, 다윗의 작품을 모은 모음집이라는 공통점이 있다. 2권은 고라 자손들의 시 8편,[19] 아삽의 시 1편, 다윗의 시 18편 등으로 되어 있고(여기다 마지막에 솔로몬의 시가 추가됨), 3권은 고라 자손들의 시 4편, 아삽의 시 11편, 다윗의 시 1편 등으로 이루어져 있다(마지막에 에스라인 에단의 시가 추가됨[20]). 이처럼 2권과 3권은 구조적인 공통점을 지니기 때문에 하나의 덩어리로 추정하게 된다.

2, 3권은 다윗의 시를 포함하여 여러 저자의 시를 모은 모음집이라는 의미에서 다윗의 시만 모은 모음집인 1권과 구별된다. 또한 2, 3권은 대부분 저자가 알려진 시들로 되어 있다는 점에서(저자가 명시되지 않은 시는 2권의 66-67, 71편 세 편뿐이다) 저자가 알려지지 않은 시가 대종을 이루는 4, 5권과도 구별된다. 이와 같이 2, 3권은 '구조적으로' 1권과도 구별되고 4, 5권과도 구별되는 것이다. 하나의 덩어리로 볼 수 있으므로 같은 시대의 편집 작품으로 추정하게 된다. 시대는 아마 다윗 시대 이후

---

19. 43편은 42편과 한 작품을 이루는 것으로 생각되므로 표제가 없지만 42편에 이어지는 "고라 자손들의 마스길"로 보아 무방할 것이다.

20. 88편에 병기된 에스라인 헤만도 고려하면 3권은 에스라인 헤만과 에스라인 에단의 시로 마감하고 있다.

가장 강력한 신앙 문예부흥기였던 히스기야 시대 또는 요시야 시대가 높은 가능성을 지닌다 할 것이다.

(3) 뭉치 3인 4권과(90-106편) 5권은(107-150편) 포로후 에스라와 느헤미야기에 수집 제작되었을 가능성이 높다. 에스라 느헤미야 시기는 한마디로 대대적인 언약갱신의 시기였다. 포로에서 돌아온 이들은 나라를 재건하고 여호와 종교를 재건하기 위해 하나님이 아브라함 이래로 이스라엘에게 베푸신 은혜를 기억하며 새롭게 하나님께 헌신하였다(느 9:4-38 참고).[21] 온 이스라엘 앞에 율법책이 낭독되었고 절기가 지켜졌으며(유월절, 초막절) 성전 예배가 회복되었다. 역대기사가의 책들이 다 그렇듯이 에스라 느헤미야서도 성전 예배가 중심이다. 성전 건축, 성전 봉헌, 성전 청결 등 성전을 회복하는 문제와 성전 예배를 담당하는 전문가들에 대한 내용이 주를 이룬다. 아삽, 노래하는 자 등 시편과 직접 관련될 수 있는 명칭도 다수 거듭해서 나온다. 에스라 느헤미야 시기는 언약갱신과 더불어 성전 예배에 극도로 높은 관심을 지녔던 시기이므로 시편의 편집과 제작에 열의를 기울였을 것으로 충분히 추측할 수 있는 시기이다.

이미 앞에서 언급한 대로 4권과 5권은 저자 미상의 작품으로 가득하다. 4, 5권의 저자의 분포는 다음과 같다.

---

21. 돌아온 이스라엘이 하나님과 언약을 맺었다는 언급이 에스라 10:3과 느헤미야 9:38에 나온다. 에스라 10:3은 "언약을 세운다"는 전형적인 표현을 쓰고(כרת ברית) 느헤미야 9:38은 "견고한 언약을 세운다"는 다소 변형된 표현을 쓰지만(כרת אמנה), 하나님과 언약을 맺는다는 의미는 동일하다. 에스라와 느헤미야의 시기도 히스기야, 요시야 때처럼 기존의 모세 언약에 새롭게 헌신했다는, 즉 언약을 갱신했다는 의미가 된다.

(4권)

90편	모세
91-100	(저자 없음)
101	다윗
102	(저자 없음)
103	다윗
104-106	(저자 없음)

(5권)

107편	(저자 없음)
108-110	다윗
111-119	(저자 없음)
120-121	(저자 없음)[22]
122	다윗
123	(저자 없음)
124	다윗
125-126	(저자 없음)
127	솔로몬
128-130	(저자 없음)
131	다윗
132	(저자 없음)

---

22. 120-134편은 "성전에 올라가는 노래"라 이름 붙여진 독특하게 분류되는 그룹이다. 따라서 이 부분은 앞뒤 시들과 섞어서 저자 표기를 하지 않고 분리하여 저자 표기를 하였다.

133	다윗
134	(저자 없음)
135-137	(저자 없음)
138-145	다윗
146-150	(저자 없음)

4권은 전체 17편 중 저자가 명시되지 않은 것이 14편이다(약 82.4%). 나머지는 두 편은 다윗, 한 편은 모세가 저자이다. 5권은 전체 44편 중 28편이 저자가 명시되어 있지 않다(약 63.6%). 나머지는 다윗이 저자인 것이 15편, 솔로몬이 저자인 것이 한 편이다. 이처럼 4권과 5권은 저자 미상의 시가 대종을 이룬다. 저자 미상인 경우를 제외한 나머지는 거의 다윗의 시가 채운다. 이처럼 저자 미상의 시가 대종을 이룬다는 면에서 4권과 5권은 한 뭉치일 가능성이 높다. 또한 이 점 때문에 2, 3권과 구별된다. 히스기야나 요시야 시대를 지난 어느 시대에 4, 5권의 수집에 대한 책임을 돌리라 한다면 역시 에스라 느헤미야기가 가장 가능성이 높은 후보가 될 것이다.

제8장 # 시편의 표제

시편의 표제는 대강 네 가지의 정보를 담고 있는 것으로 생각된다. 즉, 시의 종류, 저자, 시가 저작될 때의 역사적 상황, 음악적 지시 등이다. 하나씩 살펴보자.

1. 시의 종류

표제는 해당 시편의 종류, 즉 유형(type)에 대한 정보를 제공한다. 주로 음악적 성격이나 시의 내용에 따른 분류로 생각된다. 일곱 개 전후의 유형이 있는 것으로 생각되는데 유형을 지칭하는 단어의 의미는 추정만 할 뿐, 정확한 뜻을 알기 어려운 것들이 많다.

1) 미즈몰(מזמור)

가장 많이 나타나는 시의 유형이다. 개역개정이 "시"라고 번역하고

¹ 영역들이(NASB, NRSV, NIV) "psalm"이라고 번역하는 단어이다. 시편에 총 57회 등장하는데² 그 중 35회가 다윗의 작품에 붙여진 이름이다.³ 칠십인역이 이 단어를 프살모스(Ψαλμός; 음역 psalmos)로 번역한 것이 라틴역 벌게이트를 거쳐 영어의 번역이 되었다. 칠십인역은 이 번역을 기초로 해서 시편의 제목을 프살모이(ΨΑΛΜΟΙ)라 한다.

그러면 미즈몰은 무엇을 말하는 이름일까. 음악을 지칭하는 유형으로 생각되는데 다음에 설명할 쉴(שׁיר)이 순수 성악곡인(vocal) 반면 미즈몰은 악기를 동반한 음악 또는 노래로(instrumental music, or singing accompanied instrumentally) 생각된다.⁴ 구약에서 어근 자말(זמר)은 주로 "노래하다," "연주하다," "찬양하다"의 뜻을 지니는데,⁵ 그 중에도 특히 악기 반주가 동반된 노래를 의미할 때 쓰인다.⁶

2) 쉴(שׁיר)

쉴 역시 예배에 쓰인 노래이다. 개역개정이 "노래"라고 번역하고 있

---

1. 개역개정은 미즈몰이 없는 곳에도 "시"라는 말을 덧붙이는 수가 있는데 주의를 요한다(예: 11; 14; 18편 등).

2. 3, 4, 5, 6, 8, 9, 12, 13,... 139, 140, 141, 143편 등.

3. Hans-Joachim Kraus, *Psalms 1-59*, A Continental Commentary, trans. Hilton C. Oswald (Minneapolis: Fortress Press, 1993), 22.

4. Kraus, *Psalms 1-59*, 22. 라솔 등은 특히 현악기 반주가 동반된 노래였을 것으로 생각한다. 미즈몰은 시편 외에는 구약의 다른 곳에서는 발견되지 않는 명칭이다. William S. LaSor, David A. Hubbard and Frederic Wm. Bush, *Old Testament Survey: The Message, Form and Background of the Old Testament* (Grand Rapids: Eerdmans, 1982), 529.

5. 아카드어 자마루(zamāru)도 "노래하다"의 뜻을 지닌다고 한다. Kraus, *Psalms 1-59*, 22.

6. 시편 33:2, 71:22, 98:5, 147:7, 149:3 등을 참고할 것. Kraus, *Psalms 1-59*, 22.

고[7] 영역들은(NASB, NRSV, NIV) "song"이라고 번역한다. 총 30개의 시편에 쉴이란 이름이 붙여져 있다.[8]

미즈몰과 어떻게 구별되는지는 모호한 점이 있지만 미즈몰은 악기 연주가 동반된 노래인 반면 쉴은 순수하게 가창만을 위한 노래로 생각 되고 있다. 쉴이 표제 여러 군데에서 미즈몰과 함께 쓰이고 있는 점은 (30; 48; 65; 66; 67; 68; 75; 76; 83; 87; 88; 92; 108편) 둘 사이의 구별을 더 모호 하게 만드는 측면이 있다. 하지만 함께 쓰인 것은 둘 사이의 구별이 뚜 렷치 않다는 의미일 수도 있지만, 한편 해당 시편이 악기 반주가 동반된 노래와 순수 성악곡 두 용도로 다 쓰인 시였다는 의미도 될 수 있다. 시 편 120-134편의 15개의 "성전에 올라가는 노래"는 다 쉴이다.

3) 마스킬(משכיל)[9]

표제에 총 13번 등장하는 유형이다.[10] 의미를 확정지어 규정하기 쉽 지 않은 명칭으로서 대개 두 가지 정도의 의미로 해석되어 왔다. 마스킬 의 어근 사할(שכל)은 "지혜"(호흐마[חכמה]) 또는 "지혜롭다"(하함[חכם])의 동의어 중 하나로서 "분변 있다"(be prudent), "신중하다"(be circum-

---

7. 개역개정은 쉴이란 명칭이 없는데도 무수히 많은 곳에서 "노래"란 말을 첨가해 놓고 있어 심각한 주의를 요한다(예: 4; 5; 8; 11; 12; 13; 14; 18; 19; 20; 21; 22편;... 47; 60; 61; 62; 64; 69; 70편;...).

8. 30, 45, 46, 48, 65, 66, 67, 68, 75, 76, 83, 87, 88, 92, 108, 120-134편 등 30개이다. 라솔 등은 쉴을 30개로 정확히 계수하는데 아처는 27개밖에 세지 못하고 있다. LaSor, Hubbard and Bush, *Old Testament Survey*, 529; Gleason L. Archer, 『구약총론』, 김정우 옮김 (서울: 기독교문서선교회, 1985), 515.

9. 개역개정 "마스길"로 표기.

10. 32; 42; 44; 45; 52-55; 74; 78; 88; 89; 142편.

spect), "지적이다"(be intelligent)라는 의미의 말이다. 따라서 *마스킬*은 우선적으로 지혜시(wisdom poem/song) 또는 교훈시(didactic poem/ song)라는 의미로 해석되어 왔다. 묵상시(meditation)로 이해되기도 한다. 또한 *사할*은 어떤 분야의 전문 기술을 의미하는 *호흐마/하함*의[11] 동의어이고 또한 "높은 지적 수준을 갖추다"라는 의미를 지니므로 마스킬은 기술적인/예술적인 시(skilled/artistic poem), 즉 예술적 기교가 정교하며 "음악적 완성도가 높은"[12] 고급시라는[13] 의미로 해석되기도 했다. 32, 52, 53, 54, 55, 78편은 내용상 전자의 해석이 잘 들어맞는 편이다. 그러나 42, 44, 45, 74, 88, 89, 142편 들은 전자의 해석이 잘 어울리지 않는다. 다소 모호한 해석이라 할 수 있는 후자도 하나의 가능한 선택지로 열어 두어야 하는 이유이다.

4) 믹담(מכתם)

총 6회 등장한다.[14] 모두 다윗의 작품에 붙여진 명칭이다. 그러나 이 이름이 무엇을 뜻하는지는 정확한 규명이 거의 불가능해 보인다. 서로 공통분모가 없는 다양한 해석이 개진되어 왔다. "덮다"라는 의미의 아카드어 동사 *카타무*(katâmu)에서 유래한 것으로 보고 "(죄를 덮는) 속죄

---

11. 참고: 현창학, 『구약 지혜서 연구』 (수원: 합신대학원출판부, 2009), 26-27.

12. C. Hassell Bullock, 『시편총론』, 류근상 옮김 (고양: 크리스챤출판사, 2003), 16.

13. Kraus는 "기술적으로/예술적으로 잘 짜여진 노래"(artistically molded song)라는 표현을 쓴다. 마스킬은 음악 전문가들인 레위인들이 사용하도록 특별히 고안된 노래일 것이라 생각한다. Kraus, *Psalms 1-59*, 25.

14. 16; 56-60편.

시"(atonement psalm)라고 제안되기도 했고, 또 같은 어근을 기반으로 "비전(秘傳) 기도," 즉 "아직 공적으로 알려지지 않은 비밀스러운 기도"란 뜻으로 이해되기도 했다.[15] 히브리어 *케템*(כתם)이 "금"을 뜻하므로 여기서 유래한 말로 보아 "금같이 귀한 찬양"이란 뜻일 것이라고 생각한 사람도 있었다.[16] 또한 칠십인역과 탈굼의 번역을 근거로 돌에 새겨진 것처럼 지울 수 없는("indelible") 무엇, 즉 "잊을 수 없이 소중한 사상"이란 뜻으로 생각되기도 했다.[17] 모두 어원학적 추론을 근거로 하고 있어 충분한 설득력을 지닌 것은 없어 보인다. *믹담*은 가설적인 시도 외에 여러 사람의 신뢰와 동의를 얻을 만한 해석이 아직 개진되어 보지 못한 어려운 명칭이다.

5) *터필라*(תפלה)

"기도"(prayer)이다.[18] 5회 등장한다.[19] 모두 탄식시에 붙여진 이름이다. 17, 86, 102, 142편은 개인 탄식시이고, 90편은 백성의 탄식시이다.

---

15. Kraus, *Psalms 1-59*, 24. "속죄시"는 S. Mowinckel의 제안이고 "비전 기도"는 R. Tournay의 생각이라 한다.

16. 이븐 에즈라(Ibn Ezra)와 루터(M. Luther)가 그러함. Kraus, *Psalms 1-59*, 24.

17. Archer, 『구약총론』, 515; Kraus, *Psalms 1-59*, 25.

18. 어근 פלל에서 나온 말로 의미가 명확하다.

19. 17; 86; 90; 102; 142편. 하박국 3장의 기도에 붙여진 이름이기도 하다(3:1).

6) *터힐라*(תהלה)

"찬양"(song of praise, hymn)이다.[20] 145편의 표제에 한 번 등장한다.[21] 이 이름은 히브리어 시편 전체의 제목이 되기도 한다(*터힐림*(תהלים)).

7) *쉭가욘*(שגיון)[22]

7편의 표제에 한 번 등장한다.[23] 이 역시 의미를 정하기 어려운 명칭이다. 아처는 히브리어 어근 *샤가*(שגה)("길을 잃다, 탈선하다")에서 나온 말로 보고 표준적인 형식을 따르지 않는 "이례적이고 변칙적인 노래"란 의미라 생각한다.[24] 크라우스는 아카드어 *세구*(šĕgû)("탄식, 애가")에서 연원한 말로 보아 "격동된/고통스런 탄식"(agitated lament)이란 뜻일 것이라 추정한다.[25] 7편은 (개인) 탄식시이므로 후자가 좀 더 적합한 설명이 되는 것 같다. 하지만 아카드어에까지 돌아가는 어원학적 추론이 얼마나 설득력이 있을지 의문이다.

---

20. 어근 הלל에서 나온 말로 의미가 명확하다.

21. 시편 본문에는 22:25, 33:1, 34:1, 40:3, 48:10, 65:1, 71:8, 100:4, 106:12, 47, 119:171, 147:1, 148:14, 149:1 등에 나타난다.

22. 개역개정 "식가온"으로 표기.

23. 하박국 3:1의 *쉬요놑*(שגינות)도 같은 의미일 것으로 생각된다.

24. Archer, 『구약총론』, 515.

25. Kraus, *Psalms 1-59*, 26.

2. 저자

시편 전체의 표제들에서 일곱 명 정도의 저자를 식별해 낼 수 있을 것 같다. 그 중 많이 나오는 저자들은 다윗, 고라 자손들, 그리고 아삽이다.

다윗의 작품은 총 73편이며 시편 다섯 권에 골고루 나온다.[26] *러다윗* (לדוד)의 *러*(ל)에 대해서는 "(다윗)에게"(to), "(다윗)을 위하여"(for), "(다윗)의 전통을 따라"(according to), "(다윗)에게 속한"(belonging to), "(다윗)에 관하여"(about) 등 여러 가지 해석이 제시되어 왔으나, "(다윗)의"(of) 또는 "(다윗)에 의한"(by)이란 뜻으로 저자를 의미하는 것으로 보아 무리가 없을 듯하다. 다윗은 그의 음악적 재능이 성경 여러 곳에 증언되고 있는 사람이다(삼상 16:17-23; 18:10; 삼하 1:17-27; 3:33f.; 23:1-7; 암 6:5).[27] 무엇보다 시편 자체의 증거가 *러*를 저자를 가리키는 의미로 말한다. 3, 7, 18, 34, 51, 52, 54, 56, 57, 59, 60, 63, 142편 등은 다윗이 처한 상황(곤경)이 구체적으로 묘사되어 있어 다윗의 작품이 분명한 시들인데 이 모든 시의 표제가 *러다윗*이란 표현을 가지고 있다. *러다윗*은 "다윗이 지은 시/노래"라는 뜻인 것이다. *러*는 저자를 의미하는 전치사임이(ל auctoris) 분명해 보인다.[28]

고라 자손들의 작품은 총 11편이다. 모두 2, 3권에 몰려 있다.[29]

---

26. 3-9; 11-32; 34-42(이상 1권, 총 37편); 51-65; 68-70(이상 2권, 18편); 86(이상 3권, 1편); 101; 103(이상 4권, 2편); 108-110; 122; 124; 131; 133; 138-145편(이상 5권, 15편).

27. LaSor, Hubbard and Bush, *Old Testament Survey*, 528.

28. 참고: Kraus, *Psalms 1-59*, 22-23.

29. 42, 44-49(이상 2권, 총 7편); 84-85; 87-88편(이상 3권, 4편).

아삽의 작품은 총 12편이다. 역시 모두 2, 3권에 나온다.[30]

기타 솔로몬의 작품이 둘,[31] 에스라인 헤만, 에스라인 에단, 모세의 작품이 각각 하나씩이다.[32]

3. 역사적 상황

시가 지어진 당시의 역사적 상황(배경)에 대한 언급은 총 13회 나온다. 모두 다윗에 관한 내용이며[33] 모두 다윗이 겪은 곤경에 대한 언급이다. 역사적 상황이 등장하는 표제는 다음과 같다(표제 본문 전체를 옮김).[34]

3편 "다윗이 그의 아들 압살롬을 피할 때에 지은 시"

7편 "다윗의 식가욘, 베냐민인 구시의 말에 따라[35] 여호와께 드린 노래"

18편 "여호와의 종 다윗의 시, 인도자를 따라 부르는 노래, 여호와께서 다윗을 그 모든 원수들의 손에서와 사울의 손에서 건져 주신 날에 다윗이 이 노래의 말로 여호와께 아뢰어 이르되"

34편 "다윗이 아비멜렉 앞에서 미친 체하다가 쫓겨나서 지은 시"

---

30. 50(이상 2권, 총 1편); 73-83편(이상 3권, 11편).

31. 72(2권); 127편(5권).

32. 에스라인 헤만: 88편(3권); 에스라인 에단: 89편(3권); 모세: 90편(4권).

33. 열세 편 모두 다윗의 작품임.

34. 개역개정을 따름.

35. 개역개정의 "따라"는 전치사 알(עַל)을 번역한 것인데 적절치 않은 번역이다. 오히려 개역한글의 "대하여"가 낫다. 여기서 알은 "~한 계제에", "~을 거슬러"라는 의미이다.

51편 "다윗의 시, 인도자를 따라 부르는 노래, 다윗이 밧세바와 동침한 후
　　　선지자 나단이 그에게 왔을 때"

52편 "다윗의 마스길, 인도자를 따라 부르는 노래, 에돔인 도엑이 사울에
　　　게 이르러 다윗이 아히멜렉의 집에 왔다고 그에게 말하던 때에"

54편 "다윗의 마스길, 인도자를 따라 현악에 맞춘 노래, 십 사람이 사울에
　　　게 이르러 말하기를 다윗이 우리가 있는 곳에 숨지 아니하였나이까
　　　하던 때에"

56편 "다윗의 믹담 시, 인도자를 따라 요낫 엘렘 르호김에 맞춘 노래, 다
　　　윗이 가드에서 블레셋인에게 잡힌 때에"

57편 "다윗의 믹담 시, 인도자를 따라 알다스헷에 맞춘 노래, 다윗이 사울
　　　을 피하여 굴에 있던 때에"

59편 "다윗의 믹담 시, 인도자를 따라 알다스헷에 맞춘 노래, 사울이 사람
　　　을 보내어 다윗을 죽이려고 그 집을 지킨 때에"

60편 "다윗이 교훈하기 위하여 지은 믹담, 인도자를 따라 수산에둣에 맞
　　　춘 노래, 다윗이 아람 나하라임과 아람소바와 싸우는 중에 요압이
　　　돌아와 에돔을 소금 골짜기에서 쳐서 만 이천 명을 죽인 때에"

63편 "다윗의 시, 유다 광야에 있을 때에"

142편 "다윗이 굴에 있을 때에 지은 마스길 곧 기도"

　3, 7, 18, 34편은 1권이며(총 4편), 51, 52, 54, 56, 57, 59, 60, 63편은
2권(8편), 142편은 5권이다(1편). 3권과 4권에는 역사적 상황이 나오는
시가 없다. 모두 다윗이 겪은, 목숨 부지가 급급했던 극도로 곤란한 상
황에 관한 언급이다. 이를 반영하듯 18, 34편을 제외하고 역사적 상황
이 나오는 시들은 모두가 탄식시이다.[36] 18, 34편도 사실은 저자의 극심

한 곤경에 대해 언급하고 있어[37] 장르상 감사시이긴 하나 탄식 분위기가 짙게 배인 시들이다.[38] 이처럼 역사적 상황은 저자(다윗)가 처한 극도의 곤란한 상황, 즉 탄식의 배경을 설명하기 위해 주어졌다.

4. 음악적 지시

시편은 예배 때 노래로 불러 하나님을 찬양한 내용이기 때문에 음악적 요소를 필수적으로 동반한다. 따라서 표제에는 그 노래를 어떻게 부르며 어떻게 연주할 것인지, 누가 어떻게 사용할 것인지 등 음악에 대한 지시가 빼곡히 등장한다. 악기, 음정, 곡조, 연주 방식, 사용자 등 다양한 사항에 대해 언급한다. 지금은 거의 모든 정보가 소실되어 정확한 의미 규명이 사실상 불가능한 것들이 대부분이지만 이 지시들은 하나님께 올리는 찬송에 대해 이스라엘이 얼마나 철저하고 정밀하게 준비했는가 하는 것을 읽게 하는 소중한 흔적이다.

---

36. 60편은 백성의 탄식시이며 나머지는 개인 탄식시임. 63편은 신뢰의 시로 분류될 수도 있고 개인 탄식시로 분류될 수도 있다.

37. "사망의 줄이 나를 얽고 불의의 창수가 나를 두렵게 하였으며 스올의 줄이 나를 두르고 사망의 올무가 내게 이르렀도다"(18:4-5); "내 모든 두려움에서..."(34:4); "이 곤고한 자가 부르짖으매... 그의 모든 환난에서..."(34:6); "그들의 모든 환난에서..."(34:17); "마음이 상한 자를..."(34:18); "그의 모든 고난에서..."(34:19) 등.

38. 사실 감사시들은(선언찬양) 구원받은 경험을 노래하는 시이기는 하지만 기본적으로 곤경의 회고라는 요소를 지니고 있어서 늘 짙은 탄식의 분위기를 동반하는 것이 일반적이다.

1) 일반적인 음악 용어들

(1) 람나체아흐(למנצח)

머나체아흐(מנצח)는 성전 예배에서의 찬양대 지휘자를 의미하는 말이 아닌가 생각된다.[39] 그러므로 이 지시는 "찬양대 지휘자를 위하여"라고 번역될 수 있는데 일반 회중이 부르기 위한 곡이 아니고 전문 찬양 가수들(훈련된 찬양대)이 부르도록 선별된 곡이라는 의미가 될 것으로 본다. 시편 9편을 포함하여 55개의 시편에 이 지시가 붙여져 있다.[40]

(2) 너기놑(נגינות)

현악기 또는 현악기 반주에 맞춰 부른 노래들을 의미한다.[41] 이 이름을 파생시킨 어근 *나간*(נגן)은 "현악기를 연주하다"(to run over the strings)라는 의미의 동사이다. 따라서 이 지시가 붙은 시들은 현악기 선율에 맞춰 부르거나 낭송하는 용도였을 것이다.[42]

---

39. 어근 나차흐(נצח)가 "인도하다," "뛰어나다," "선두에 서다"라는 의미이기 때문에 *머나체아흐*를 "지도자" 또는 "찬양대 지휘자"(director of music, bandmaster, choirmaster)로 이해하는 것은 타당하고 가능성이 높은 해석이다. Bullock, 『시편총론』, 18. Lamb의 "낭송 책임자"라는 해석도 매력적이다. John Alexander Lamb, *The Psalms in Christian Worship* (London: Faith, 1962), 35-36, Bullock, 『시편총론』, 18에서 재인용.

40. 시편 밖에서는 하박국 3:19에서 이 구절이 발견된다.

41. 4, 6, 54, 55, 67, 76편 등의 표제에 나온다. 61편의 표제에는 약간 변형된 형태가 나온다.

42. Bullock, 『시편총론』, 18.

(3) 너힐롯(נחילות)

관악기 또는 관악기 반주에 맞춰 부른 노래를 의미한다.[43] 같은 어근으로 된 하릴(חליל)은 "피리/플루트"를 의미한다(삼상 10:5).

(4) 셔미닛(שמינית)

셔미닛은 "8"을 뜻하는 셔모네(שמנה)와 동족어로(cognate) 생각되기 때문에 류트와[44] 비슷한 어떤 종류의 "팔현금"(八絃琴)이 아닌가 추정된다.[45] 따라서 이 지시가 붙은 시편은 셔미닛이란 팔현금의 반주에 맞춰 부르거나 낭송하게 되어 있었을 것이다. 6편의 경우가 흥미로운데 셔미닛이 너기놋(현악기) 다음에 덧붙여져 함께 쓰이고 있다. 그렇다면 6편의 표제는 "현악기로 반주하되 특히 셔미닛이란 팔현금을 쓰라(또는 쓰면 좋다)"는 정도의 의미일 것이다. 한편 셔미닛은 전혀 다른 의미일 가능성도 있다. 8이란 숫자가 한 옥타브를 뜻할 수 있기 때문에 셔미닛은 "소프라노나 알라못(다음 항목에서 설명할 사항임)보다 한 옥타브 낮은 음정으로 부르라"는 지시일 가능성이 있다.[46]

---

43. 5편의 표제에 한 번 나온다.

44. 류트는 근대 유럽에서 쓰인 기타와 유사한 악기이다. 16-18세기 유럽에서는 6현(絃), 8현, 10현, 13현 등의 류트가 널리 유행했다 한다.

45. 셔미닛은 6편과 12편의 표제에 등장한다. 역대기상 15:21에도 나온다.

46. 참고: Archer, 『구약총론』, 516.

(5) 알라못(עלמות)

"처녀"를 뜻하는 알마(עלמה)의 복수로 되어 있기 때문에 "처녀들처럼 고음으로"(in maidenly manner), 즉 소프라노로 부르라는 음정에 관한 지시로 생각된다.[47]

(6) 마하랕(מחלת)

할라(חלה)가 "병들다," "근심하다"라는 의미의 어근이기 때문에 마하랕은 "슬픈 곡조" 또는 "슬픈 곡조의 노래"(song sung in melancholy manner)라는 의미가 아닐까 생각된다.[48] 탄식이나 애가의 느낌으로 부르라는, 곡의 분위기에 대한 지시일 가능성이 있다. 이 지시가 붙어 있는 53편과 88편은 모두 (개인) 탄식시이다.

2) 멜로디를 지시하는 용어들

다음의 용어들은 정확한 의미 파악이 거의 불가능한 것들인데 아마 해당 시편을 노래할 멜로디를 지시하는 내용이 아닌가 추측된다.

---

47. **46편의 표제에 등장한다. 역대기상 15:20에도 나온다.**
48. **53편과 88편의 표제에 등장한다.**

(1) 알뭍 랍벤(עלמות לבן)

문자적으로 "아들의 죽음을 따라"라는 뜻이다.[49] 아마 뭍 랍벤("아들의 죽음")이란 말로 시작하는 당시에 잘 알려진 노래가 있었을 것인데 이 노래의 곡조를 따라 부르라는 지시일 것으로 추측한다.[50] "아들의 죽음"이란 말로 시작하는 것을 보면 아마 몹시 슬픈 노래였을 것이다. 이 지시가 붙은 9편은 (개인) 탄식시이다.

(2) 알 아옐렛 핫샤할(על-אילת השחר)

"새벽의 사슴에 따라"란 뜻이다.[51] "새벽의 사슴"이란 가사로 시작하는 당시에 잘 알려진 노래가 있었을 것인데 이 노래의 멜로디에 맞춰 부르라는 지시인 것으로 추측한다. 가사를 보면 역시 슬픈 곡조의 노래였을 것으로 짐작된다. 이 지시가 나오는 22편은 (개인) 탄식시이다.

(3) 엘 쇼샨님(אל־ששנים)

"백합들에게"란 뜻이다.[52] "백합들" 또는 "백합들에게"로 시작하는

---

49. 알뭍 랍벤은 9편의 표제에 나온다.

50. 예전에 애국가를 스코틀랜드 가곡 올드 랭 사인(Auld Lang Syne)에 맞춰 불렀던 적이 있는데 시편의 멜로디 지시들은 그와 같은 것들일 것이다. 현재 찬송가 280장 "천부여 의지 없어서"도 올드 랭 사인에 맞춰 부르게 되어 있다.

51. 22편의 표제에 나온다.

52. 엘 쇼샨님의 정확한 꼴은 80편에 나오고, 45, 60, 69편에는 전치사 엘(אל)이 알(על)로 바뀌어 나온다. 60편은 복수 "백합들"이 단수 "백합"으로 바뀌었다.

잘 알려진 노래의 곡조를 따라 부르라는 지시로 생각된다.

(4) 알 타쉬헽(אל-תשחת)

"파괴하지 마세요"라는 뜻이다.[53] 이 말로 시작하는 널리 알려진 노래의 곡조를 따라 부르라는 지시로 생각된다.

(5) 알 요낱 엘렘 러호킴(על-יונת אלם רחקים)

"멀리 있는 자들에게, 침묵의 비둘기를 따라서"로 해석되는 말이다.[54] "멀리 있는 자들에게, 침묵의 비둘기"로 시작하는 잘 알려진 노래가 있었을 것인데 그 노래의 멜로디를 따라 부르라는 지시로 생각된다.

3) 기타

(1) 셀라(סלה)

셀라는 표제에 나오지 않고 기도 본문에 나오는 기술 용어(technical term)이지만 음악적 지시에 해당하기 때문에 여기서 함께 취급할 필요가 있다. 이 단어는 총 39개의 시편에 71회에 걸쳐 나오는데[55] 본문 주

---

53. 57, 58, 59, 75편의 표제에 나온다.

54. 56편의 표제에 나온다.

55. 3:2, 4, 8; 4:2, 4; 7:5; 9:16, 20; 20:3; 21:2; 24:6, 10 등등.

석의 견지에서 볼 때 반드시 해석이 필요한 용어이다. 정확한 의미를 아는 일은 여전히 용이치 않다. 하지만 대체로 어근 *살랄*(לָלַס)로부터 의미를 추적해 나가는 것이 무난한 방법으로 선호된다.

*살랄*은 "(높이) 들다", "고양시키다"라는 의미이다. 이 의미로부터 *셀라*는 목소리를 강렬하게 한다든지, 고음으로 낭송한다든지, 또는 악기를 큰 소리 나게 두드리라든지 하는 의미일 것이라 추정하게 된다. 또는 시편 낭송 차원에서 이 부분에서는 말씀을 깊고 높은 차원으로 묵상하라는 의미로 해석도 가능하다.[56] 칠십인역은 *셀라*를 *디아프살마*(διάψαλμα)로 번역한다. 이는 "음악적 막간"(音樂的 幕間)(an interlude by instruments)이란 뜻이다.[57] 즉 이 지점에서 연주를 쉬라는 의미이다 ("pause," "interruption").[58] 아니면 낭송을(또는 노래하기를) 멈추고 쉬면서 악기를 큰 소리 나게 두드리라는 의미가 될 수도 있다. 어원학적 분석과 역본의 정보를 종합하면 *셀라*의 두 핵심 개념은 "멈춤"과 "고성"(高聲)이다. *셀라*는 (깊은) 묵상을 위해 연주(노래, 낭송)를 잠시 멈추고 악기를 큰 소리로 두드리라는 지시일 가능성이 높다. 다음과 같이 정리해 보자. 첫째, *셀라*는 리듬상으로는 멈추라는 신호이다. 둘째, *셀라*는 음악적으로는 심벌즈 같은 악기로 큰 소리를 내라는 신호이다. 셋째, *셀라*의 목적은 그렇게 함으로 그 지점에서 말씀을 깊이 묵상하게 하려 함이다. 어원학적 접근이나 역본에 의존하는 해석법은 언제나 한계가 있기 마련이지만 그러나 이 정도의 해석은 적절해 보이고, 본문 주석에도 꽤 도움

56. 참고: Archer, 『구약총론』, 517.

57. Archer, 『구약총론』, 517; Kraus, *Psalms 1-59*, 27.

58. 참고: Kraus, *Psalms 1-59*, 29.

이 될 것 같다. 대개 *셀라*가 위치한 곳이 내용상 시편의 연(stanza)이 끝나는 곳일 때가 많기 때문에 이러한 해석이 맞는다면 *셀라*는 문단을 나누고 구조를 분석하는 일에 매우 유용한 지표가 된다. 또한 *셀라*가 있는 지점에 잠시 멈추어 지시대로 거기까지 진행된 내용을 깊이 묵상하는 시간을 갖는다면 그것은 원문이 의도한 대로 히브리 시를 읽는 길이고 따라서 시의 흐름을 가장 정확하고 풍성하게 이해하는 길이다.

(2) *쉴 함마아롵*(שיר המעלות)

한글 번역에 "성전에 올라가는 노래"라고 번역된 명칭이다. 주위와 구별되는 독특한 그룹의 시들인 120-134편의 15개 시편에 붙여진 이름이다. 이 명칭은 무엇을 의미하는지 확정된 결론은 없지만 대개 두 가지 방향의 이해가 개진되어 왔다. 미쉬나에 의하면 *마아롵*(מעלות)은 후기 히브리어에서 "계단들"(steps)이란 뜻이 있다 한다.[59] 그러면 *쉴 함마아롵*은 "계단(들)의 노래"라는 뜻이 되는데 이것은 곧 성전에 예배하러 나아갈 때 성전 안뜰까지 난 계단을 하나씩 오르며 부르는 노래란 의미가 된다. 이보다 좀 더 일반적인 해석은 *마아롵*을 순례자들이 예루살렘까지 올라가는 (영적) "단계들"이란 의미로 이해하는 것이다. 그러면 *쉴 함마아롵*은 "올라가는 (단계별) 노래"가 된다.[60] 이것은 절기에 순례자들이 예루살렘까지 순례하면서(순례의 길을 오르면서) 그 길에서 한 단계

---

59. Archer, 『구약총론』, 517.

60. 한글 번역들은 "성전에 올라가는 노래"라고 번역하지만 영역들은 원문에 "성전"이란 말이 없기 때문에 문자 그대로 "A song of ascents"라 옮긴다(NASB, NRSV, NIV).

씩 믿음을 고양시키며 그 수준에 맞추어 부르는 노래란 의미가 된다.[61]
120편에서 134편은 사상의 흐름이 단계적이고 점진적으로 발전해 나
가는 양상이 관찰된다고 알려져 있다.

---

61. 참고: Archer, 『구약총론』, 517.

II

개별 시편
주해

시편 1편

"복 있는 사람은 악인들의 꾀를 따르지 아니하며 죄인들의 길에 서지 아니
하며 오만한 자들의 자리에 앉지 아니하고"

1. 개요[1]

1) 시편의 서론인 1, 2편

시편은 기도집으로 알려진 성경이다. 여러 경우 여러 형편에 하나님
께 다양한 내용의 기도를 올린 것이 모아져서 한 편의 성경책이 된 것이
다. 인간의 힘으로 감당하기 어려운 곤경을 맞아 하나님께 탄원하며 도
움을 청한 것, 하나님께 올린 간절한 기도가 응답되어 구원을 경험하고
감격으로 감사를 올린 것, 하나님이 하신 큰일들을 종합적으로 진술하
면서 하나님의 크심과 선하심을 찬양한 것 등이다.

그런데 시편을 "개시"하는 1, 2편은 특이한 점을 노출한다. 1, 2편은

---

1. II부 개별 시편 주해에서 다루는 8개의 시편은 1. 개요, 2. 구조와 수사, 3. 메시지의 순으로
살피게 된다.

기도라고 하기 어려운 내용인 것이다. 기도가 아닌 내용들이 기도책인 시편의 "서론"으로 자리잡고 있는 셈이다.[2] 1편은 교훈이며, 2편은 새 왕(메시아)의 통치에 대한 칭송이다. 1편은 말씀을 따라 바르게(의롭게) 사는 것이 옳으며 그러한 길을 가야만 하나님이 정하신 복을 받을 수 있다고 가르친다. 교훈시이다. 장르 분류로는 지혜시에 해당한다. 2편은 하나님이 세우신 새 왕(메시아)이 반역하는 세상의 권력들을 쳐부숴 정복하며 온 세상을 통치하게 될 것이라는 노래이다. 온 세상을 향해 하나님의 주권에 굴복하고 새 왕에게 경배할 것을 권면한다. 분류상 제왕시이다. 본격적인 기도는 3편이 되어서야 비로소 시작된다(탄식 및 간구). 기도책인 시편이 이처럼 기도가 아닌 시들을 개시하는 시편으로(opening psalms) 배치한 점은 매우 특이하다. 시편은 하나님의 백성에게 기도를 가르치는 책이다. 성도는 시편의 음성에 맞추어 하나님께 말을 건네는 법을 배워 나가야 한다. 일반적인 예상을 깨는 이 "서론"의 배치는

---

2. 1, 2편은 문학적으로 하나의 단위를 이루어 시편 전체에 대해 서론의 기능을 한다는 것이 학자들의 공통된 의견이다. 1, 2편은 다음과 같은 근거들로 하나의 문학 단위가 되는 것으로 본다. 첫째, 1, 2편은 봉투구조(*inclusio*)를 형성한다. 1편의 첫 단어 아쉬레(אשרי, "복되다")가 2장 제일 마지막에(정확히는 2장 마지막 문장의 첫 단어) 다시 한 번 반복되어 1, 2장 전체를 하나로 감싸("include") 하나의 단위가 되도록 한다. 둘째, 1편과 2편은 같은 어휘를 공유한다. 1장 2절과 2장 1절에 공히 하가(הגה)가 나온다. 물론 의미는 좀 달라져서 1장에서는 "묵상하다"(meditate)라는 뜻이지만 2장에서는 "일을 꾸미다"(plot)라는 뜻으로 쓰인다. 하지만 같은 단어가 반복되는 것만은 분명하다. 1장 1, 6절에 나오는 데렉(דרך)이 2장 12절에도 나온다. "길"이란 뜻의 이 말은 의인 또는 악인이 취하는 삶의 방식을(*modus vivendi*) 의미한다. 이 역시 의도적인 반복으로 생각된다. 셋째, 1편과 2편은 둘 다 표제가(superscription) 없다. 이 공통점도 두 시편을 하나로 묶어 준다. 개별 시편들은 표제를 가지는 것이 보통이기 때문에 표제가 없는 것은 두 시편의 공통된 특징이 되고(표제가 없는 시들도 시편에 적잖이 있는 것은 사실이지만 1권에는 표제가 없는 시가 거의 없고 3편부터는 표제를 가진 시들이 계속 이어지므로 1, 2편의 표제의 부재는 두드러진 특징이라 말할 수 있고 시각적으로도 3편 이하와 분리되어 도드라짐), 이 특징은 두 시편을 하나의 단위로 묶어 주는 기능을 한다. 이처럼 여러 문학적 특징에 의해 1편과 2편은 하나의 단위로 묶이는 것으로 보인다.

과연 성도의 기도에 대해 무엇을 말하는 것이며 어떤 교훈을 주는 것일
까. 시편 1편과 2편을 주해하면서 이에 대한 답을 함께 찾아보기로 한다.

2) 시편 1편의 개요

시편 1편은 시편을 시작하는 첫 시로서 시편 전체의 서론에 해당한
다.[3] 서론으로서의 시편 1편은 "삶이 있는 기도"를 가르치는 시편이라
하겠다. 지혜시인 1편은 기도하는 사람에게 무엇보다 바르게(의롭게) 사
는 일이 중요하다고 가르친다. 단순히 기도만 하는 신앙이란 존재하지
않는다. 삶이 있는 기도여야 한다. 아니 삶으로 준비된 기도여야 한다.
"악인의 꾀"와 "죄인의 길"과 "오만한 자의 자리"는 겉으로 보기에는
효율적인 것 같고 잠시는 성공을 가져다주는 방책인 것처럼 보일 수 있
다. 그러나 그것은 결코 지혜가 아니다. 인생과 하나님의 심판은 긴 것
이다. 인간의 악한 도모는 결코 성공하지 못한다. 멸망이 기다릴 뿐이
다. 오직 (인생의) 성공은 하나님을 두려워하며 그의 말씀을 가슴 깊이
품고 그 말씀을 따라 바른 삶을 살고자 몸부림치는 길에서만 얻어지게
된다. 그 길만이 형통과 복에 이르는 길이요 삶의 의미도 그 길에만 있
다. 하나님은 그 길만을 "알아" 주신다. 이것이 두려울 정도로 엄중한
하나님의 도덕법칙이다. 이것저것 요구하고 요구한 것을 얻어내는 것
만이 기도가 아니다. 삶이 훈련되는 것이 기도이다. 내키는 대로 두서없
이 자기본위의 말만 늘어놓는 "즉흥적인 기도"(spontaneous prayer)는

---

3. 물론 1, 2편을 함께 서론으로 보기도 하지만 1편은 맨 선두에 선 시편이므로 1편 한 편을 시편의
서론으로 말하기도 한다.

이방적 기도로서 성경이 엄하게 경계하는 바다(참고: 마 6:7-8). 신앙의 기도는 말씀이 전제된 기도, 하나님의 질서를 깨달은 기도, 삶이 수반되는 기도이다.

2. 구조와 수사

1-3절은(I연) 의인에 대하여, 4-5절은(II연) 악인에 대하여, 6절은(III연) 결론으로 의인과 악인을 대조하여 말하고 있다.

I연은 먼저 의인이 해서는 안 되는 것에 대해 말하고(1절), 다음에 해야 할 것을 말한다(2절). 지혜시답게 잠언의 훈육 방식을 따르고 있다. 잠언은 서론 다음 주어지는 첫 교훈에서(잠 1:10-19) "무엇 무엇을 하지 마라" 하는 금지(Prohibition)의 교훈을 하고 있다. 잠언의 첫 교훈은 금지 교훈인 것이다. 시편 1편도 무엇을 해서는 안 된다는 금지 교훈으로 시작한다. 1절은 복 있는 사람은 "악인," "죄인," "교만한 자" 등 불의한 인간들이 하는 짓을 해서는 안 된다고 말한다. 해야 할 것은 율법을 사랑하여 그것을 항상 묵상하는 것이다. 말씀에 늘 주의를 집중하고 그것을 즐겨 묵상하는 사람이[4] 하나님을 두려워하는 사람이며 죄를 이기는 사람이다.

---

[4]. 현대인들은 스마트폰과 인터넷망에서 한시도 눈을 떼지 못한다. 이와 같은 습관은 원래 하나님께 드려져야 할 것들이다. 그리스도인은 현대인들의 이러한 '삐뚤어진' 습관을 보면서 오히려 하나님께 집중하는 게 무엇인지를 배우게 된다. 스마트폰에 집중하듯 인터넷에 집중하듯 그리스도인은 주님께, 복음에, 십자가와 부활에 집중하는 습관을 길러야 한다. 그리고 그리스도인은 항상 말씀을 "붙들고" 살아야 한다. 어떤 이는 자신이 말씀을 붙들기를 마치 "사나운 바다에 빠진 사람이 구명조끼 붙들 듯" 한다고 했다.

그리고 3절은 이러한 의인의 운명에 대해 말한다. 상반절에서는(악센트 아트나까지) 비유로 말하고 하반절에서는 직설 화법을 쓴다. 사막에서 오아시스로 옮겨심긴 나무처럼 의인은 나무 잎사귀의 푸르름 같은 생명력으로 인생의 때마다 적정한 결실을 한다. 환경이 어려워도 하는 일마다 잘되는 사람이다. 지상에서 이 이상 복된 인생은 없어 보인다.[5]

II연도 I연처럼 행위에 대해 먼저 말하고 이어 그 결과(운명)에 대해 말한다. 4절 상반절은 행위이고 4절 하반절과 5절은 결과이다.[6] 4절 상반절은 앞에서 의인이 하지 않는 일과 하는 일 등을 자세히 말했으므로 굳이 그것을 반복하지 않고 "악인은 그와는 반대다"라고 간단히 말하고 마친다. 간략히 말하고 마침으로 대조하는 힘이 오히려 두드러진다. 인간의 삶이란 간단한 것이다. 의로운 삶을 선택하거나 불의한 삶을 선택하거나 둘 중 하나다. 바른 선택은 고도의 지식이나 기술을 필요로 하는 것도 아닌데 그러나 그것이 쉽지 않은 것이 인생이다.

불의한 삶의 결과에 대해서도 역시 먼저 은유로 말하고(4절 하반절) 그 다음에 직설적으로 말한다(5절). 악인의 삶은 당장은 형통하는 것 같으나 바람에 날리는 겨처럼 결국은 아무 결실을 맺지 못하는 삶이다. "겨"는 얼핏 보기에는 알곡 같으나 자세히 보면 아무 쓸모없이 속이 텅 빈 것이다. 요란하게 움직이고 왔다 갔다 하지만 정해진 거처도 없고 결

---

5. 3절의 "심은"(planted)으로 번역된 샤툴(שָׁתוּל)은 엄밀하게는 "옮겨심긴"(transplanted)이란 뜻일 가능성이 높다. 참고: BDB, 1060a. 그렇다면 하나님의 말씀을 사랑하고 말씀에 따라 바른 생활을 하는 사람은 애당초에는 그가 처한 환경이 사막 같은 불모지요 열악하고 불리하기 짝이 없는 것이었다 하더라도 하나님의 도덕법칙이 작용한 결과로 하는 일마다 손을 대는 일마다 형통하고 복을 받는, 운명이 완전히 달라진 사람이 되는 것이다.

6. 물론 4절 상반절을 악인의 행위와 결과 모두를 말하는 것으로 보는 해석도 가능하다. 즉 "악인은 행위도 (앞의) 의인과 같지 아니하고 운명도 의인과 같지 아니하다"라는 뜻일 수도 있다.

국은 의미 없이 사라지고 마는 실패한 인생이다. 뿐만 아니다. 하나님이 공의로 심판하실 때 버텨낼 방법이 없고 의인들과의 교제라는 영광에 한참 미치지 못한다. 악인의 운명에 대한 언급은 그것이 단순히 지상에서 실패하는 생이라는 진술을 넘어 하나님의 심판을 견디지 못하는 것이라고 종말적 색조(tint)까지 가미하여 말함으로써 그것의 '불행'을 더욱 엄중히 강조한다.

III연은(6절) 앞에 언급한 의인의 행위와 운명, 악인의 행위와 운명을 종합하여 다시 한 번 극명히 대조시켜 말하는 결론이다. 의인들이 하는 일은 하나님께서 알아주신다. 악인들이 하는 일은 (하나님 없이) 망한다. 의인들은 하나님이 알아주시므로 도덕법칙이 순리로 작용하여 그들의 운명 또한 형통하는 것이 될 것이다. 악인들에 대해서는 "하나님" 언급이 없다. 하나님 없이 어떤 비인격적인 법칙에 의해 그들의 운명이 어디론가 속수무책으로 끌려가는 느낌을 준다. 악인들이 겪게 될 심판의 결과를 더욱 섬뜩하게 느끼게 하는 수사 기술이다.[7]

---

7. 1편에는 1편 전체를 아우르는 수사 구조가 하나 있다. 히브리어 알파벳 첫 자 알렙(א)으로 시작하여 마지막 자 타우(ת)로 끝나게 하는 구조이다. 알렙으로 시작하는 아쉬레(אשרי, "복되다")를 첫 단어로 배치하고 타우로 시작하는 토베드(תאבד, "망한다")를 마지막 단어로 배치하여 그 효과를 얻는다. 알렙으로 시작하여 타우로 마친다는 것은 그 시가 어떤 진리에 대해 '전부'를 말한다는 의미가 있다. 시편 1편은 인생의 진리 '전부'를 말하는 시이다. 어떻게 사는 것이 지혜로운가 하는 삶의 요령 '전부'가 이 시에 실려 있다. 더는 없다. 여기 실린 교훈만 착념하면 된다. 하나님을 두려워하고 말씀을 사랑하고 바른 생활을 하는 것이 인생 성공의 길이다. 그 반대는 패망이다. 인생은 간단한 것이다. 사는 게 무엇인지 '전부'를 말하며 전체 시편(the Psalter)이 시작된다. 기도하는 이에게 '바른 선택'이 엄중히 촉구된다.

3. 메시지

"복되다"고 시작하는 것은 주님의 산상수훈을 생각나게 한다. 주님이 여러 가지 삶의 원리를 말씀하심으로 복된 인간이 되게 하신 것은 구약 지혜서적인 가르침이라 할 수 있다. 하나님께서도 인간을 창조하시면서 축복하셨는데, 시편 1편은 하나님의 창조 목적에 부합한 복된 인간이 되기를 원하는 가르침을 실은 기도라 할 수 있다.

시편 전체가 율법에 대해 말씀하는 시로 시작한다는 것은 기도 생활을 하는 신자에게 깊은 의미를 갖는다. 신앙인의 기도는 말씀이 있는 기도여야 함을 의미하고, 또한 삶이 있는 기도여야 함을 말한다. 무엇보다 그리스도인은 복음에 기초하여 자신의 삶을 훈련하는 사람이어야 한다. 삶의 여러 문제에 시달리다 보면 우리는 문제를 '아뢰는' 일에만 급급하여 생활을 추스르는 일에는 신경을 쓰지 못하고 하나님과 '말'로만 교제하려는 경향이 있다. 그러나 구약 성경, 특히 시편은 그런 신앙에 대해 모른다. 시편 1편이 요구하는 것은 선행후언(先行後言)의 삶이다. 먼저 삶이 준비되고(시편 1편) 그 다음에 '말'이 올려져야 한다(나머지 시편). 부흥 설교자 레이븐힐은(Leonard Ravenhill) "거룩해지기 위해 기도하는 것이 아니고, 기도하기 위해 거룩해지는 것이다"라고 말했다.[8] 삶이 준비된 기도여야 한다. 물론 급박한 문제 앞에 하나님께 도움을 청하는 기도는 항상 열려 있다. 그러한 기도는 그것 자체로 귀한 가치가 있지만, 그러나 시편 1편은 그것의 중요성에도 불구하고 신자의 기도는

---

8. 영국 출신 미국의 부흥설교자 Leonard Ravenhill(1907-1994) 목사님에 대해서는 합신 수원노회의 선배 목사님이 가르쳐 주셨다.

반드시 하나의 '보정'을 거친 것이어야 한다고 말한다. 기도를 열심히 하되 하나님께 나아가기 위해서는 반드시 삶을 준비하라는 것이다. 거룩하게 삶이 다듬어지지 않은 기도는 하나님이 받을 수 없는 기도일 수 있다(참고: 사 1:10-17; 미 3:1-4). 모든 기도 시편에 앞서 삶에 대한 교훈인 1편이 배치된 뜻을 깊이 헤아려야 할 것이다.

1편은 구약의 지혜사상을 반영한 시이다. 그래서 지혜시라 한다. 지혜사상이란 하나님의 도덕법칙을 이르는 말이다. 바르고 의롭게 사는 삶에 형통과 축복이 따르고 사곡하고 불의하게 사는 삶에 실패와 패망이 따른다는 소위 보응의 원리를(retribution principle) 말한다. 시편 1편이 삶에 대해 교훈한다는 것은 바로 이 원리에 의거해 바른 삶을 영위하고 형통하고 복된 생이 될 것을 촉구하는 것을 말한다. 행위와 결과의 상관구조인 보응의 원리는 인간을 억압하고자 하는 법칙이 아니다. 진정 자유롭고 책임질 줄 아는 성숙한 인간을 길러내고자 하는 법칙이다. 구속의 은혜를 받은 사람이 자신과 사회의 미래에 대해 책임지는 인격이 되도록 오늘의 성실을 독려하는 법칙이다. 그리스도인은 지혜가 가르치는 도덕 원리를 깊이 이해하고 그 원리에 조화하여 의로운 삶을 영위하려고 애써야 한다. 그렇게 할 때 그 자신이 성공적이고 복된 사람이 되며(물론 구원의 은혜로 인해 이미 큰 복 가운데 있지만) 또한 그가 속한 사회는 (그와 같은 사람들로 인하여) '정신'이 있는 선진사회로 발전하게 된다. 현재를 책임지려는 노력 없이 요행이나 바라고 불의한 이익을 탐내고 하는 따위의 일은 철저히 경계되어야 한다. 그리스도인은 먼저 자기 자신을 도덕 원리로 엄중히 훈련하고, 또한 자신의 자녀와 다음 세대의 일꾼이 될 젊은이들을 바른 가치로 무장한 바른 인격의 사람들로 훈육해내는 일에 중차대한 책임을 걸머진 사람들이다.

지혜사상은 우주의 법칙성(法則性)에 대해 생각하게 한다. 우주와 역사는 아무 규칙도 없이 무질서하게 돌아가는 공간이 아니다. 자연계에 자연법칙이 있듯이 역사에는 도덕법칙이란 게 있다. 바로 앞에 말한 보응의 원리이다. 보응의 원리라는 도덕질서는 구약이 꾸준히 가르치는 바요, 지혜서가 집대성하여 우리에게 집약적으로 제시해 주는 바다. 하나님이 세계를 다스리시되 "의"(義)로 다스리신다는 것은 구약 모든 부분이(오경, 역사서, 선지서, 시편 등) 꾸준히 그리고 줄기차게 설파하는 사상이다. 지혜서가(특히 잠언) 이것을 보응의 원리라는 개념으로 정리해 우리에게 제시해 주고 있을 뿐이다. 하나님은 의와 결과의 상관관계라는 법칙성으로 우주를 다스리신다. 정교한 도덕질서의 존재를 말한다. 신앙인은 이 질서, 이 법칙에 대해 충분히 이해할 책임을 진다. "의"의 질서는 너무 흔하게 너무 자주 가르쳐지기 때문에 그것을 인지하는 우리의 감수성이 오히려 무디어질 수는 있다. 그러나 그렇다 하더라도 미래에 대해 책임을 져야 할 사람들이 그것을 자신의 무지를 설명하는 변명으로 삼을 수는 없다. 신앙인은 하나님이 우주에 심어 놓으신 도덕법칙에 대해 반드시 인지하고 있어야 한다. 그리고 그것이 자신의 믿음의 분명한 내용이 되도록 해야 한다. 하나님이 세워 가시는 왕국의 일을 충직하게 수종 들고자 할 때 그 왕국이 운영되는 원리에 대해 알지 못한다면 그것은 우리에게 한 치의 바른 전진도 허용하지 않을 것이기 때문이다.

그런데 문제는 우리 신앙의 체질이 어딘가 모르게 법칙성이란 것과는 상당히 거리가 있어 보인다는 점이다.[9] 법칙성보다는 비법칙성(非法

---

9. 이것은 아마도 우리가 지나온 오랜 기간의 고된 역사 경험의 영향이 크지 않은가 한다. 세계의 초강대국들 사이에 끼어 그들이 행사하는 무시무시한 힘의 소용돌이 속에서 항상 주변의 눈치를 살피지 않으면 생존이 힘겨웠던 특수한 역사 경험을 말한다. 물론 이런 경험은 비단

則性) 쪽에 많이 기울어 있는 것이 우리의 체질이라 할 것이다. 그것은 우리의 신앙이 숱한 곤경과 어려움 가운데서 성장해 온 배경과 무관하지 않을 것이다. 법칙이나 규칙 따위로는 설명할 수 없는 엄청난 어려움들 속에서 한국교회의 신앙은 오로지 하나님의 기적적인 개입, 즉 '은혜'를 통해 '구원'을 경험하며 여기까지 이르렀다. 그것은 그 자체로 좋은 것이다. 신앙이 성립하고 성장하려면 반드시 필요한 요소이기 때문이다. 그런데 신앙이 이만큼 성장한 시점에 우리가 생각해야 할 것은 신앙은 비법칙성의 원리로만 움직이는 것이 아니라는 점이다. 법칙성이란 것이 엄연히 존재하며 성경은 이것을 끊임없이 가르친다. 법칙성이 기본이다. 그리고 그것의 기초 위에 비로소 비법칙성도 작동한다. 법칙성 없이 비법칙성이란 있을 수 없고, 법칙성이 있고 그리고 그것과 더불어 비법칙성이 있는 것이다. 법칙성과 비법칙성은 둘이 함께 있어 신앙의 본질을 이룬다. 두 가지가 합쳐져 기독교 신앙 전체이다.[10] 어느 한쪽으로만 치우치는 것을 지극히 경계해야 할 것은 그렇게 되면 신앙의

한반도만의 상황이 아니라 세계 어느 곳이든 주도적 문명에 속하지 못한 주변부 문명의 약소국이라면 어느 나라든 겪어야 했던 경험일 것이다. 이러한 위치의 문명에서는 어떤 정립된 도덕 원리나 규칙 따위보다는 순간순간 들려오는 블랙박스의 신호음이 더 유효한 판단 수단이 된다(이 생각은 박동환 교수의 『안티호모에렉투스』[강릉: 도서출판 길, 2001]의 논구에서 도움을 얻었다). 옳고 그름을 말하는 도덕 원리 따위는 큰 힘의 논리들 앞에 너무도 무력했기 때문이다. 법칙은 소홀히 하면서 순간순간 들려오는 신호음에 주로 의지해 온 역사적 습관이 우리 신앙 양태에도 적잖은 영향을 끼쳤을 것이다.

10. 예컨대 이스라엘의 역사를 보면 하나님은 이스라엘의 삶에 대하여 엄중히 도덕법칙을 적용하신다. 이스라엘을 향하여 "삼킬 듯이" 의를 요구하시며(참고: 현창학, 『선지서 주해 연구』 [수원: 합신대학원출판부, 2013], 151-52, 159-61) 그것이 만족되지 않을 때 심판을 행하신다. 법칙성이다. 한편 하나님은 도덕법칙이란 '규칙'에만 의존하지 않으시고 필요하다고 생각될 때마다(하나님의 구속 목적에 따른 필요가 있을 때마다) 법칙을 '거슬러' 역사에 개입하신다. 기적이요, '은혜'라 하는 것이다. 비법칙성이다. 족장을 부르신 것이나, 이스라엘을 출애굽 시키신 것도 모두 이 비법칙성이다. 하나님의 구속 역사는 이처럼 법칙성과 비법칙성 두 요소가 날줄과 씨줄로 서로 엮여 짜이므로 전체적인 하나의 그림이 된 것이다.

이방화 내지는 이단화가 초래될 수 있기 때문이다. 법칙성으로 치우치면 인본주의나 율법주의가 될 수 있다. 비법칙성으로 치우치면 율법폐기론이나 신비주의, 내지는 무속주의가 될 수 있다. 전자는 하나님의 자유로운 은혜에 대해 무지한 것이며 후자는 삶의 책임에 대해 무지한 것이다. 한국교회는 후자의 경향이 짙다. 비법칙성에 대해서는 민감하지만 법칙성에 대해서는 놀라울 정도로 무지하고 소홀히 해온 것이 사실이다. 법칙성에 대한 새로운 인식이 필요하다. 성경이(특히 지혜서) 말씀하는 바를 잘 학습해야 한다. 그리고 학습한 바를 믿음의 주요 내용으로 착실히 섭취해야 한다. 그래야 자신의 삶과 사회의 미래에 대해 책임지는 사람이 될 수 있다. 법칙성은 구속 역사의 기본 원리이며 따라서 기독교 신앙의 본질에 해당한다. 시편 1편을 계기로 법칙성에 대해 새롭게 주의를 환기하며 이에 대한 충실한 학습을 본격적으로 시작해야 하겠다.

이미 말한 것처럼 비법칙성 부분은 우리가 상대적으로 잘 이해하고 잘 적용해 왔다 할 수 있다. 하지만 법칙성은 거의 무지에 가깝다 할 정도로 소홀히 해 왔다. 큰 숙제가 남겨진 셈이다. 한국교회가 이만큼 신앙이 성장한 시점에서 우리는 법칙성의 이해 문제를 심각히 반성해야 한다. 법칙성은 하나님의 기적적인 개입을 기대하기 전에 우리가 평상시에 성실히 감당해야 하는 삶의 책임성이다. 성실하게 삶의 노력을 경주하면 하나님이 준비해 놓으신 복이 부어지게 되어 있다. 보응의 원리는 이러한 성실과 책임에 대해 말하는 원리이다. 신앙인은 법칙성에 대해 명료한 의식을 가지고 자신의 현재와 미래에 대해 책임을 져야 한다.

---

11. Guy Sorman(1944-). 유대계 프랑스 경제학자, 문명비평가, 미래학자.

문명학자 기 소르망이[11] "미래는 예언이 아니라 선택이다"라고 말한 적이 있다. 우리의 미래는 미리 정해져 있어 그것이 무엇인지 탐구되기를 기다리는 운명 같은 것이 아니다. 굳이 말한다면 우리 앞에는 하나의 미래가 아니라 여러 개의 미래가 존재하는 것이다.[12] 오늘 어떤 선택을 하느냐에 따라 내가 만날 미래가 달라진다. 내가 나의 미래를 선택하는 것이다. 바르고 의로운 삶을 살게 되면 형통과 성공이란 미래를 만나게 된다. 사곡하고 불의한 삶을 살면 낭패와 패망의 미래를 만난다. 신앙인은 은혜와 기적으로 사는 사람인 것은 맞다. 믿음의 사람에게 하나님의 은혜가 아니고 되어지는 일이 무엇이 있겠는가. 그러나 삶의 구체적인 현장에서 그리스도인은 다른 무엇보다도 삶의 바른 선택을 하도록 책임 지워져 있다. 그리고 그 길 끝에는 하나님이 준비하신 놀라운 복이 기다리고 있다. 이것은 또 하나의 은혜이다. 예속적으로 운명 따위에 끌려가는 존재가 되게 하지 않으시고, 우리 스스로 우리 자신의 운명을 창조(개척)하도록 우리 앞에 미래를 열어 놓으셨다. 과거에 구애받을 일도 미래를 두려워할 일도 없다. 오늘의 성실, 오늘의 책임만 다하면 된다. 법칙성은 우리에게 허락된 또 하나의 은혜다. 오늘의 용기 있는 선택으로 미래의 삶을 얼마든지 복된 것으로 만들 수 있도록 열어 놓으신 위대한 신탁(信託)이다. 나 자신의 삶과 내가 속한 사회를 가장 복되고 이상적인 것

---

12. 당연히 이 말에 대해서는 오해가 없어야 할 것이다. 역사의 흐름이라든가 개인의 생사화복은 전적으로 하나님 주권의 문제이다. 우리는 전적으로 하나님의 주권이 인간의 미래를 결정한다고 믿는다. 그러나 그럼에도 불구하고 성경(구약)은 우주의 도덕법칙을 거론하며 인간의 (도덕적) 선택이 그의 미래를 좌우한다고 말한다. 인간의 책임이 기독교 신앙의 중요한 부분인 점을 극도로 강조하는 것이다. 한 마디로 정리한다고 하면 하나님 주권은 하나님 주권대로 진리이고 인간의 책임은 인간의 책임대로 진리라고 해야 할 것이다. 진리가 지니는 신비한 양면성(bilaterality)인 것이다(기독교 신앙의 주요 진리들이 신기하게도 많은 경우 이러한 양면성으로 이루어져 있다). 인간의 선택이 그의 미래를 결정한다는 언급이 결코 하나님 주권의 진리를 훼손하는 것일 수는 없다.

으로 만들 수 있는 자유가 우리에게 주어져 있는 것이다.

　법칙성을 알고 사는 사람은 두려움이 없다. 오늘과 내일 사이에 '계산'이 서지 않는 사람은 두렵다. 그러나 오늘의 책임을 다하고 준비하면 보응의 원리라는 도덕법칙이 있어 우리 삶은 복되고 성공적이 될 것이라고 믿는 사람은 오늘 최선을 다하면서 내일에 대해서는 의연(毅然)한 것이다. 적어도 한국교회 교우들에게 가장 훈련이 부족해 보이는 것이 미래에 대한 의연함이다.[13] 기도도 많이 하고 신앙의 열심도 뜨겁지만 작은 자극에도 쉽게 흥분하며 두려워하며, 평상시의 마음의 평정을 유지하는 일에 상당히 취약한 편이다. 구원, 기쁨, 평안, 소망 등 어떤 위험이라도 돌파할 수 있는 탁월한 교훈이 많이 있지만 많은 염려와 두려움을 관리하고 통제할 요령이 없기 때문에 이 귀한 진리들이 거의 힘을 쓰지 못한다. 법칙성을 아는 사람은 오늘의 최선을 다하고 내일의 결과는 완전히 하나님께 맡길 수 있는 사람이다. 오늘 할 일, 다음 주에 할 일, 그리고 몇 달 후에 할 일 등 주어진 일을 하나씩 차근차근 해나갈 뿐, 미래를 걱정하거나 두려워하지 않는다. 미래는 내 시간도 아니며, 또 오늘과 상관없이 아무렇게나 다가오는 것도 아니다. 무엇보다 까닭 없이 '폭력적으로' 다가오는 미래는 존재하지 않는다. '자격'을 갖추기 위해 준비한 만큼 오는 것이요, 설령 내가 원하는 그대로 오지 않는다 하더라도 하나님은 가장 좋은 것을 마련하여 주신다. 법칙성을 믿고 의연함을 유지하자. 법칙을 안다는 것은 큰 그림을 갖게 하는 것이다. '계산'이 서며 여유가 생긴다. 준비는 안 하고 요행을 바라는 것은 악한 일이다. 노력은 많이 하면서 앞일을 두려워하는 것은 무지하고 어리석은 일이다. 하

---

13. 오히려 동양사상들은 삶의 의연함에 대해 많은 공을 들여가며 가르치는 것을 볼 수 있다.

루하루 할 일을 하고 앞일은 잊어버리자. 전혀 알지 못 해도 좋고 알 필요도 없다. 하나님의 시간이니 하나님만 아실 것이요, 법칙이 있으니 순리를 좇으면 된다. 최고의 지혜는 '자격'이 되기 위해 오늘 최선을 다해 '준비'하는 것이다. 법칙을 알고 최선을 다하는 삶에서 의연함이 나온다. "깨어 믿음에 굳게 서서 남자답게 강건한"(고전 16:13) 삶이 그런 삶이 아니겠는가.

시편 1편은 기도하는 신앙인은 이처럼 하나님의 도덕법칙을 이해하고 자신의 삶에 대해 책임지는 사람이어야 함을 말씀한다. 하나님께 말을 건네러 나아가는 사람에게 꼭 필요한 교훈이다. 인간의 삶을 바르게 그리고 깊이 이해해야 한다. 법칙을 학습하며 삶을 준비하여 기도해야 한다. 삶의 준비는 하나도 하지 않은 채 무엇을 달라고만 보채는 것은 하나님이 받으실 만한 기도가 전혀 되지 못한다.

시편 2편

"어찌하여 이방 나라들이 분노하며 민족들이 헛된 일을 꾸미는가"

1. 개요

시편 2편은 제왕시로(Royal Psalm) 분류된다. 시온 산에서 왕이 기름부음을 받는다는 내용이 나오는 것으로 미뤄 볼 때 이 시편은 아마도 어떤 왕이 즉위할 때 감사하는 예배를 드리기 위해 지어진 것이 아닐까 짐작하게 한다. 그리고 이스라엘(유다)은 새로운 왕이 즉위할 때마다 다윗 자손의 왕위를 영원히 견고케 하리라는(삼하 7:13) 약속을 이루시는 하나님께 감사하며 거듭 이 찬송을 사용했을 가능성이 있다.[1] 이런 연유로 시편 2편을 즉위시(Enthronement Psalm) 또는 대관시(Coronation Psalm)라 부르기도 한다.

그러나 이 시는 단순히 역사적인 왕의 등극만을 기념하는 시는 아니다. 시편 2편의 "왕"은 한편으로는 다윗 계열의 유다 왕을 지칭하겠지

---

1. Knight의 발언이 도움이 된다. 그는 시편 2편이 "이스라엘의 왕이 차례로 즉위할 때마다 거듭해서 쓰였을 수 있다"고 말한다. George A. F. Knight, 『시편 (상)』, 이기문 옮김 (서울: 기독교문사, 1985), 38.

만 다른 한편으로는 마지막 때에 오셔서 모든 원수의 세력을 물리치고 온 세상을 다스리실 메시아를 가리키기도 한다. 굳이 모형론 같은 해석법을 적용하지 않더라도 시편 안에 종말적 메시아를 가리키는 함의가 다수 들어 있다. 하나님이 세우신 왕이 철장(鐵杖)으로 세상을 부술 것이라든지, 하나님이 그에게 주시는 소유가 땅 끝까지라든지, 온 세계 권세자들이 그에게 경배한다든지 하는 내용들이다. 실제로 사도행전 4:25-26은 헤롯과 본디오 빌라도가 교회를 박해하는 것을 시편 2:1, 2의 내용이 성취된 것으로 이해하고, 시편 1:2의 "기름 부음 받은 자"를 정확히 그리스도로 지목하여 말한다. 요한계시록 12:5과 19:15은(계 2:27도 참고) 그리스도를 '만국을 치고 그것을 철장으로 다스리실 자'라고 말함으로 시편 2:9의 철장을 든 왕을 정확히 그리스도로 이해하고 있다. 신약 저자들은 시편 2편을 그리스도에 대한 예언으로 이해하고 있는 것이다.[2] 이처럼 시편 2편은 역사적 왕의 등극만을 축하하는 시가 아니다. 마지막 때에 오셔서 그의 나라를 이루실 메시아를 고대한 시이기도 한 것이다(이스라엘 자신도 시편 2편으로 메시아를 대망했을 것으로 생각됨). 물론 기독교 예배에서는 세상을 구원하러 오신 예수 그리스도를 기억하고 그를 찬양하는 시로 사용되는 것이 마땅하다.

---

2. 예수님은 누가복음 24:44에서 "모세의 율법과 선지자의 글과 시편에 나를 가리켜 기록된 모든 것이 이루어져야 하리라"고 말씀하셨는데 시편 2편은 정확히 이 말씀에 해당되는 본문이다.

2. 구조와 수사

시편 2편은 화자가(speaker) 수시로 바뀌는 관계로 준비 없이 읽어서
는 내용 이해가 상당히 어려운 시편이다. 우리는 시편 전체의 서두에서
부터 '이해되지 않는' 시편을 만나고 있는 셈이다.[3] 우선 각 절이 누구
의 말인지 아는 일이 필요하다. 화자를 모르면 내용 전개에 대한 이해가
미궁에 빠질 수밖에 없기 때문이다. 다음, 발언(speech)의 구조를 이해
하는 일도 필요하다. 어떤 경우는 한 화자의 말 안에 다른 화자의 말이
인용되어 복잡성이 가중되기도 하기 때문이다. 따라서 번역 성경을 제
작할 때는 두 가지 조치를 취해 줘야 한다. 하나는 화자 표시이고, 다른
하나는 따옴표 표시이다. 영역들이 아가서에 해 주고 있듯 (원문에는 없
지만) 각 절에 그 절이 누구의 말인지 화자를 명시해 줄 필요가 있다. 그
래야 연극 대본 같은 시편 2편의 이해가 수월해진다. 그 다음 화자들의
발언 내용에 따옴표를 해 줄 필요가 있다.[4] 그렇게 할 때 어느 것이 일
반 진술이고 어느 것이 화자의 발언인지 구별이 되기 때문이다. 한 발언
안에 다른 화자의 발언이 인용되는 경우는 인용 부분에 작은따옴표도
해줘야 한다. 이렇게 화자를 명시하고 필요한 곳에 따옴표를 해 줄 때
비로소 시편의 내용이 명료히 드러나기 시작한다. 한글성경은 이러한
조치를 전혀 취하지 않고 있어 이 시편은 '이해되지 않는' 성경으로 독
자에게서 멀리 서 있기 일쑤다. 다음에 성경을 번역할 때는 이 두 가지
조치가 반드시 보완되어야 하리라 본다.

---

3. 예컨대 6절과 7절의 "나"는 서로 다른 나인데 이어지는 절에서 같은 "나"("내")로 언급되어
도무지 내용 전개가 어떻게 되는 것이지 알기 어렵게 되어 있다.

4. 영역들은 모두 발언 부분에 따옴표를 해주고 있다(오래된 번역인 KJV와 ASV는 예외).

2편에는 네 명의 화자가 나온다. 저자, 열국의 왕들, 하나님, 왕(메시아) 등 넷이다. 다음은 개역개정의 본문인데 각 절에 화자를 명기하고 발언 부분에 따옴표를 표시한 것이다(저자는 시편 전체를 이끄는 화자이므로 저자의 말에는 따옴표를 하지 않고 저자를 제외한 다른 화자들의 말에만 따옴표를 했다).

저자: (1절) 어찌하여 이방 나라들이 분노하며 민족들이 헛된 일을 꾸미는가 (2) 세상의 군왕들이 나서며 관원들이 서로 꾀하여 여호와와 그의 기름 부음 받은 자를 대적하며

열국의 왕들: (3) "우리가 그들의 맨 것을 끊고 그의 결박을 벗어 버리자" 하는도다

저자: (4) 하늘에 계신 이가 웃으심이여 주께서 그들을 비웃으시리로다 (5) 그 때에 분을 발하며 진노하사 그들을 놀라게 하여 이르시기를

하나님: (6) "내가 나의 왕을 내 거룩한 산 시온에 세웠다" 하시리로다

왕(메시아): (7) "내가 여호와의 명령을 전하노라 여호와께서 내게 이르시되

하나님(왕의 인용): (7) '너는 내 아들이라 오늘 내가 너를 낳았도다 (8) 내게 구하라 내가 이방 나라를 네 유업으로 주리니 네 소유가 땅 끝까지 이르리로다 (9) 네가 철장으로 그들을 깨뜨림이여 질그릇 같이 부수리라' 하시도다"

저자: (10) 그런즉 군왕들아 너희는 지혜를 얻으며 세상의 재판관들아 너희는 교훈을 받을지어다 (11) 여호와를 경외함으로 섬기고 떨며 즐거워할지어다 (12) 그의 아들에게 입맞추라 그렇지 아니하면 진노하심으로 너희가 길에서 망하리니 그의 진노가 급하심이라

저자: (12) 여호와께 피하는 모든 사람은 다 복이 있도다

이렇게 각 절에 화자 표시를 해주고 발언 내용을 따옴표 내지는 작은따옴표 표시를 해 주면 난해하게만 보이던 2편의 내용 윤곽이 순식간에 명료해진다. 2편은 이처럼 화자가 차례로 바뀌면서 발언하는 형식으로 되어 있어 문학 장르로 치면 연극 대본과 유사하다 하겠다.

각 화자의 발언 내용을 중심으로 2편의 내용을 살펴보기로 하자. 먼저 하나님의 말씀을 살펴보자. 하나님의 말씀은 하나님이 직접하신 말씀(6절)과 왕(메시아)이 하나님 말씀을 인용한 내용(7-9절) 등 둘로 이루어진다. 하나님의 말씀에서는 하나님이 하신 일과 하나님이 왕에게 이르신 말씀 두 가지를 확인할 수 있는데 이 두 가지는 시편 2편의 핵심을 이루는 내용이다. 하나님은 자신의 왕을 시온에 세우신다("install")(6). 하나님은 그 왕을 "내 아들"이라 부르며(7) 그에게 온 땅과 모든 민족을 소유로 주시고 불순종하는 자들을 철장으로 부수는 권세를 주시겠다고 약속한다(8-9). 새로 즉위하는 왕을 "아들"이라 부른 것은 곧 그 왕이 다윗의 자손이란 의미가 된다. 하나님이 다윗에게 다윗의 "씨"가 왕위를 계승하게 될 때에 하나님께서 그에게 아버지가 되어 주며 그는 하나님의 "아들"이 될 것이라고 약속했기 때문이다(삼하 7:12-14[5]). 다윗의 자손이 왕위를 계승한다는 것은 단순히 새로운 왕이 등극한다는 (정치적인) 의미를 훨씬 넘어선다. 하나님께서 다윗의 왕국을 영원히 견고케 하겠

---

5. "네 수한이 차서 네 조상들과 함께 누울 때에 내가 네 몸에서 날 네 씨를 네 뒤에 세워 그의 나라를 견고하게 하리라 그는 내 이름을 위하여 집을 건축할 것이요 나는 그의 나라 왕위를 영원히 견고하게 하리라 나는 그에게 아버지가 되고 그는 내게 아들이 되리니 그가 만일 죄를 범하면 내가 사람의 매와 인생의 채찍으로 징계하려니와."

다는 약속을 변함없이 지키고 계시다는 징표가 된다. 따라서 이것은 하나님이 다윗과 맺으신 언약의 신실성을 역사 속에서 확인하는 언약갱신의 체험이다. 다윗 왕국의 영원함과 하나님의 은혜 언약의 신실성이 확인되고 고백되는 신학적 사건이다.

이 시 자체에서 왕(메시아)이 하는 기능은 하나님의 말씀을 전하는 것 외에는 별다른 것은 없다(7-9절). 역사적인 왕은 오직 하나님의 은혜로 세움을 받아 자신의 왕직을 수행할 따름이므로 별도의 발언이 필요 없을 것이고, 종말에 오실 메시아의 경우는 신약 시대가 되어 하나님 나라에 관한 계시의 많은 내용을 전하게 될 것이므로 역시 여기서는 별도의 발언이 필요 없을 것이다. 지금으로서는 왕(메시아)을 세우는 하나님의 주권만이 초점을 받는 주제이므로 왕에게 별다른 내용의 발언을 부여하지 않는 것으로 보인다(왕의 임무나 할 일은 하나님의 발언 속에 들어 있음).

열국의 왕들이 하는 일은 세상의 권세가 늘 그러한 것처럼 오직 하나님과 그가 보낸 그리스도를 향해 반역하는 일 뿐이다. 매튜 헨리는 이 세상의 어떤 철학 분파도, 어떤 독재 권력도 그것이 아무리 이단적이고 사악한 것이었다 할지라도 기독교 신앙만큼 많은 그리고 심한 반대와 박해에 직면했던 것은 일찍이 없다고 해설한다.[6] 세상과 세상의 권세는 진리를 미워하기 때문에 모든 수단과 방법을 동원하여 하나님과 그리스도를 대적하게 되어 있다. 생명 얻는 구원에 관한 진리를 어떻게든 무력화시키려는 지옥의 세력이 배후에서 작동하는 것이기 때문에 성도들은 미움과 박해를 많이 받으면 받을수록 구원의 복음 진리에 대해 더

---

6. Matthew Henry in Charles Spurgeon, John Calvin and Matthew Henry, *Parallel Classic Commentary on the Psalms* (Chattanooga, TN: AMG Publishers, 2005), 5. 표현은 필자가 우리말로 이해하기 쉽게 다소 수정함.

큰 확신을 가질 일이다.

저자는 전체 '이야기'를 끌어가는 틀(frame)의 역할을 한다. 먼저는 세상과 세상의 통치자들을 소개하며 그들의 반역을 고발한다(1-2절). 다음에는 '이야기'의 주인공이 되시는 하나님을 소개하며 그의 중대 발언이 나올 수 있도록 길을 마련한다(4). 저자는 이렇게 여기까지는 다소 수동적이지만 그러나 10절 이하에 다시 등장했을 때에는 대단히 능동적인 태도를 취한다. 즉, 우주를 다스리시는 하나님과 메시아에 대한 세상의 반응은 어떤 것이 되어야 하는지 엄중하게 교훈한다. 온 세상과 통치자들은 '지혜'가 필요하다(10). 그들은 반역을 멈춰야 한다. 두려워함으로 하나님을 섬기고 그를 즐거워해야 한다(11). 하나님의 심판을 피하려면 하나님께 나아와 굴복하고 그에게 예배하며 "아들"에게[7] "입 맞추어야" 한다(12). 반역하고 버티는 대신 하나님께 나아와 피난처를 구하는 자만이 복을 받을 수 있다(12).

시편 2편 전체를 아우르는 수사는 봉투구조이다. 우선 12절 하반절 "여호와께 피하는 모든 사람은 다 복이 있도다"는 말씀은 2편의 기본 구조에서 일단 제외시키자. 이 구절은 왕(메시아)의 세워짐과 그에 대한 반역, 그리고 그것들이 분쇄됨에 대해 다뤄온 12절 상반절까지의 내용의 흐름과 자연스럽게 연결되지 않는다. 2편 전체의 메시지를 위해서는 중요할 수 있지만 신학적 의도를 가지고 독립적으로 첨가시킨 기획 본

---

7. 개역개정 "그의 아들"의 "그의"는 본문에 없는 내용을 옮긴 것인데, 아마도 개역한글의 "그"를 "그의"의 뜻으로 오해한 데서 비롯된 것으로 보인다. 개역한글 "그 아들"의 "그"는 무슨 의미인지 알 수 없다. 개역개정의 오해처럼 "그의"의 뜻인지 정관사를 반영하는 "그"인지 알 수 없는데 어느 쪽이 되었든 오역이다. 원문에는 대명사 접미도 정관사도 없다. 그냥 "아들"이다. 영역들이(KJV, NIV, NASB) "the Son"이라고 하는 것은 영어 어법상 필요해서 정관사를 넣은 것일 뿐이다. 우리말 번역은 그냥 "아들"이 옳다.

문(schematic sentence)으로 보는 것이 좋을 것 같다. 그러면 2편의 구조는 1절에서 12절 상반절까지만을 고려하면 된다. 1절에서 12절 상반절은 1-3절의 '반역'과(A) 12절 상반절의 '반역의 결과로 오는 진노와 심판'이(A') 봉투구조를 이룬다. 이 봉투구조의 바깥틀 안에 하나님께서 왕을 세우시는 사건과 왕이 철장으로 세계를 정복하는 약속이 핵심 주제로 들어가 있다.

2편에 두드러지는 주제는 '반역'과 하나님의 '진노'이다. 이것은 이미 봉투구조에 잘 드러나 있다. 2편은 구조 말고 어휘 선택을 통해서도 '반역'과 '진노'를 강조해 말한다. 우선 '반역'을 말하는 데에 적극적이다. '반역'을 표현하는 데 4개의 어휘를 채용한다. "분노한다," "헛된 일을 꾸민다"(이상 1절), "나선다"(take stand), "서로 꾀한다"(take counsel together)(이상 2절) 등이다.

'진노'를 표현하는 데도 적극적이다. 5절에서 하나님이 "분"(아프[אף])을 내시고 "진노"(하론[חרון])를 발하신다고 말씀하는데 (원문에는) "분"과 "진노"를 반전평행(inverted parallelism)의 한 가운데로 모음으로써 '진노'를 집중적으로 돋보이게 하려 한 의도를 읽을 수 있다. 시의 끝 부분인 12절도 '진노'를 강조한다. 12절에서는 하나님이 "분노하실" 것이며 (동사 아나프[אנף]) 하나님의 "분"이(명사 아프[אף]) 속히 불붙을 것이라 말하는데[8] 이 경우는 5절과는 반대로 '진노' 어휘를 문장의 제일 앞과 제일 뒤로 분산시켰다. 이번에는 봉투구조의 방식으로 '진노'를 강조하는

---

8. 개역개정은 같은 아프를 5절에서는 "분"으로, 12절에서는 "진노"로 번역하고 동족어 아나프도 "진노하다"로 번역하는데 매우 적절치 못하다. 본서에서는 아프를 일관되게 "분"으로 옮기기로 하고, 아나프도 "분노하다"로 옮기기로 한다.

셈이다. *야나프*는 명사 *아프*에서 파생된 동사이므로[9] 두 단어는 동족어 (cognates)로서 사실상 같은 단어이다. 그러므로 12절은 같은 단어를 문장의 맨 앞과 맨 뒤에 배치하는 방식으로 '진노'를 강조하는 것이다. 이처럼 시편 2편은 사람의 '반역'과 하나님의 '진노'를 두드러지게 강조하고 있어 오히려 선지서를 대하고 있는 느낌을 받을 정도이다.

마지막으로 살필 수사는 "왕"에 대한 것이다. "왕"이 세 번 쓰이는데 시편 2편 전체 내용의 흐름과 맞물려 있다. 땅의 "왕들"이 반란을 일으키는데(2) 하나님은 자신의 "왕"을 세우신다(6). 병든 세상의 난포한 권력에 대한 해결책은 참된 "왕"이 오시는 것뿐이다. 하나님의 이 선하신 조치에 기반하여 세상의 "왕들"이 소환되고(10) 세우신 참된 왕께 무릎을 꿇을 것을 요청받고 있다. 세상의 권력은 모든 부패의 온상이다. 악한 권력을 제압하고 정화하는 것이 새 세계를 이루시는 메시아의 역할이다. 메시아의 권위가 온전히 서고 악의 온상인 권력들이 그 앞에 무릎 꿇을 때에만 세상은 참된 복을 누리는 장소가 될 것이다.

3. 메시지

시편 2편은 참으로 해석이 어려운 시편이다. 적어도 세 가지 면에서 그러하다. 처음 부딪히는 어려움은 이미 누누이 말한 바와 같이 내용 자체의 이해 문제인데 잦은 화자의 교차가 가져다주는 어려움이다. 화자

---

9. 참고: **BDB 60a.** 이와 같이 명사에서 파생된 동사를 "명사 파생 동사"(denominative verbs)라 부르는데 히브리어에는 이와 같은 종류의 동사가 다수이다.

가 번갈아 바뀌며 발언하므로 이에 대한 사전 지식이 없이는 도대체 내용 전개가 어떻게 돌아가는 것인지 알아보기 어렵게 되어 있다. 둘째 어려움은 의미의 이중성의 문제이다. 2편의 내용이 문법적으로 다 파악이 되었다 하더라도 이 시편이 중요하게 다루는 "왕"은 해석이 어려운 존재이다. 단순히 역사적인 왕만 지칭하지 않고 종말에 오실 메시아도 의미한다. 소위 해석의 복수지평이라는 것이다.[10] 구약 본문은 기본적으로 문자적 현재적 의미 외에 '더 충만한 의미'를(fuller sense, sensus plenior) 가지고 있다. 그리스도에게서 완성을 보게 될 의미를 말한다. 구약이 지니는 이와 같은 의미의 이중성을 다루는 데 충분히 숙달되어 있지 않으면 시편 2편은 항상 해석이 어려운 성경으로 남아 있을 수밖에 없다. 셋째 어려움은 다소 적용과 관련된 것이다. 시편 2편은 하나님의 주권과 메시아의 통치를 중심 주제로 가르치는데 이것을 어떻게 설교할 것이냐 하는 문제를 말한다. 하나님의 주권 또는 메시아의 통치 하면 사람은 아무것도 할 것이 없는 것처럼 공허한 교리로 인식되기 일쑤다. 하나님의 주권과 메시아의 통치가 신자의 삶에 어떤 의미를 갖는 것인지, 그것은 신자에게 어떤 삶의 양식을 요구하는지 등에 대해 깊은 숙고가 필요하다. 늘 무엇을 달라고 하는 기도밖에 올리지 못하는 데에서 탈피하여 하나님이 준비하시고 주시는 어마어마한 것들을 어떻게 기도와 삶에 녹여낼 것인가 하는 고민이 필요하다. 신학적 사고의 성숙이 따라주지 않으면 시편 2편은 '해석'이 요원한 본문이다.

시편 2편의 핵심인 "왕"은 두 가지 의미를 갖는다. "왕"이 어떤 의미냐에 따라 시편 2편의 성격도 달라진다. "왕"은 한편으로는 다윗의 후

---

10. 특히 이것은 선지서를 해석할 때 전면에 떠오르는 이슈이다.

손으로서 유다 왕국을 다스린 역사적인 왕이다. 다른 한편으로는 마지막 때에 오셔서 세상을 정복하고 다스리실 메시아이다. 전자일 때는 시편 2편은 언약갱신 시가(Psalm of Covenant Renewal) 되고, 후자일 때는 메시아 시편이(Messianic Psalm) 된다.

"왕"이 역사적인 왕일 경우부터 살펴보자. 이스라엘에 새 왕이 즉위하는 것은 사무엘하 7:12-14의 약속이 이뤄지는 사건이다. 다윗 언약의 신실성이 드러나는 사건인 것이다. 새 왕이 왕관을 받을 때 이스라엘은 그 왕의 성공적인 통치도 빌었지만 무엇보다도 사무엘하 7장의 말씀을 이루시는 하나님의 신실하고 영원하신 은혜를 만날 수 있었다. 아브라함과 모세와 다윗과 더불어 맺으신 언약을 잊지 않고 신실하게 이스라엘을 사랑하시는 하나님의 사랑을 고백하며 다시 한 번 새롭게 은혜와 기적을 맛볼 수 있었다. 즉 새 왕의 등극 때 하나님께 드린 예배는 언약갱신의 예배였다. 하나님의 신실하심을 새롭게 기억하고 고백했기 때문이다. 절기 및 정해진 여러 예배를 통해 출애굽의 은혜를 기억하며 감사드린 것이 가장 기본적인 언약갱신 체험이겠지만 새 왕의 등극과 더불어 올린 예배도 또 하나의 엄연한 언약갱신 체험인 것이다. 이스라엘은 새 왕의 대관에 즈음하여 이처럼 새롭게 하나님의 은혜를 체험하며 하나님께 다시 한 번 가까이 나아갈 수 있었다.[11]

"왕"은 메시아이기도 하다. 실제로 신약성경은 시편 2편을 예수 그리스도를 예언한 시편으로 이해한다(참고: 행 4:25-26; 계 12:5, 19:15). 또한 시편 2편 자체가 "왕"을 종말적 왕으로 묘사한다. 이스라엘도 시편 2편을 노래하면서 자신들을 구원할 종말의 메시아를 고대했을 것이다. 물론 우리 기독교인에게 시편 2편은 세상을 구원하러 오신 예수 그리스도를 기억하고 감사하는 찬양시가 된다. 시편 2편은 오신 메시아에 대한 찬양이다. 시편 2편을 통해 주님이 갈보리 십자가에 죽으신 것과 삼일 만에 살아나신 것을 기억하고 그의 죽음과 부활의 은혜와 기적이 우리 자신에게 새롭게 현재화되게 하자. 그의 통치의 은혜가 우리 머리 위에 있다.

주님이 다스리신다. 하나님만 두려워할 일이다. 하나님 외에는 두려워할 것이 없다. 우리 자신을 하나님께 굴복시키자. 우주를 다스리시는 이 앞에 무릎 꿇고 나아가 그를 피난처로 의지하는 것만이 인간이 유일하게 복을 받는 길이다(시 2:12). 하나님께서 지상에 그의 나라를 다시 건설하기 위해 일하신다.[12] 큰 그림을 가지자. 나의 구원도 그분의 큰 역사의 일부이다. 우리는 너무 작고 너무 죄에 휩쓸리기 쉬워 큰 그림을 가지는 것이 여간 어렵지 않다. 그러나 그것이 말씀을 붙드는 이유이다. 말씀을 붙들 때만 '초월'이 가능하다. 어떤 이는 "사나운 바다에 빠진 자가 구명조끼 붙들 듯" 말씀을 붙든다고 했다. 항상 말씀에 의지하여 큰 그림을 가지자. 우리는 모든 것을 다 받았다. 부족함이 없다. 아무것도 없는 거지처럼 부들부들 떨며 인색하게 살아선 안 된다. 구속의 은

---

11. 어떤 학자들은 왕의 즉위를 기념하는 예배가 매해 정해진 의식으로(신년 예배 등) 치러졌으리라고 추정한다. Schaefer는 시편 2편을 해설하면서 다음과 같이 시작한다: "Psalm 2 reenacts a coronation ceremony which possibly took place during an annual feast." Konrad Schaefer, *Psalms*, Berit Olam (Collegeville, MN: The Liturgical Press, 2001), 8. 그러나 이것은 확정적인 근거가 없는 가설일 뿐이다. 이러한 주장은 실제로 새 왕의 즉위가 있지 않은 해에도 왕의 즉위를 기념하는 언약갱신 의식이 매해 일정한 시기에 치러졌다는 의미가 되는데 다만 언약갱신의 중요성을 그만큼 강조하는 의의는 있다. 그러나 분명한 근거는 없는 가설에 기초하여 이스라엘의 종교적인 삶을 과도히 재구성하는 것은 학문적으로 수납하기 어려운 일이다. 다만 적어도 실제로 새로운 왕이 즉위하는 사건이 있었다면 그 시점은 분명히 하나님의 언약을 새롭게 기억하며 새로운 은혜를 받는 기회가 되었으리라는 것만은 충분히 인정될 수 있다.

12. 참고: Sidney Greidanus, *The Modern Preacher and the Ancient Text: Interpreting and Preaching Biblical Literature* (Grand Rapids: Eerdmans, 1988), 256.

혜, 섭리의 은혜 모두 우리 것이다. 큰 그림으로 심호흡을 하고 여유를 가지자. 지나치게 붙들지 말고 내려놓아야 한다. 그리스도를 따르는 자로서 다른 사람을 생각하는 힘이 있어야 한다. 다가오는 일들을 의연하게 맞이하고 나누며 살아야 한다. 하나님의 주권과 주님의 통치가 우리의 삶의 양식을 바꾼다.

이제 1편과 2편의 의미를 종합하여 정리하자. 이미 1편 해설을 시작할 때 시편 1편과 2편은 함께 시편 전체의 서론이 된다는 점을 지적했다. 그러면 이 두 편의 서론은 신앙인의 기도생활에 대해 어떤 교훈을 준다고 할 수 있는가. 각 편을 주해할 때 언급한 바지만 종합하여 정리해 보자.

1편은 보응의 원리라는 "의"의 질서를 강조하며 하나님의 말씀에 순종하는 생활을 강권한다. 시편은 기도를 가르치는 책이다. 그런데 그 책이 '기도'를 시작하기에 앞서 '삶'에 대해 먼저 교훈하고 있다. 이것은 무슨 의미인가. 기도하러 나아가는 자는 먼저 삶이 준비되어야 한다는 뜻일 것이다(예배하러 나아가는 자 또한 먼저 삶이 준비되어야 한다는 뜻이 될 것이다). 아무렇게나 살고 더러운 상태로 나아가 하나님께 말을 걸 수는 없다. 말씀을 따라 바르게 살아 소위 거룩이 준비되어야 거룩한 하나님께 기도를 올릴 수 있는 것이다. 기도는 '말'로만 하는 교제가 아니다. '삶'으로 하는 교제다. 삶으로 드려지는 것이 기도이다. 기도 전에 삶이 준비되어야 한다! 생활을 의(義)로 땀 흘려 갈고 닦는 태도만이 기도의 조건이며 자격이다.

시편 1편은 언제 누구에게나 있을 수 있는 기도의 약점에 대해 말하고 있다. 신앙생활에서 기도만큼 중요한 것은 없다. 그러나 이 가장 중요한 기도는 늘 '삶'을 생략하거나 우회할 큰 위험을 지닌다. 말로 아뢰기에만 급급하고 거룩한 하나님께 말을 걸고 있다는 지엄한 사실은 망각하기 쉬운 것이다. 시편 1편은 이 허점을 극복하여 진정하고 참된 기도를 올릴 수 있기를 촉구하고 있다. 애초부터 하나님과 나누는 교제에 있어 삶이 없는 기도란 존재하지 않는다. 구약을 보면 하나님이 사람들과 교제하실 때 항상 그들의 삶 전체와 교제하셨다. '말'만 들으시며 하신 교제란 없었다. 삶이 준비되는 것이 기도의 시작이다. 삶을 최대한 추스르고(1편), 그리고 나서 무슨 기도든 해야 한다(나머지 시편). 원칙적으로 입으로만 하는 기도는 존재하지 않으며 존재해서도 안 된다. 기도의 은혜를 받은 사람일수록 삶을 관리하고자 힘써야 한다. 그래야 참된 기도가 된다. 길게(긴 시간) 기도한다든지, 특별한 은사로 기도한다든지, 능력이나 신비한 체험이 동반된 기도를 한다든지 하는 것들이 곧잘 사모되어 왔다. 하지만 진정 사모해야 할 것은 삶을 개혁하면서 나아가는 기도이다. 기도를 많이 하는 이들일수록 삶을 관리하고 바꾸려 해야 한다. 하나님이 기뻐 받으시는 기도가 되는 것이 중요하다. 기도의 성장에 대해 방향성이 명료히 정립돼야 한다. 기도의 의미와 정체에 대해 획기적으로 새로운 이해와 각성이 필요하다. 삶을 관리하고 삶으로 준비한 기도, 그것이 진정 바른 기도이며 진정 신령한 기도이다.[13] 우리는 삶을 들고 하나님과의 교제의 길에 나서야 한다.[14]

---

13. 삶으로 준비되는 기도가 우리의 긴 기도 훈련의 종착역일 것이다.

14. 로마서 12:1은("그러므로 형제들아 내가 하나님의 모든 자비하심으로 너희를 권하노니 너희 몸을 하나님이 기뻐하시는 거룩한 산 제물로 드리라 이는 너희가 드릴 영적 예배니라") 삶을 하나님께 드리는 것이 기도요 예배라 말씀한다. 어쩌면 시편 1편의 교훈을 가장 잘 반영한 말씀인지도 모르겠다.

2편은 하나님의 주권과 그리스도의 통치에 대해 말씀한다. 지상에 살아가는 인간은 누구나 삶의 힘겨운 현실 앞에 분투하며 허우적거리게 되어 있지만, 그러나 하나님의 주권을 믿는 믿음으로 그리스도인은 이를 "초월"한다. 아프지 않은 인생이 없고 아쉽지 않은 인생이 없다. 무슨 결핍으로 인해서든 인간의 마음은 흔들린다. 그러나 문제에 휘말리고 자기연민에 빠져 전전긍긍하는 대신 자신의 인생과 인생의 문제들을 하나님 손에 '던져' 맡기는 것이[15] 지혜인 것을 하나님의 말씀이, 그리고 우리의 경험이 가르쳐 준다. 내 인생을 내가 어떻게 할 수 있는 게 아니다. 내 인생이 내 계획이나 내 견해, 내 능력에 따라 움직여 주지 않는다. 하나님 손에 둘 때에만 가장 좋은 방향으로, 가장 정확한 길로 움직여 간다.

때로는 이해되지 않는 긴 시간을 지나야 하는 것이 인간의 삶이다. 혼돈과 고민에 대해 어렴풋한 답이나마 얻기까지는, 그래서 그만큼이라도 조금 성숙해지기까지는 항상 상당한 시간의 경과가 필요하다. 입을 다물고 엎드려 기도하며 '폭풍'이 지나기까지 기다리는 것 외에는 달리 방법도 없다. 드니 빌뇌브(Denis Villeneuve) 감독의 어느 영화에 놀라운 자막이 뜨는 것을 본 적이 있다. "혼돈은 아직 해독되지 않은 질서다"(Chaos is order yet undeciphered). 작가가 어떤 정황을 말하려고 이 표현을 썼는지 모르지만 대단히 의미심장한 진술이다. 지금 혼돈으로

---

15. 시편 37:5은 하나님 손에 맡기는 것을 "굴리다"라는 은유로 생동감 있게 표현한다(골[גֹּל]). YLT(Young's Literal Translation)가 원문의 은유를 그대로 살리고 있다: "너의 길을 여호와께 굴려 버리라, 그리고 그를 의지하라, 그러면 그가 일할 것이다"(Roll on Jehovah thy way, And trust upon Him, and He worketh). 영역들과 개역개정은 은유를 풀어 "맡기다"(commit)로 옮긴다. 예: NASB "Commit your way to the LORD, Trust also in Him, and He will do it"; 개역개정 "네 길을 여호와께 맡기라 그를 의지하면 그가 이루시고."

생각되는 것들이 사실은 "해독"되지 않았을 뿐 다 하나님의 질서이다. 우리 지혜나 인지 능력으로 이해되지 않는 부조리가 우리 주위에 항상 맴돈다. 그러나 우리의 이해 위에 그리고 그것 너머에서 하나님의 질서가 작동하고 있다. 문제를 만나 까닭 모를 모호함 속에 장시간 괴로워하게 되는 것이 지상의 삶이지만, 하나님의 크심과 자유와 신비를 존중하고 경외하며(그리고 사랑하며) 믿고 기다리는 것이 하나님 주권 신앙이다. 늘 새로운 문제에 부딪혀 갈등하며 허우적대지만 하나님의 주권은 하나님께 영광이 되며 우리에게는 최선의 결과가 오게 하는 방향으로 우리의 삶과 사태를 인도하신다. 우리의 이해를 넘어서는 완벽한, 가장 좋은 결과가 기다리고 있다. 오늘이라는 기쁨의 날을 주신 것에만 흡족해 하고 감사하며 다시 그분의 주권 앞에 (겸손히) 머리 숙여야 한다.

그리스도는 하나님의 주권적 통치의 눈에 보이는 구현이다. 그는 "의의 태양"이요 "치료"이시다(말 4:2). 그를 바라보자, 그에게 '구원'이 있다. 그는 소망이요, 생명으로 늘 우리를 새롭게 하신다. 우리 죄를 위해 죽으시고 삼 일 만에 살아나신 그가 "철장으로" 세계를 다스리신다(9절). 아파할 것도 아쉬워 할 것도 없고, 서운해 할 것도 억울해 할 것도 없다. 그의 주권이 죄와 악과 부조리를 '처치한다.' 기도는 그리스도를 바라보는 것이다. 기도의 결과 또한 그리스도를 바라보는 것이다. 주님을 바라보며 기도하고, 기도하고 나서도 그리스도를 향한 시야가 흐트러지지 않도록 하자. 하나님의 주권을 믿고 주님을 바라보는 시야가 흐트러지지 않는 기도, 이것이 시편 2편이 강조하고자 하는 기도의 모습이다.

기도는 우리의 문제를 하나님께 아뢰고 해결을 구하는 행위이다(적어도 가장 일차적 기도인 탄식기도는 그러하다). 구하면 하나님 손에 들어가는 것이고 하나님 손에 들어가면 해결은 시간문제다. 기도하는 자는 아무 염려할 것이 없다. 다만 시편은 기도하는 사람의 '책임' 둘을 요구하고 있다. 아무리 삶의 현실이 곤고하다 하더라도 하나님의 사람은 "의"를 잃지 않아야 한다. 하나님의 말씀을 따라 삶으로 준비된 기도를 결단해야 한다. 하나님의 주권과 자유에 내 생을 의탁해야 한다. 그리스도를 바라보는 시야가 흐려지지 않도록 힘써야 한다. 그가 영생으로 우리를 새롭게 하시며, 그만이 우리의 구원이 되신다. 삶이 준비되는 기도(그리고 예배), 그리스도를 바라보는 시야가 흐트러지지 않는 기도(예배), 이것이 시편 1, 2편이 주는 의미이다.

시편 3편

"여호와여 나의 대적이 어찌 그리 많은지요 일어나 나를 치는 자가 많으니이다"

1. 개요

시편 1편은 삶에 대한 교훈이고 2편은 새 왕(메시아)의 통치에 대한 칭송으로서 1, 2편이 합쳐서 한 묶음으로 시편 전체에 대해 서론이 된다는 점을 앞 장들에서 살폈다. 이제 3편에서부터 본격적인 '기도'가 시작된다. 하나님께 말을 걸고 필요한 것을 요청하는 형식이 3편부터 등장하는 것이다. 시편이 기도책인 점을 감안하면 제대로 기도가 시작하는 3편부터를 시편의 본론이라 할 수 있겠다.[1]

시편 3편은 보통 탄식시로(개인 탄식시) 분류되지만 하나님을 의지함으로 얻게 되는 심리적 안정에 대해 많이 말하고 있어(3-6절) 신뢰의 시

---

[1] 1편과 2편은 하나님께 말을 거는 형식이 아니고 무언가를 서술하는 형식이다. 1편은 하나님의 도덕질서에 대해서, 2편은 하나님의 주권적 통치에 대해서(그리고 새 왕의 등장에 대해서) 서술한다(문법적으로 3인칭 서술). 3편부터 하나님께 말을 거는 형식이 시작된다. 드디어 하나님께 달라고 요청하는 간구가 나오는 것이다(문법적으로 2인칭 명령). 탄식시 특유의 불평도 등장한다. 3편부터 비로소 '기도'의 시작이다.

로(Song of Trust) 불러도 무방할 정도로 느껴진다. 하지만 불평(1-2), 간구(7-8²), 신뢰의 고백(3), 응답의 확신(4-6)³ 등 전형적인 탄식시의 요소들이 등장하고 있어 탄식시로 분류하는 것이 바른 이해일 것으로 보인다. 다만 탄식시의 요소들이 본서 3장에("탄식시의 분석") 분석된 것처럼 순서를 따라 정교하게 배열되어 있지는 않다. 맨 먼저 불평이 나오고, 그 다음 신뢰의 고백, 응답의 확신이 따르며 제일 마지막에 간구가 나온다(전형적인 탄식시인 142, 13편의 순서와 비교할 것).

"그 아들 압살롬을 피하여 도망할 때 지은 다윗의 시"라는 표제가 붙어 있어 표제가 있는 첫 번째 시에 해당한다. 시편의 첫 기도가 기도로 인해 얻게 되는 안전에 대해 많이 말하는 것은 뜻이 깊다. 기도는 하나님이 응답하시는 것이고 따라서 하나님께서 그의 백성을 가장 안전하게 보호하고 인도해 주신다는 의미가 되기 때문이다. 말할 것 없이 이 믿음이야말로 시편의 모든 기도의 기초가 되는 중요한 믿음이다.

2. 구조와 수사

시편 3편을 탄식시의 구조적 요소들로 분석하면 다음과 같다.

---

2. 8절 후반절은 기원(祈願, optative)으로 보면("주의 복을 주의 백성에게 내리소서") 간구(축복기도)가 되며, 단순 서술로 보면("주의 복이 주의 백성에 있나이다") 찬양이 된다. 개역개정, NIV, NRSV, NASB는 전자의 입장을, KJV는 후자의 입장을 취한다.

3. 신뢰의 고백과 응답의 확신은 그 경계가 다소 모호한 점이 없지 않다. 대체로 3절은 신뢰의 고백, 4-6절은 응답의 확신으로 볼 수 있지 않을까 한다(여기다 간구의 일부인 7aβb도 응답의 확신에 포함시킬 수 있을 것이다). 하지만 3-6절 전체를 한 묶음으로 신뢰의 고백으로 보는 것도 하나의 방법이다.

I. 1-2절 불평

II. 3절 신뢰의 고백

III. 4-6절 응답의 확신

IV. 7-8절 간구[4]

그러나 이런 형식적 분석보다는 3편 자체가 가지는 논리 구조를 따라 시편을 분석하는 것이 3편에 대한 보다 더 정확한 접근이 될 수 있다. 3편에는 세 개의 *셀라*가 등장하는데(2, 4, 8절[5]) 이것은 시편 3편을 세 개의 연(聯, stanza)으로 나누는 기능을 한다. *셀라*는 원래 그것이 표시된 곳에서 연주나 낭송을 멈추고 큰 소리로 악기를(주로 심벌 같은 타악기) 연주하라는 지시이다.[6] 그렇게 하는 목적은 독자(청중)로 하여금 거기 멈추어 서서 그곳까지 주어진 말씀의 내용을 깊이 묵상하게 하려는 것이다. 따라서 *셀라*는 내용을 한 단위씩 매듭짓는 기능을 하게 되어 자연스레 문단(연)을 구분하는 신호가 된다.[7] *셀라*는 하나의 시편이 자신

---

4. 8절은 찬양(묘사찬양)이라 할 수도 있음.

5. MT(BHS)는 표제를 독립된 한 절로 잡기 때문에 3, 5, 9절임.

6. Norman Geisler는 *셀라*를 "묵상을 위해 멈출 때 사용된 간주곡"이라 설명한다. Geisler는 *셀라*를 단순히 악기로 큰 소리만 내라는 지시가 아니라 어떤 일정한 내용의 곡을 연주하라는 지시로 생각한다. N. L. Geisler, 『구약성경개론』, 윤영탁 옮김 (서울: 도서출판 엠마오, 1988), 267.

7. *셀라*에 대한 보다 상세한 설명은 본서 I부 8장("시편의 표제")의 음악적 지시에 대한 해설을 참고할 것. *셀라*는 리듬상으로는 멈추라는 신호이고 연주 기법으로는 심벌 등 큰 소리 나는 악기를 치라는 신호로 생각된다. 그런데 그렇게 하는 목적이 그 지점까지 주어진 말씀을 그곳에서 한 차례 깊이 묵상하게 하려는 것이어서 사실상 문단, 즉 연을 나누는 지표가 되는 것으로 본다. 물론 드물게 *셀라*에 대한 이런 설명이 잘 맞지 않아 보이는 곳도 있다. 67:1과 같은 곳이다(55:7, 19 등도 참고). 하지만 이러한 몇 곳을 제외하면(이 *셀라*들도 다 존재하는 나름의 이유가 있다) *셀라*에 대한 이와 같은 설명은 대체로 적절해 보인다. *셀라*는 시편을 주해하는 데 중요한 도움이 된다.

의 논리를 끌어가는 지표라 할 수 있다. 3편의 경우도 마찬가지다. 3편도 셀라를 기준으로 세 개의 연이 전체 시를 구성하는 것으로 보면 본문의 의도에 대한 가장 정확한 접근이 될 것이다.

3편은 1-2절, 3-4절, 5-8절 등 세 연으로 삼등분된 시라 할 수 있다. 셀라의 관점에서 말하자면 3편은 세 개의 묵상으로 되어 있는 셈이다. 1연(1-2절)은 고난 묵상, 2연(3-4절)은 신뢰 묵상, 3연(5-8절)은 안전 묵상이라 이름할 수 있겠다. 1연에서는 시인이 자신이 당한 고난을 술회한다. 수많은 원수가 시인을 공격하며 하나님께 구원이 없다고 조롱한다. 인간의 영혼을 공격하는 적은 여러 종류다. 외부의 적이 있는가 하면 자신 스스로가 자신의 적이 되기도 한다. 인간은 여러 가지 환경적 어려움에 시달리기도 하고, 그런가 하면 자신이 빚어내는 여러 종류의(죄에서 비롯된) 생각의 공격에 시달리기도 한다.[8] 실로 심각한 문제는 곤경이 오래 지속되면 믿음의 사람이라 하더라도 하나님마저 자신을 도우시지 않는다고 생각할 수 있다는 것이다. 실제로 구약성경은 여러 곳에서 하나님을 오랫동안 침묵하시며 자신의 존재를 숨기시는 분이라고 기술한다. '원수'는 믿음의 사람이 겪는 이 위기를 놓치지 않는다. 하나님으로부터의 구원이란 것은 없다, 하나님은 존재하지 않는다고 속삭이며 믿음의 사람을 실의에 빠뜨리고 좌절시키려 한다.

2연은 전형적인 위대한 신뢰의 고백이다. 어려움이 크지만 하나님

---

8. 믿음의 사람이라 하더라도 수없는 원수의 공격에 시달리게 마련이다. "중세의 화가들이 그린 그림 중에는 기도를 드리는 신자가 온통 갈퀴로 그를 찌르는 무수한 작은 마귀들의 무리에 둘러싸여 있는 것을 보여 주는 그림이 수없이 많다"(G. A. F. Knight, 『시편 (상)』, 이기문 옮김 [서울: 기독교문사, 1985], 45). 시편 3편은 믿음의 사람이 겪는 영적 전투의 실제를 가감 없이 보여주는 시편이다.

은 여전히 믿음의 사람을 지키고 보호하신다. 하나님은 "방패"가[9] 되시어 초라한 나를 일으키시고 명예를 회복시켜 주신다(3절). 눈에 보이는 현실이 어떠하든 여전히 중요한 사실은 하나님은 언제나 성도의 편이라는 점이다. 지금 사람의 능력으로 확인할 수 없을 뿐 하나님은 여전히 성도와 함께 계시며 도우시고 구원하신다.[10] 안 보일 때 그리고 안 계신 것 같을 때 "겸손히 그리고 인내로"[11] 기다려야 한다. 하나님은 수많은 원수의 공격으로부터 성도를 지키고 보호하시는 "방패"이다. 2연은 기도응답의 확신에 대해서도 말한다. 하나님은 성도가 기도할 때에 그의 거룩한 능력으로 반드시 응답하신다. 4절은 선언찬양의 구원의 보고처럼 "그가 응답하신다"가 와우계속법으로 되어 있어 성도의 기도에 대한 하나님의 응답이 필연적임을 말한다.[12] 오래 아무 답이 없는 것 같아도 반드시 답이 주어지게 되어 있는 것이 하나님의 기도응답의 특징

---

9. "방패"는 구약성경에 70여 회 나오는 말로서 성도를 지키고 구원하시는 하나님을 묘사하는 데 사용되는 대표적인 은유이다(같이 많이 사용되는 은유는 "반석," "요새," "산성," "바위," "구원의 뿔" 등이다[참고: 시 18:2; 144:2 등]). 하나님에 대한 비유로서 시편에만 적어도 20회 이상 사용된다. 참고: 3:3; 5:12; 7:10; 18:2, 30, 35; 28:7; 33:20; 35:2; 47:9; 59:11; 84:9, 11; 89:18; 91:14; 115:9, 10, 11; 119:114; 144:2.

10. 인간에게 불가해한 고난이 오고, 하나님은 안 계신 것처럼 느껴지는 극도의 어려움이 계속된다 해도 신앙인에게 가장 중요한 진리는 "그분은 여전히 거기에 계시다"(He is still there)는 사실이다. "거기"(there)란 신자가 고난을 겪고 있는 실존의 자리이다. "거기"에 하나님이 함께 계시다는 것은 위대한 주님의 성육신의 원리이기도 하다. 성경은 하나님이 곤경 중에 있는 자신의 백성과 함께 하신다는 것을 가르치는 데 쉬지 않는 노력을 경주하는 책이다. 필자는 욥기의 주 메시지 중 하나가 이 진리라고 해설한 바 있다. 참고: 현창학, 『구약 지혜서 연구』(수원: 합신대학원출판부, 2009), 136-7.

11. 하이델베르크교리문답 94문은 1계명의 의미를 "유일하고 참되신 하나님을 신실하게 고백하면서 그분만 의지하고 모든 선한 것에 대해 그분만을 '겸손과 인내로'(humbly and patiently) 바라보는 것"이라고 해설한다(그리고 내용은 좀 더 이어짐). *The Heidelberg Catechism* (Grand Rapids: Board of Publications of the Christian Reformed Church, 1975), 42.

12. 참고: I부 4장.

이다. 기도응답의 확신은 성도에게 큰 위로와 희망이 된다. 힘든 시간을 경과하며 하나님의 도움을 절실히 구하는 성도에게 기도응답은 삶의 참된 "방패"이다.

3연은 여러 요소가 섞여 있어 다소 길다. 전체적으로 안전에 대한 확신이라 부를 수 있다. 고난이 있지만 조금도 두렵지 않다는 자신감(5-6), 하나님께 드리는 간구(7aα), 하나님이 원수들을 벌하실 거라는 확신(7aβb),[13] 하나님의 구원과 복을 노래하는 묘사찬양(8)[14] 등이 복합적으로 어우러져 있다. 하나님은 평상시 평안히 지켜 주시고(5절) 더할 수 없는 위기시라 하더라도 두려움에서 건져 주신다(6절). 그는 성도의 모든 원수를 '처치'하시는 분이시다(7절). 그에게 구원이 있고 모든 복은 그로부터만 나온다(8절).[15] 시인은 원수들로부터 시달림을 받았다(1-2절). 그런데 하나님은 그 원수들을 모두 '처리'해 주신다. 원수들의 공격을 완전히 무력화하여 구원하시며 그의 복으로 가득 채워 주신다. 아무리 많은 원수가 대적하여 공격해 온다 하여도 시인은 이제 아무것도 두려워하지 않는다. 하나님이 자기 백성의 편이 되어 "치고 꺾으시니"(7절) 이제 우주에는 하나님의 백성을 대적할 실질적 적이 아무것도 없다. 이제 성도는 오직 하나님만 의지하고 두려워함으로 모든 곤경과 난관을 헤쳐 나가면 된다. 진정한 신앙이란 하나님 중심의 믿음을 견지하는 것이며 근거 없는 두려움을 떨쳐내는 결단이다.

---

13. 탄식시의 간구에는 "원수를 벌해 달라"는 내용이 있다(I부 3장 "탄식시의 분석" 참고). 7aβb "하나님이 원수의 뺨을 치시고 원수의 이를 꺾으셨다"는 말씀은 이 간구에 대한 응답이라 할 것이다. 따라서 이 말씀은 하나님이 친히 보장하시는 안전에 대해 확신하는 것이다.

14. 8b는 많은 현대역이 간구로 옮기고 있지만 8a와의 평행관계를 생각하면 단순 서술, 즉 찬양일 가능성이 높다(주 2 참조). 따라서 8절 전체를 묘사찬양으로 볼 수 있다.

15. 구원과 복은 하나님이 자신의 백성에게 베푸시는 은총 전체를 이루는 두 기둥이다.

이번에는 3편의 수사를 살펴보자. 3편은 8절밖에 안 되는 짧은 시인데 "원수"를 다섯 번이나 언급하고 있다. 그리고 그 다섯 번을 다 다른 단어로 말하고 있다. "대적"(차라이[צָרָי])(1절), "일어나 치는 자"(카밈[קָמִים])(1절), "백성"(암[עָם]; 개역개정 "[천만]인")(6절), "원수"(오여바이[אוֹיְבַי])(7절), "악인"(러샤임[רְשָׁעִים])(7절) 등이다.

시편은 원수에 대해 수없이 말하는 책이다. 책의 처음부터 끝까지 거의 쉬지 않고 원수를 언급하고 있다. 얼마나 많이 언급하는가 하면 전체 150편 중 73퍼센트 이상인 110개의 시편이 "원수"에 대해 말한다.[16] 시편 기자들의 "원수"에 대한 집착 내지 관심은 우리 예상을 훌쩍 뛰어넘는다. 원수는 그들에게 크나큰 문제를 일으키고 고통을 가져다주는 부담스럽기 짝이 없는 존재였던 것이 틀림없다. "원수"를 표현하는 어휘도 다양하다. 중요한 것만 10개 이상 되고 그 외에 한두 번 쓰인 것까지 합하면 그 수는 훨씬 많아진다.[17] 많은 수의 어휘를 사용했다는 것은

---

16. 시편에 나오는 "원수"의 빈도에 대한 충분한 통계를 찾을 수 없어 필자가 직접 조사 계수한 것임. 시편은 보통 생각하는 것보다 훨씬 자주 그리고 많이 "원수"를 언급하는 것이다. 시편의 원수 언급은 너무 많아서 원수에 대해 언급하지 않은 시편을 조사하는 것이 빠를 정도다. 원수에 대한 언급이 없는 시편은 15, 16, 19, 20, 24, 29, 32, 33(이상 1권), 49, 51, 61, 65, 67(이상 2권), 76, 77, 85, 87(이상 3권), 90, 93, 95, 96, 98, 99, 100, 103(이상 4권), 111, 113, 114, 115, 116, 117, 121, 122, 126, 128, 130, 131, 133, 134, 148, 150편(이상 5권) 등 40개뿐이다. C. Barth가 원수가 "놀라울 정도로 많은 시편에"(in an astonishingly large number of psalms) 언급되고 있다고 관찰한 것은 옳다. Christoph F. Barth, *Introduction to the Psalms*, trans. R. A. Wilson (New York: Charles Scribner's Sons, 1966), 43.

17. "원수"를 표현하는 데 사용된 주요 어휘는 오여빔(אוֹיְבִים; "원수들"[3:7 등]), 차림(צָרִים; "대적들"[3:1 등]), 러샤임(רְשָׁעִים; "악인들"[3:7 등]), 카밈(קָמִים; "일어나 치는 자들"[3:1 등]), 머레임(מְרֵעִים; "악행자들"[22:16 등]), 머산임(מִשְׂנְאִים; "미워하는 자들"[81:15 등]), 로드핌(רֹדְפִים; "쫓는 자들"[7:1 등]), 포알레 아웬(פֹּעֲלֵי אָוֶן; "악을 행하는 자들"[5:5 등]), 안쉐 다밈(אַנְשֵׁי דָמִים; "피의 사람들," "살인자들"[26:9 등]), 이쉬 미르마(אִישׁ מִרְמָה; "간사한 자," "거짓된 자"[43:1 등]), 보그딤(בֹּגְדִים; "패역한 자들"[119:158 등]) 등이다. 참고: Marvin E. Tate, *Psalms 51-100*, WBC (Dallas, TX: Word Books, 1990), 61; Hans-Joachim Kraus, *Psalms 1-59: A Continental Commentary*, trans. H. C. Oswald (Minneapolis, MN:

그만큼 원수의 개념이 중요했음을 의미한다. 무심하게 지나치고 간과
하기 쉽지만 이처럼 시편의 원수에 대한 관심은 대단하다. 시편 기자들
은 원수라는 '문제'와 직면하여 그것과 씨름하며 살았다고 할 수 있다.
따라서 원수는 시편 해석에 있어 피해 갈 수 없는 중요한 주제가 된
다.[18] 그러나 이렇게 중요한 주제이지만 원수는 그 정체에 대해 명확히
알려진 바가 별로 없다. 원수가 누구인지 또는 무엇인지, 외부적인 것인
지 또는 시인 내부의 문제인지 등 학자들 사이에는 아직도 토론이 끊이
지 않고 진행되고 있는 중이다. 일정한 의견 합치가 이루어지지 않은 성
경의 난제 중의 난제인 것이다.[19] 여기다 원수를 대하는 시편 기자들의
(기도) 태도 또한 해석가들을(특히 기독교 해석가나 설교자들) 당혹스럽게
해 왔다. 시편은 원수를 말하면서 원수를 벌해달라고 기도하거나 저주

Fortress Press, 1993), 95. 그러나 이것들 외에도 더 많은 수의 단어와 구가 "원수"를 말하는
데 사용되고 있다. 참고로 Othmar Keel은 시편에 "원수"를 말하는 어휘가 94개에 달한다고
말한다. Othmar Keel, *Feinde and Gottesleugner: Studien zum Image der Widersacher
in den Individualpsalmen* (Stuttgart: Katholisches Bibelwerk, 1969), 94-98, Amy
Cottrill, *Language, Power, and Identity in the Lament Psalms of the Individual*, Library
of Hebrew Bible/Old Testament Studies 493 (New York: T & T Clark, 2008), 60-61, n.
6에서 재인용.

18. Anderson은 "'원수'는 하나님께 올리는 기도에서 중심적인 위치를 차지한다"고 말한다.
Bernhard. W. Anderson, *Out of the Depths*, revised and expanded ed. (Philadelphia:
The Westminster Press, 1983), 82. 그만큼 원수는 시편 기자들이 거의 어김없이 다룬
중요한 주제였다. 우리는 시편을 "하나님께 간구하는 기도," "하나님께 감사하고 찬양드리는
기도" 정도로 부르면 족하다고 생각해 왔다. 하지만 원수가 이처럼 빈번히 등장하고 시편의
중심적인 주제가 되는 것을 볼 때 시편을 부르는 이름 하나가 더 있어야 하는 게 아닌가
생각하게 된다. "원수와 씨름하는 기도"(또는 "원수를 극복하기 위해 씨름하는 기도")라는
이름이다. 앞의 두 이름 외에 이 이름으로도 시편을 불러야 시편의(시편 기도의) 성격을
충분히 드러내는 것이 되지 않을까 생각된다.

19. Waltke도 원수의 정체가 명확히 밝혀지지 않는 현실에 대해 "1세기 이상 시편 연구는...
'원수'의 정체를 밝히는 문제에 있어 서로 모순된 의견들로 인해 표류해 오고 있다"고
탄식한다. Bruce Waltke, *An Old Testament Theology* (Grand Rapids: Zondervan, 2007),
871.

하거나 하는 일이 다반사이기 때문이다.[20] 생각 밖으로 많이 등장하는 "원수"는 이처럼 시편 해석에서 가장 어려운 주제요 또한 가장 뜨거운 주제 중의 하나로 남아 있다.

3편도 원수를 거론하며 그것으로부터의 구원을 구하고 있다. 3편은 시편에서 원수에 대해 말하는 대표적인 시라 하겠다. 짧은 시임에도 원수가 아주 높은 빈도로 나오며, 한 주석가가 3편의 제목을 "원수에 둘러싸여"(Surrounded by Enemies)라고 붙인 것처럼[21] 3편의 주제 자체가 원수이기 때문이다. 시인은 많은 원수들의 공격에 직면해 있다. 그는 원수들 때문에 엄청난 괴로움을 겪으며 실족할 위험에까지 이르러 있다. 하지만 시인은 하나님을 신뢰한다. 시인은 하나님께 자신을 원수들의 공격으로부터 구해달라고 간절히 구한다. 하나님이 기도를 들으시고 일어나셔서 원수들을 '처리'하신다. 원수들의 "뺨을 치시고 이를 꺾으신다." 마침내 시인에게 구원이 임하고 여호와의 복이 부어진다. 3편은 시인이 그의 보호자이신 하나님을 의지하여 많은 원수로부터 구원받는 여정을 노래한 시이다. 시편은 3편부터가 본격적인 기도의 시작이라 할 수 있는데 시작하는 기도부터 시편은 원수라는 문제를 놓고 그것을 극복하기 위하여 맹렬한 기도를 올리고 있다.

흥미를 끄는 수사가 몇 가지 더 있다. "많다"는 어근이(라바브[רבב]) 여러 차례 반복된다. 1-2절에 동사와 형용사로 세 번 나오고, 6절에는 동족명사로 한 번 나온다. 모두 원수가 "많음"을 말하고 있다. 시인이

---

20. 이것은 원수를 사랑하라고 하신 예수님과 사도 바울의 가르침과 전적으로 배치되는 일이다. 참고: 마 5:44, 롬 12:20 등.

21. Hans-Joachim Kraus, *Psalms 1-59: A Continental Commentary*, trans. H. C. Oswald (Minneapolis, MN: Fortress Press, 1993), 136.

여러 종류의 원수에 쉴 새 없이 시달렸음을 알게 한다.[22]

"일어나다"(쿰[קוּם])라는 동사가 한 번은 원수가 (나를) 치려고 일어난다고 할 때 쓰이고(1절), 한 번은 하나님이 (나를) 구원하시려고 일어나신다고 할 때 쓰여(7절) 하나님이 곤경을 해결하기 위해 맞춤형 대응을 해 주시는 느낌을 갖게 한다.

"구원"이란 어근이 도합 세 번 나온다. 원수가 시인에게 구원이 없다고 조롱할 때 한 번(명사)(2절), 시인이 하나님께 구원해 달라고 기도할 때 한 번(동사)(7절), 마지막으로 시인이 구원은 하나님께 있다고 진술할 때 한 번(명사)(8절) 나온다. 구원이 없다는 조롱에도 불구하고 구원을 하나님께 구하면 구원이 하나님으로부터 온다는 시편 주제의 흐름을 읽게 한다. 3편은 "원수로부터의 구원"이 주제이다.

"백성"을 의미하는 암(עַם)은 두 번 쓰이는데 서로 반대의 의미로 쓰인다. 한 번은 원수를 의미하고(6절, 개역개정 "[천만]인"), 다른 한 번은 하나님의 백성, 즉 이스라엘을 의미한다(8절, 개역개정 "백성").

3. 메시지

시편은 3편부터가 진정한 의미의 기도의 시작이다. 첫 기도의 메시지가 하나님의 사람이 문제에 부닥쳤을 때 기도하면 하나님께서 응답하시고 구원해 주신다는 내용인 것은 뜻이 깊다. 하나님의 기도 응답은

---

22. 참고: Konrad Schaefer, *Psalms*, Berit Olam (Collegeville, MN: The Liturgical Press, 2001), 12.

기도의 가장 중요한 본질이기 때문이다. 문제가 문제가 아니고 기도하지 않는 것이 문제일 뿐이다. 어떤 어려운 상황을 만난다 하더라도 기도의 자리로 나아가는 사람은 하나님의 응답을 받아 문제가 해결되며 살아계신 하나님을 새롭게 만나게 된다.

시편의 거의 모든 탄식시가 그렇지만 3편도 기도가 인생에 조바꿈을 가져다준다는 사실을 말해 준다. 고통과 슬픔의 음울한 음계였던 인생이 승리와 기쁨의 밝고 찬란한 음계의 인생으로 바뀌는 것이다. 1-2절은 고통과 눈물이었다. 그러나 기도한 시인에게 삶은 평안이요 구원이요 행복이 되었다(5-6, 8절). 암울하여 눈물 흘리던 상황이 기도로 말미암아 환희의 찬양을 높이 부르는 상황이 된 것이다.

다윗의 경우를 생각해 보자. 왕국에서 쫓겨났을 때 그는 자식에게 배반당한 깊은 상처와 죽음의 공포, 원수들의 조롱으로 인한 좌절 등 숱한 어려움으로 시달렸을 것이다. 그러나 그는 은혜의 사람이었고 기도하는 사람이었다. 4절의 "부르짖는다"는 미완료 동사로서 지속적으로 계속된 행동을 의미한다. 다윗은 기도를 한두 번 하고 만 것이 아니다. 계속 꾸준히 기도한 것이다. 응답이 올 때까지 멈추지 않고 기도했을 것이다. 다윗의 기도의 중요한 점은 하나님을 향한 신뢰이다. 그는 하나님이 자신의 보호자 되심을 믿었다. 하나님은 원수의 어떤 화살이라도 막아주시는 "방패"이시다. 비록 지금은 자식에게 쫓겨나 수치 속에 한데를 방황하지만 하나님은 이내 자신의 지위를 회복시켜 주시며 명예를 돌려주실 것이다. 오늘은 너무 비참하고 초라해도 내일은 큰 영광을 입혀 주실 것이다. 다윗의 생은 이 방패로 인해 절대적으로 안전하다. 하나님이 붙들어 주시니 절대적으로 평안하다. 아무리 많은 원수의 공격이 있다 해도 전혀 두려워할 필요가 없다. 하나님이 일어나 원수의 공격을 모두 차단하고 무력화하시기 때문이다. 치열했던 그의 기도가 급기야 찬양이 된다. 곤혹이 평안과 안전으로 바뀌고 여호와의 구원과 복이 그의 백성 위에 (늘) 머무르기 때문이다. 더없는 곤경에서 구해 주시는 은혜를 체험하면서 다윗은 언약갱신의 하나님을 다시 한 번 새롭게 만난다.[23]

사람은 걱정에 휩싸여 산다. 한 가지 걱정이 지나가면 다음 걱정이 기다렸다는 듯이 찾아와 인간의 마음을 사로잡는다. 걱정 앞에 서면 사람은 문제 밖에 보이지 않는다. 아무리 해도 그것을 헤어나지 못할 것 같다. 그러나 우리는 언제나 우리를 도와주시고 지켜 주시는 하나님이 계신 것을 알고 가급적 이른 시간에 얼굴을 그분을 향해 돌릴 수 있어야 한다. 하나님 손 안에 들어가면 그 어떤 문제든 또 아무리 많은 문제라 하더라도 모두 해결될 수 있기 때문이다. 3절의(히브리어 4절) 와우 역접 (waw adversative)은 특별한 의미가 있다. 히브리어의 와우 역접은 사건이나 논리의 반전을 의미한다.[24] 1, 2절은 불평을 늘어놓을 수밖에 없는 수치와 좌절의 상황이었다. 그런데 3절에서 반전이 일어난다. 시인이 얼른 얼굴을 하나님께 돌린다. 그리고 하나님은 자신의 방패요 자신의 영광이라고 선포한다. 위대한 신뢰의 고백이다. 이 고백 이후 시는

---

23. 이 부분은 칼빈의 주석도 참고할 것: John Calvin in Charles Spurgeon, John Calvin and Matthew Henry, *Parallel Classic Commentary on the Psalms* (Chattanooga, TN: AMG Publishers, 2005), 9.

24. 히브리어 원문은 문두에 접속사 *와우*(ו)가 있고 그것에 "당신은"(개역개정 "주는")이란 비동사 요소가(대명사) 접합되어 있어서 와우 이접(waw disjunctive) 또는 와우 역접(waw adversative)이란 현상이 발생한다. 이 구문은 여기서 논리의 반전을 의미하는 구문이다. 개역개정 "여호와여 주는.."은 역접 접속사 "그러나"를 첨부하여 "그러나 여호와여 주는..."으로 하는 것이 정확하다(영어번역들은 모두 "but"을 넣어줌[KJV, NIV, NASB, NRSV]). 참고: I부 제3장 탄식시의 분석의 주 24, 25.

일사천리로 승리와 찬양을 향해 질주하게 된다. 기도와 기도 응답이 있고, 평안이 있고, 구원과 복이 있다. 하나님을 향해 눈을 돌린 것(하나님을 신뢰한 것) 하나가 시인의 삶을 완전히 뒤바꿔 놓았다.

낙담은 시간 낭비이다. 언제건 어느 곳에서건 나를 위해 십자가에 죽으신 주님을 향해 무릎을 꿇기만 하면 된다. 아무리 어려운 상황, 어려운 문제라 하더라도 주님 손에 들어가면 그것으로 '상황 종료'이다. 문제가 해결될 뿐만 아니라 최고 최선의 결과로 복주신다. 시편의 기도들을 보면(특히 탄식시) 기도는 인간사의 끝을 항상 좋게 함을 알 수 있다. 슬픔과 곤혹과 탄식의 기도가 반드시 기쁨과 확신과 찬양으로 마무리되는 것을 보게 된다. 하나님의 은총이(구원, 복) 촉촉이 경험되고 환희의 찬양이 기도하는 이의 입술을 떠나지 않는다. 아무리 힘든 상황이라 하더라도 기도하면 하나님은 자기 자녀에게 "좋은" 결과를 주신다. 우리 언약의 아버지께 우리의 문제를 망설임 없이 아뢰자. 그는 우리의 기도에 응답하시는 하나님이시다.[25] 자신을 드러내시며 새로운 복으로 복주기를 기뻐하시는 하나님이시다. 기도하는 한 우리는 가장 안전하며 늘 새로운 은혜 안에 있다.

---

25. 시편 3편은 8절을 제외하면 모든 절에 "나"가 나온다. 그만큼 "나" 개인의 문제는 하나님 앞에 중요한 문제이고 하나님은 이를 마음 써서 해결해 주시는 분이신 점을 말해 준다. 과연 하나님은 "우리"의 문제를 해결해 주시는 "우리"의 아버지시다.

시편 13편

"여호와여 어느 때까지니이까 나를 영원히 잊으시나이까 주의 얼굴을 나에

게서 어느 때까지 숨기시겠나이까"

1. 개요

시편 13편은 가장 전형적인 개인 탄식시이다. 짧지만 개인 탄식시의 특징
들을 가장 잘 보여주고 있어 개인 탄식시를 설명할 때 항상 대표적으로
언급되는 시이다.[1] 전형적인 탄식시답게 불평(1-2절), 간구(3-4), 신뢰의 고
백(5), 찬양의 맹세(6a) 등 탄식의 핵심 요소들을 모두 갖추고 있다.

13편은 끊이지 않고 계속되는 고통을 "언제까지?"라는 연속되는 질
문으로 나타내고 있어 "언제까지 시편"(How Long Psalm)이라 불리기도
한다. 영어권에서는 "하우 롱"(how long)과 비슷한 발음인 "하울
링"(howling)이란 단어를 사용하여 "울부짖는 시편"(Howling Psalm)이

---

1. 참고: James L. Mays, *Psalms*, Interpretation (Louisville, KY: Westminster John Knox Press, 1994), 77-78. Gunkel은 이 시를 개인 탄식시의 "전시적 보기"(parade example)라 불렀다 한다. Mays, *Psalms*, 77.

란 별칭으로 부르기도 한다.[2] 오랜 시간 극심한 곤경을 겪으며 고된 신앙 훈련의 과정을 거쳐야 하는 성도에게 "울부짖는" 기도는 유일한 삶의 수단이며 피난처라 할 것이다. 이 별칭은 극도의 어려움을 겪는 신앙인의 삶을 적절하게 표현한 흥미로운 이름이다. 한국교회는 근대사의 말할 수 없는 굴곡 속에서 자연스레 울부짖는 기도를 배웠고 그 기도를 드리며 성장해 왔다. 그리고 지금도 사실상 울부짖는 기도를 계속하고 있는 교회이다.

2. 구조와 수사

13편은 개인 탄식시의 전형적이고 필수적인 요소들을 표준적인 방식으로 배열한 대표적인 탄식시이다. 이 시편은 5절을[3] 시작하는 *와우*(ı)를 전환점으로 하여 크게 두 부분으로 나누어진다고 볼 수 있다. *와우* 전까지는(1-4절) 탄식과 기도이다. *와우* 이후는(5-6절) 분위기가 급변하여 신뢰와 감사가 된다.

---

2. "Howling"은 늑대 등의 들짐승이 길게 부르짖는 소리를 말한다. 들판에 바람 따위가 윙윙거리며 분다고 할 때도 쓰는 말이다. "Howling Psalm"이라는 말은 마치 짐승이 들판에서 울부짖듯 쉬지 않고 울어대는 시편이란 뜻이 될 것이다. 참고: Charles Spurgeon in Charles Spurgeon, John Calvin and Matthew Henry, *Parallel Classic Commentary on the Psalms* (Chattanooga, TN: AMG Publishers, 2005), 46.

3. BHS의 맛소라 본문으로는 6절. 시편 13편은 맛소라 본문이 표제를 1절로 취급하기 때문에 현대 번역들과 맛소라 본문 사이에 한 절씩 절 수가 차이가 난다. 현대역들이 맛소라 본문보다 절 수가 하나 적다(다만 현대역들은 맛소라 본문의 6절을 둘로 나눠 전반절[정확히는 6aα]은 5절로, 후반절[정확히는 6aβb]은 6절로 처리한다). 본서는 독자들이 알아보기 쉽게 개역개정 등 현대 번역의 절 수를 따라 표기하기로 한다.

탄식시에 전형적인 "언제까지?"라는 수사 질문이[4] 네 번이나 반복된다(1-2절). 하나님을 향해 불평하는 데 두 번, 자신과 원수에 대해 불평하는 데 각각 한 번씩 사용된다. 버티기 어려운 곤경이 시인을 끝없는 울부짖음으로 몰아넣고 있음을 알 수 있다. 시인은 절박한데 고통은 끝없이 지속되는 정황이다. 하나님은 안 계신 것 같고, 원수는 조롱하며 압도해 오고, 마음속에는 자책과 괴로움이 떠나지 않는 등 헤어나기 어려운 총체적 난국이 시인이 처한 힘겨운 상황이다.

이러한 상황 속에서 시인은 하나님께 다급한 기도를 올린다. 하나님께서 자신의 기도에 응답해 주셔서 죽음(또는 죽음의 위험)으로부터 구해 주실 것을 간곡히 구하는 것이다. 3절의 간구가 그것이다(3abα; "보세요," "응답하세요," "눈을 밝게 해주세요"[5]). 이 간구는 1-2절의 불평과(Complaints) 3-4절의(엄밀하게는 3bβ4) 간구의 동기에(Motifs for Petition) 둘러싸여 있다. 따라서 1-4절은 전체적으로 **ABA'** 꼴의 봉투구조가 된다(A = 1-2절 불평; B = 3abα 간구; A' = 3bβ4 간구의 동기). 구원해 주시라는 기도의 앞과 뒤에 극도의 부정적인 상황에 대한 묘사가 배치된 형상이다. "살려 주세요!" 하는 간곡한 간구가 극심한 곤경 상황이라는 배경 아래 주어져 있어 그 절박함을 더한다.

개역개정에는 반영되어 있지 않지만 5절(히브리어 6절) 문두에는 접속사 와우(ו)가 존재한다. 이 의미심장한 접속사 와우는 담화(discourse)를 이끌어가는 형태소이다. 와우에 동사가 결합되었느냐 그렇지 않으

---

4. "언제까지?"라는 질문은 13편 외에도 6:3, 35:17, 74:10, 79:5, 80:4, 89:46, 90:13, 94:3 등에서 발견된다. 참고: Konrad Schaefer, *Psalms*, Berit Olam (Collegeville, MN: The Liturgical Press, 2001), 31.

5. 개역개정 "생각하사," "응답하시고," "눈을 밝히소서."

냐에 따라 그 문장이 문맥에서 갖는 의미가 결정된다. *와우*에 동사가 연결된 경우를 와우 순접(順接)이라 하고(waw conjunctive), *와우*에 동사가 아닌 요소가(nonverbal elements) 연결된 경우를 와우 이접(離接)이라 한다(waw disjunctive). 와우 순접은 논리를 순탄하게 이어짐을 표현하는 담화법이고, 와우 이접은 논리가 순탄하게 이어지지 않고 끊기는, 그래서 특별한 상황을 표현하는 담화법이다.[6] 와우 순접은 논리가 순탄하게 전개되는 경우이므로 *와우*를 원의 그대로 "그리고"로 번역하면 문장의 뜻이 바로 전달된다. 와우 이접은 네 가지 정도의 특수 상황을 표현하는 것으로 생각된다. 이 경우 *와우*는 단순히 "그리고"로 번역해선 안 되고 적절한 접속부사나 일반 부사 등을 찾아서 문맥에 적당하게 번역해 줘야 한다. 네 가지 특별한 상황이란 대조(Contrastive), 부대 상황(Circumstantial), 설명(Explanatory or Parenthetical), 주제의 시작 또는 끝(Thematic Initial or Final) 등이다. 여기 5절은 *와우* 다음에 "내가"라는(아니[אֲנִי]) 인칭대명사, 즉 동사가 아닌 요소가 결합되어 있어 와우 이접이 되는데 네 경우 중 대조에 해당한다고 볼 수 있다. 따라서 이 *와우*는 "그러나"로 번역해 주는 것이 옳다.[7] 그러므로 5절 첫 문장은 "그러나 나는 주님의 인자를 의지합니다"라는 의미가 될 것이다.[8]

---

6. 이하 토마스 램딘의 해설(관찰)을 따름. 참고: Thomas O. Lambdin, *Introduction to Biblical Hebrew* (New York: Charles Scribner's Sons, 1971), §132.

7. 개역개정 "오직"은 의미 전달이 불분명한 말이다. 그것 대신 "그러나"를 문두에 넣어 뜻을 명료하게 해 줘야 한다. 영역들은 모두 "But"을 넣어 대조의 의미를 분명히 해주고 있다(KJV, NASB, NRSV, NIV).

8. 개역개정의 "사랑" 또한 정확치 않은 번역이다. 헤세드(חֶסֶד)는 구약성경에서 신학적 함의가 분명한 말이다. 언약신학의 내용을 풍부하게 담은 특수한 개념이므로 이 개념을 반영할 정확한 단어를 하나 찾아(예컨대 "인자") 그것으로 일관되게 번역하는 것이 옳다(경우마다 여러 다른 단어로 옮기는 것도 바람직하지 않다). "사랑"은 의미가 너무 광범위하고 일반적이어서

5절에서 와우 이접으로 표현된 '대조'는 13편에서 갖는 의의가 크다. 13편은 어떤 연유에서인지 5절 이전의 탄식과 좌절의 분위기가 5절 이후에서 신뢰하며 기뻐하는 희망의 분위기로 급격히 반전하는 점이 두드러진 특징이다. 하나님께 올리는 기도는 그것이 아무리 낙담스러운 상황에서 드려진 것이라 하더라도 결국은 (하나님의 은혜로 인해) 언약적 사랑과 구원을 발견하고 찬양으로 승화되는 것임을 천명하는 시이다. 좌절에서 희망, 낙담에서 찬양이라는 영적 '변곡'(變曲)이 와우 이접이라는 특수한 문법 장치에 의해 효과적으로 표현되고 있다.

반복은 시편 13편에서도 어김없이 사랑받는 수사이다. 의문부사 "언제까지?"가 4번 반복된다. 시인이 처한 상황의 다급함과 하나님 부재 경험으로 비롯된 긴 고통이 잘 표현된다(1-2절). 여느 탄식시처럼 불평이 세 방면으로 주어진 것도 시인이 처한 고통의 심각성을 말해 준다. 하나님에 대한 불평, 나에 대한 불평, 원수에 대한 불평은 시인이 겪는 전방위 고통의 표현이다. 간구도 세 개의 단어로 표현되었다: "보소서," "응답하소서," "눈을 밝히소서"(3). 이 반복된 간구 역시 기도의 간절한 성격을 말해 준다. 간구의 동기도 세 가지로 표현되었다: "내가 사망의 잠을 자지 않게," "나의 원수가 내가 이겼다 말하지 않게," "내가 흔들릴 때 나의 대적들이 기뻐하지 않게"(개역개정은 "~하지 않게" 대신 "두렵건대.. ~할까 하오며"로 번역함)(3bβ4). 시 전체에 세 번 언급된 "여호와"는 언약의 하나님에 대한 집중력을 보여 준다. 불평에 한 번(1), 간구에 한 번 (3),[9] 찬양의 맹세에 한 번(6)[10] 쓰였다.

헤세드의 번역어로는 적합지 않다.

9. 간구에 쓰일 때에는 "나의 하나님"이 덧붙여져 있어 하나님을 더 가까이 그리고 더 간절히 찾는 것을 볼 수 있다. 응답을 반드시 이끌어 내려는 시인의 의지가 엿보인다.

같은 단어가 서로 대조되는 상황을 표현하는 데 쓰인 점도 흥미롭다.[11] "마음"(*레바브* [לֵבָב], *레브* [לֵב])이 두 번 나오는데 2절에서는 고난 때문에 괴로워하는 마음을 나타내고, 5절에서는 하나님의 구원에 대해 기뻐하는 마음을 나타낸다. "기뻐하다"(*길* [גִּיל])도 두 번 쓰이는데 4절에서는 시인의 흔들림을 보고 원수가 기뻐하는 것을 말하고, 5절에서는 하나님의 구원 때문에 시인이 기뻐하는 것을 말한다. 전치사 "~ 위에"(*알* [עַל])가 두 번 쓰이는데 2절에서는 원수가 "내 위에" 높아진다고(개역개정 "원수가 나를 치며 자랑하기를") 말하는 데 쓰였고, 6절에서는 하나님이 "나에게" 후한 복을 내리신다고 말하는 데 쓰인다. 13편은 분위기 반전의 시이다. 시인의 형편이 당혹에서 환희로 역전 '변곡'되는 것이 같은 단어가 반대되는 상황을 표현하기 위해 채용되는 것에 의해서도 강조된다.

3. 메시지

시편 13편 역시 여느 탄식시처럼 기도는 인간의 운명에 커다란 반전을 가져오는 것임을 말해 준다. 기도는 모든 일의 끝을 "좋게" 한다. 아무리 삶이 고달프고 힘겹다 하더라도 기도는 기도하는 이로 하여금 새로운 미래를 얻게 하고 새로운 희망을 발견하게 한다. 언약의 하나님을 신뢰함으로 눌렸던 마음이 하나님의 구원을 발견하여 기뻐하고 탄

---

10. 불평과 간구에서는 하나님의 이름이 호격으로 쓰이지만 찬양의 맹세에서는 서술의 일부로 쓰인다. 처음에 탄식과 간구로 격렬했던 기도가 나중에는 하나님을 향한 차분한 진술로 바뀌는 시 전체의 분위기의 변화와 "여호와"가 쓰인 용도의 변화가 길을 같이 한다.

11. 이 부분은 Schaefer, *Psalms*, 32를 참고함.

식하던 입술에서 환희의 찬양이 터져 나오게 한다. 인간의 삶이 어두운
단조에서 밝은 장조로 조바꿈하는 것이다. 과연 탄식과 간구의 기도는
'운명의 이조(移調)'를 가져오는 능력이다.

13편은 "여호와"라는 이름을 세 번 채용한다. 불평에 한 번, 간구에
한 번, 찬양의 맹세에 한 번이다. 여호와라는 이름은 "돕기 위해 존재하
는 분"이란 해석이 설득력이 있다.[12] 극도로 곤란한 상황에서 하나님의
도움 없이는 구원의 여망이 전혀 없는 시인이 부를 이름으로서 가장 적
당하다. 불평이 세 방면으로, 간구가 세 동사로 주어진 데다 여호와 이
름이 세 번 인용된 것은 우연이라고 할 수는 없을 것 같다. 오히려 어떤
의도가 있는 것으로, 세 가지 곤경을 만난 인간이 세 가지 기도를 드릴
때 하나님은 마치 각각의 곤경과 각각의 기도에 응답하시듯 매 문제를 (
남김없이 구체적으로) 풀어 주신다는 뜻이 될 수 있을 것이다. 결론은 간단
하다. 하나님은 자신의 백성의 부르짖는 기도에 반드시 응답하는 분이
시다! 다시 한 번 "우리는 기도하고 하나님은 응답하신다"(We pray and
God answers)는 신앙의 기본 원리가 확인된다. 지극히 곤란하고 다급한

---

12. 사자명칭(四字名稱) יהוה(YHWH)는 "여호와"로 번역되어 왔는데 이는 정확치 않은
이름이고 정확한 발음은 "야웨"(yahweh)가 아닐까 생각되고 있다. 이는 동사 하야(היה) 또는
하와(הוה)("존재하다, 있다")의 칼 미완료 꼴로서 "그는 존재한다"는 의미가 될 것으로 보인다.
성경 히브리어의 조상이 되는 고 히브리어(paleo-Hebrew)에서는 칼 미완료 3인칭 단수가
익톨(yiqtōl)이 아니라 약툴(yaqtul)이었기 때문에 야웨는 하야 또는 하와의 칼 미완료 3인칭
단수가 될 수 있기 때문이다(물론 야웨는 히필 미완료 꼴도 될 수 있지만 "야웨"가 소개된
출애굽기 3장 15절 바로 앞 14절에서 하야가 칼 미완료 1인칭 단수 에에['ehyeh]로 쓰이기
때문에 이의 연장선상에 있는 이름인 야웨도 칼 미완료가 되는 것이 자연스럽다). 그런데
이 야웨라는 이름은 이스라엘이 이집트의 고역 가운데에서 부르짖을 때 하나님이 그것을
듣고 자신을 계시하신 이름이다(출애굽기 3장). 그러면 문맥적으로 볼 때 하나님은 자신을
"존재하는 자"로되 곤경에 처한 자기 백성을 "돕기 위해 존재하는 자"로 계시하신 것이 된다.
참고: William S. LaSor, David A. Hubbard and Frederic Wm. Bush, *Old Testament
Survey: The Message, Form, and Background of the Old Testament* (Grand Rapids:
Eerdmans, 1982), 134-36.

시련의 시간이라 하더라도 열심을 다하는 간절한 기도에 하나님은 틀림없이 응답하신다. 하나님의 언약을 생각나게 하시고 구원을 베푸시며 하나님의 백성의 삶을 완전히 새로운 것으로 바꿔주신다.

하나님의 *헤세드*(ㄱㅇㄷ)의 사랑이 있는 한(5절) 하나님의 백성의 곤경은 더 이상 곤경이 아니며 하나님의 백성의 울부짖는 기도는 결코 허공만 치는 공허한 부르짖음이 아니다. 신실하신 하나님은 자신을 부르는 자의 기도에 반드시 응답하시며 그로 하여금 자신의 구원의 은혜를 맛보게 하신다. 마음에 기쁨을 주시고 입술에 찬양을 주신다. 인간의 눈에는 당장 겪고 있는 고통만이 현실(reality)의 전부인 것으로 느껴질 수 있다. 그러나 참되고 유일한 현실은 *헤세드*이다. *헤세드*는 우주를 창조하시고 역사를 주관하시는 하나님의 헌신된 사랑이다. 인간에게 다가오는 고통이 아무리 크게 보여도 그것은 쏜살같이 지나가는 그림자일 뿐이며 하나님은 참된 현실인 *헤세드*로 세계를 운영하시며 하나님의 백성을 보호하신다. 닥치는 현실이 아무리 어렵고 복잡해 보여도 하나님의 은혜로 믿음의 눈을 뜬[13] 성도는 현실 중의 가장 큰 현실인 *헤세드*를[14] 보며 삶의 모든 괴로움을 초월하고 이겨낸다. 삶에 역전을 가져오는 *헤세드*가 있기에 하나님의 백성은 모든 문제가 해결되는 시간이 있으며 모든 고통이 끝나는 시간이 있음을 안다.

13편의 현상인 '운명의 이조'를 이끄는 핵심 동력인 *헤세드*는 시편 전체에서 가장 중요한 단어이다(구약성경 전체를 통틀어서도 가장 중요한 단어라 할 것이다). 하나님과 언약 백성 이스라엘 사이의 관계의 질을 표현

---

13. 참조: Matthew Henry in Charles Spurgeon, John Calvin and Matthew Henry, *Parallel Classic Commentary on the Psalms* (Chattanooga, TN: AMG Publishers, 2005), 47.

14. George A. F. Knight, 『시편 (상)』 이기문 옮김 (서울: 기독교문사, 1985), 93.

하는 말로서 구약성경의 신앙과 신학을 이끌어 가는 기본 추진력이다.[15] *헤세드*는 "하나님의 자비로운 사랑과 말할 수 없는 성실"이라 정의되는데[16] 불순종하는 이스라엘을 구속의 노정으로 이끄시는 하나님의 자비이며 그 자비를 끝까지 이어가시는 신실하심이다. 이스라엘이 수없이 많은 역사의 굴곡을 지나는 동안 하나님은 *헤세드*의 사랑으로 이스라엘을 변함없이 보호하시고 인도하셨다. 말할 수 없는 역경들 속에서 *헤세드*의 은총을, 하나님의 임재를 거듭 경험하는 과정이 이스라엘의 역사다. 이런 관계로 이스라엘의 모든 기도는 *헤세드*에 걸려 있음을 보게 된다. 탄식할 때 이스라엘은 *헤세드*를 의지해 자신들의 간절한 필요를 말씀 올렸고, 찬양할 때 그들은 *헤세드*의 성실한 적용을 믿고 기대하며 항상 자비로 인도하시는 하나님의 이름을 높였다. *헤세드*는 이스라엘의 신앙의 중심이고 기도의 중심이었던 것이다. 이스라엘이 하나님을 믿는다는 것은 곧 그분의 *헤세드*를 믿음을 의미했다고 해도 조금도 과언이 아니다. *헤세드*는 가히 이스라엘의 기도와 경건의 근거이며 토대였고, 출발이며 전 과정이었다.

이와 같이 이스라엘 신앙의 핵심 동력인 *헤세드*는 이스라엘의 삶에 은혜의 예전적 반복이라는 독특한 신학적 역동성을 제공한다. 이스라엘이 하나님을 예배할 때 그분의 언약을 '기억'하며 그분을 부르면 하나님은 *헤세드*의 "말로 다 할 수 없는" 성실성으로 인해 자신의 백성에게 '처음 구속'의(redemptio prima) 은혜와 꼭 같은 은혜와 기적을 베풀어 주시는 것이(redemptio continua) 이스라엘 예배의 원리이다. 즉 (예배를

---

15. *헤세드*를 이해하면 구약성경을 이해한 것이라 말해도 과언이 아닐 정도로 *헤세드*는 구약성경의 중심 단어이다.

16. 참고: Knight, 『시편 (상)』 17.

통해) 하나님과 하나님이 베푸신 출애굽의 은혜를 기억하는 자기 백성에게 출애굽 때 베푸신 것과 꼭 같은 기적과 은혜를 계속 활성화하고 (revitalize) 현실화해(reactualize) 주신다는 말이다. 이것이 구약성경 전체를 면면히 흐르는 언약갱신 신앙의 본질이다. 이 원리는 그리스도를 믿는 우리들에게도 그대로 적용된다. 그리스도의 구속은 *헤세드* 사랑의 정점이기 때문이다. 그리스도의 구속을 매 주일 '기억'하는 그리스도인들에게 하나님은 2000년 전에 이루신 주님의 구속의 은혜와 기적을 늘 현재적으로 실제가 되게 하신다. 이제 주님의 구원을 고백하는(기억하는) 그리스도인들은 죄사함의 은혜와 새로운 존재됨의 기적을 매번 자신의 것으로 실제적으로 경험하게 되는 것이다. 그 어떤 죄나 죄로 말미암는 비참함도 믿음으로 그리스도를 부르는 이들을 넘어뜨리거나 좌절시킬 수 없다. 그리스도께 속한 모든 하나님의 사람들은 죄든 죽음이든 그 어떤 고경이라도 능히 극복하고 이겨낼 수 있는 새 힘을 구비한 사람들이다. 이 이김의 근저에 *헤세드*의 사랑이 있다. *헤세드*의 은총은 그리스도의 구속의 승리를 그것을 믿는 이들에게 항상 현실이 되게 하는, 그래서 "넉넉히 이기게" 하는(롬 8:37) 독특하고 놀라운 역동성이다.

시편 23편

"여호와는 나의 목자시니 내게 부족함이 없으리로다"

1. 개요

23편은 시편 중에서도 가장 사랑받는 시편이다. 교회나 주일학교에서 성경암송대회를 할 때면 시편 23편은 으레 고린도전서 13장 등과 더불어 단골 메뉴가 된다. 로즈는 성경에서 주기도문을 제외하면 시편 23편만큼 사람들의 마음을 사로잡는 부분은 없을 것이라고 했다.[1] 은혜로운 진술을 다량 보유하고 있어 신앙인들의 사랑을 듬뿍 받은 시편인 고로 성경을 반지에 비유한다면 시편을 반지에 박힌 보석이라 하고 23편을 그 보석의 가장 빛나는 부분이라 할 수 있을 것이다. 스펄전은 23편을 시편의 진주라(the pearl of psalms) 불렀다.[2]

시편 23편은 삶의 어떤 정황에 읽어도 은혜가 된다. 평안 가운데 하나님과 교제할 때 읽으면 주님을 친근히 느낄 수 있고, 곤경 중에 도움

---

1. Arnold B. Rhodes, 『시편』, 구약성서주석, 김정준 옮김 (서울: 대한기독교서회, 1963), 91.

2. Charles Spurgeon in Charles Spurgeon, John Calvin and Matthew Henry, *Parallel Classic Commentary on the Psalms* (Chattanooga, TN: AMG Publishers, 2005), 94.

이 필요해 읽으면 큰 위로와 용기를 얻는다. 결혼식 설교에 적합한 본문인가 하면, 장례 예배에도 장중한 은혜를 나눌 수 있는 본문이다. 미국의 어떤 유명한 구약학자는 소천할 때 시편 23편을 히브리어로 암송하며 하나님의 부름을 받았다 한다. 지상 최대의 작전이란 영화에서는[3] 한 미군 병사가 무시무시한 독일군 탱크에 대전차포 하나로 맞서면서 코앞에 다가온 적의 탱크를 향해 포를 발사하며 "내가 사망의 음침한 골짜기를 다닐지라도 해를 두려워하지 않을 것은 주께서 나와 함께 하심이라!"라고 외치는 (그리고 아마도 장렬히 전사하는) 장면이 유명하다. 너무도 많이 사랑받는 시이고 해설이 필요 없을 정도로 잘 알려진 익숙한 시이지만 말씀을 주해적으로 깊이 살피면 우리의 신앙을 견고케 하는 데 도움이 될 값진 은혜의 자료들이 더욱 풍성히 수확될 수 있을 것이다.

2. 구조와 수사

23편은 6절밖에 안 되는 짧은 시이지만 하나님을 묘사하는 데 두 가지 이미지를 사용하고 있다. 목자의 이미지와 잔치의 주인의 이미지이다. 1-4절은 하나님을 목자의 모습으로, 5-6절에서는 잔치 주인의 모습으로 그린다.[4] 하나님의 인도와 보호라는 심오한 주제를 다룸에 있어

---

3. 2차 대전 말 연합군의 노르망디 상륙작전을 다룬 "The Longest Day"란 이름의 미국 영화로서 벤하드 위키(Bernhard Wicki), 켄 아나킨(Kenneth Annakin), 대릴 자눅(Darryl F. Zanuck), 앤드류 마르틴(Andrew Marton) 등 여러 감독과 존 웨인, 헨리 폰다, 리차드 버튼, 로버트 밋첨 등 당대 명배우들이 대거 참여한 작품으로 유명하다. 1962년 개봉됨.

4. 6절은 잔치 상황과는 분리된 별도의 진술, 즉 23편 전체에 대한 결론으로 보는 것도 가능할

목양이라는 상황과 잔치라는 상황 두 은유가 동원되는 것이다. 이미지를 근거로 보면 23편은 1-4절 목양시, 5-6절 잔치시로 구분할 수 있을 것이다.[5] 그러나 하나님을 부르는 문법은 이 이미지 사용과 일치하지 않는다. 1-3절에서는 하나님을 3인칭으로 부르고, 4-5절에서는 2인칭, 6절에서는 다시 3인칭으로 부른다. 은유나 하나님을 부르는 방식이 어떤 '구조'가 전제되어서 그 틀에 맞춰 적용된 것이 아님을 알 수 있다. 시인은 어떤 정해진 틀을 사용하여 시작(詩作)을 했다기보다는 마음에 떠오르는 대로 자유롭게 하나님께 심상(心象)을 적용하고, 또 하나님에 대해 느껴지는 거리대로 마음껏 하나님을 불렀다.

23편에서 확인되는 문학 장치 하나는 봉투구조(inclusio)이다. 1절과 6b가 서로 호응함으로 시편의 바깥 틀을 이룬다. 두 부분은 "여호와"라는 하나님의 이름을 공통분모로 갖는다. "여호와"는 23편에 단 두 번 나오는데 이것들이 각각 1절과 6b에 배치된 것이다. 내용상으로도 1절과 6b는 서로 호응한다고 할 수 있다. 1절은 하나님이 목자가 되시므로 시인은 어떤 일에도 "부족함이 없다"는 고백이다. 6b는 "평생 여호와의 품에만 머물겠다"는 헌신의 결단이다. 1절의 위대한 고백에 대해 6b의 결단이 호응하는 모양새이다. 하나님의 이름을 공통분모로 가지고 있는 점과 내용상의 호응이 1절과 6b를 23편을 바깥에서 감싸는 테두리가 되게 한다.

1절과 6b 사이의 나머지 절들은 1절의 고백을 좀 더 상세히 풀어 설명한 것들이라 할 수 있다. 1절의 "부족함이 없다"는 고백은 23편 전체

것이다.

5. 혹은 1-4절 목양시, 5절 잔치시, 6절 요약으로 구분할 수도 있을 것이다. 참고: Konrad Schaefer, *Psalms*, Berit Olam (Collegeville, MN: The Liturgical Press, 2001), 58.

의 핵심주제이다. 2절-6a는 이 핵심주제를 아름다운 은유들로 다양하고 생생하게 풀어낸다. 이 은유에 의한 해설이 충분히 무르익을 때 6b의 결단이 전체 시를 결론짓는다.

2절-6a의 은유들은 생각의 일정한 진전을 드러낸다고 할 수 있다. 모두 "부족함이 없음"이라는 핵심주제를 해설한 것인데, 2-3절은 평상시 부족함이 없음에 대해 말한다. 4절은 위기 시 부족함이 없음을 말한다. 5절은 부족함이 없는 정도를 넘어 하나님의 백성이 왕같이 차고 넘치는 극상의 복을 받는 것에 대해 말한다. 6a는 "부족함이 없음"에 대한 포괄적인 그리고 신학적인 결론이다. "부족함이 없음"에 대한 모든 묘사가 마칠 즈음에 은혜 받은 자의 장엄한 결단이(6b) 등장한다. 23편의 생각의 발전을 다음과 같은 도표로 나타낼 수 있겠다.

A. 1절　　　서론: 내가 부족함이 없으리로다

　B1. 2-3절 "부족함이 없으리로다" I: 평상시 부족함이 없음

　B2. 4절　 "부족함이 없으리로다" II: 위기 시 부족함이 없음

　B3. 5절　 "부족함이 없으리로다" III: 왕같이 차고 넘침

　B4. 6a　 "부족함이 없으리로다" IV: 포괄적 결론

A'. 6b　　　결론: 내가 여호와의 집에 거하리로다

1절의 "하나님이 목자가 되시므로 내가 아무 부족함이 없다"는 진술은 하나님을 믿는 신앙의 본질을 말한 위대한 고백이다. 하나님을 믿는 믿음의 실상을 이처럼 잘 표현한 진술은 다시 없을 것이다. 하나님은 자신의 백성에게 구속의 은총과 섭리의 은총을 베푸신다. 하나님의 백성은 구원을 소유하며, 아무리 어렵고 힘든 곤경을 겪는다 해도 절대적

으로 안전하고 궁극적으로 극상의 복을 받는다.[6] 결핍이 전혀 없는 생
이다. 따라서 하나님의 백성은 아무것도 두려워할 필요가 없다. 오직 하
나님이 빛으로 인도하시는 것만을 믿고(참고: 미 7:8) 기뻐하며 그를 따를
일이다.

2-3절은 평상시 부족함이 없음에 대한 묘사이다. 목자가 양으로 하
여금 푸른 초장에서 풍족히 꼴을 먹게 한다. 그리고 쉴 수 있는 물가에
서 흡족히 물을 마시게 한다. 충족과 휴식이 2절의 설명이다. 3절은 내
용이 다소 영적인 차원으로 발전한다. 죄로 빠져드는 영혼은 회개케 하
고[7] 연약한 영혼은 용기를 불어넣어 줌으로 그것을 "소생시킨다." 거
기다 하나님의 백성이 인도되는 길은 "의의 길"이며 하나님의 이름을
위한 길이다. 삶에 어떤 굴곡을 겪든 하나님의 백성은 바른 길로 인도되
며 하나님의 영광을 위한 길로 인도되고 있다. 가치로 충만한 생이다.
하루하루를 터벅터벅 뜻 없이 걷고 있는 것 같아도 (그리고 그것이 매우 곤
고하더라도) 하나님의 백성은 충만한 의미 가운데 살고 있다.

4절은 위기 시 부족함이 없음에 대한 설명이다. "사망의 음침한 골
짜기"는 죽음 자체를 포함하여 죽음에 비견될 수 있는 인간에게 다가오

---

6. 이사야 25:4는 하나님을 "빈궁한 자의 요새이시며, 환난당한 가난한 자의 요새이시며, 폭풍
   중의 피난처시며, 폭양을 피하는 그늘"이시라고 말한다. 하나님의 백성은 어떤 극심한
   곤경이나 위기 중에 있다 하더라도 하나님이 피난처요 보호자가 되시므로 절대적으로
   안전하다. 하나님이 베푸시는 구속의 은혜와 섭리의 은혜로 인해 하나님의 백성은 하나님이
   계획하신 구원과 복을 받는 데 조금도 "부족함이 없다." 인간의 이해가 따라 주지 않을 뿐
   이처럼 하나님의 인도와 보호는 하나님의 백성에게 완벽한 안전장치가 된다. 23편 1절은 아직
   메시아가 오시기 전의 고백이지만 기독교 복음적 신앙의 본질을 말한 것이라 해도 조금도
   손색이 없는 위대한 신앙고백이다.
7. 여쇼베브(יְשׁוֹבֵב)의 어근 슈브(שׁוּב)는 구약에서 "회개하다"(나쁜 길에서 돌이키다)라는 의미로
   자주 사용되는 단어이다. 따라서 "소생시키다"로 번역되는 여쇼베브에는 "죄를 회개하여
   새로워지게 하다"라는 의미가 충분히 내포되어 있을 수 있다.

는 가장 극한적인 어려움의 상황을 말한다. 인간은 인간 스스로 아무 것도 할 수 없는 소위 "영(零)의 의식"(zero sense)을 느끼는 고경을 지날 수 있다.[8] 그러나 하나님은 그때에 자기 백성과 함께 하신다. 그때야말로 하나님이 자기 백성에게 자신의 임재를 드러내시는 절호의 기회인 것이다. 평상시에도 하나님은 자신의 백성을 돌보시며 인도하시지만 극한적인 어려움의 상황이야 말로 하나님의 백성이 그분의 '임마누엘'의 은총을 명료하게 경험하고 확인하게 되는 기회이다. 그 어떤 것도 하나님의 백성을 해하지 못하기에 아무것도 두려워할 필요가 없고 불안해할 필요가 없다. 주님의 "막대기와 지팡이"의[9] 보호와 인도가 있어 가장 안전할 따름이다.

5절은 잔치 주인의 환대를 받아 차고 넘치는 복된 생활을 하는 것에 대한 묘사이다.[10] 부족함이 없음을 넘어 왕처럼 극상의 대접을 받는 지복(至福)의 상태를 말한다. 특이한 점은 이 크나큰 복이 "원수들의[11] 목전에" 주어진다는 것이다. 하나님의 복은 역설적이게도 "원수"와 곤경

---

8. 어려운 상황을 만나 자신은 아무것도 아니며 아무것도 할 수 없다고 느끼는 의식을 '제로센스'(zero sense)라 한다.

9. 한글번역들은 4절 후반절의 처음 단어 쉐베트(שבט)를 "지팡이"로, 다음 단어 미쉬에네트 (משענת)를 "막대기"로 번역하는데 옳지 않아 보인다. 바꿔 번역하는 것이 옳을 것이다. 즉, 첫 단어를 "막대기"로 둘째 단어를 "지팡이"로 해야 한다. "지팡이와 막대기"가 아니라 "막대기와 지팡이"인 것이다. 첫 단어 쉐베트는 말 그대로 매로도 쓸 수 있는 "막대기"(rod)이다. 둘째 단어 미쉬에네트는 샤안(שען)이란 어근에서 나온 말인데 샤안은 (니팔로 쓰여) "기대다"(lean)라는 뜻이다. 따라서 "지팡이"로 옮기는 것이 적당하다. 보호가 되며 의지가 되어 주는 도구이다. 영역들은 두 단어를 옳게 번역하고 있다. 첫 단어는 "rod," 둘째 단어는 "staff"으로 번역한다(KJV, NIV, NASB, NRSV).

10. 하나님이 넘치는 복으로 축복하신다는 언급은 시편 13:6에서도 찾아볼 수 있다: "내가 여호와를 찬송하리니 이는 나를 후대하심이로다"("I will sing to the LORD, because He has dealt bountifully with me"[NASB]).

11. 개역개정은 "원수"로 번역하지만 원문은 복수임.

의 훼방이 극심한 가운데 넘치게 부어진다는 점이 흥미롭다. 삶의 신비라고 해야 할 이 사실에 익숙해질 필요가 있다.

6a는 지금까지 '부족함이 없음'을 설명해 온 것들에 대한 포괄적 결론이다. 5절까지 내내 은유로 일관해 왔는데 갑자기 "선함"과 "인자함"이란 신학적 용어가 등장하여 새로운 긴장이 고조된다. "따른다"는 말은 단순한 접근을 의미하는 말이 아니고 사냥개가 사냥감을 쫓듯 맹렬한 기세로 덮쳐온다는 뜻의 말이다. 이 말은 통상 적군이나 재난 등 '좋지 않는' 것이 맹렬히 추격해 오는 상황을 말할 때 쓰인다. "선함"과 "인자함"에 이 단어를 결합시킨 것은 시인의 언어유희 내지 익살인데, 곤경의 맹렬한 추격을 받는다고 생각했는데 사실은 그렇게 맹렬히 쫓아온 것은 다름 아닌 하나님의 은혜였다는 것을 말하고자 한 것이다. 신자가 고난에 쫓겨 그것에 압도되는 것 같은 참담한 생을 살 수 있다. 하지만 실상은 하나님의 은혜가 그를 맹렬히 추격해 온 것이다. 사람의 눈에는 고경뿐이지만 참된 진실은 고경이 완전히 극복되고 하나님의 은총이 그의 머리 위에 쉴 새 없이 부어진, 하나님의 복으로 충만한 생인 것이다. 6a는 23편이 그려 온 하나님의 보호와 인도라는 그림의 결론이요 클라이맥스이다.

6b는 1절의 서론과 짝을 이루면서 23편 전체에 대해 결론의 역할을 한다. '부족함이 전혀 없는' 하나님의 인도에 대해 시인이 취하는 태도이다. 사람의 기대를 훌쩍 넘어서는 하나님의 엄청난 반전의 은혜가 있기에[12] 시인은 이제 눈을 하나님 자신에게로 돌려 그분과 "영원한" 교

---

12. 사망의 음침한 골짜기 가운데 임재하심(4절), 원수의 목전에 상을 베푸심(5절), 곤경이 쫓아오는 줄 알았는데 사실은 하나님의 은혜가 맹렬히 쫓아옴(6a) 등 이 모든 것이 반전의 은혜이다.

제 가운데 머물겠다고 결단한다. 6a에 쓰인 동사는 (하나님의 은혜가) "맹렬히 쫓아온다"였는데 6b에 쓰인 동사는 (내가) "머물겠다"이다. 역동적인 움직임과 정지 상태로의 멈춤이 극명한 대조를 나타낸다. 하나님은 적극적으로 일하시는 분이시다. '맹렬하게' 은혜를 베푸신다. 인간의 상상을 뛰어넘는 적극성이다. 사람은 멈춰 서서 이 은혜를 잘 받고 은혜의 근원이신 그분과 친밀한 교제를 이어 가는 것이 중요하다. 사람에게 요구되는 차분한 수용성이다. 하나님의 은혜는 "평생" 나를 추격하고 나는 "영원히"(원문: "오래도록") 그분 곁에 머물러 그와 친밀히 사귀는 것, 이것이 신앙의 원리이다.

시편 23편의 두드러진 문학적 특징 중의 하나는 친밀성의 표현이다. 23편은 매우 흔히 하나님을 2인칭 "당신"으로, 시인 자신을 1인칭 "나"로 부름으로 시인과 하나님 사이의 친밀감을 표현한다. 하나님을 2인칭으로 부르는 것은 4a "'당신이' 나와 함께 계시다,"[13] 4b "'당신의' 막대기," "'당신의' 지팡이,"[14] 5a "'당신이' 베푸시고," 5b "'당신이' 기름을 바르시고"[15] 등 다섯 군데이다. 시인이 1인칭으로 자신을 제시하는 것은 1a "'나의' 목자," 1b "'내가' 부족함이 없다," 2a "'나를' 눕히신다," 2b "'나를' 인도하신다," 3a "'내' 영혼을 소생시키신다," "'나를' 인도하신다,"[16] 4a "'내가' 다닌다," "'내가' 두려워하지 않는다,"[17] "'나와' 함께 하신다," 4b "'나를' 안위하신다," 5a "'내' 원수의 목전

---

13. 개역개정은 23편에서 "당신"을 모두 "주"로 번역하고 있음.

14. 개역개정은 여기 "당신의"("주의")를 생략함.

15. 개역개정은 여기 "당신이"("주께서")를 생략함.

16. 개역개정은 이 "나를"을 표현하지 않음.

17. 개역개정은 이 "내가"를 표현하지 않음.

에," "'내게' 상을 차려 주신다," 5b "'내' 머리에 부으신다," "'내' 잔이
넘친다," 6a "'내' 평생에," "'나를' 따른다," 6b "'내가' 산다" 등 무려
열일곱 군데이다. 이처럼 23편은 하나님과 저자 자신의 관계를 '너와
나'의 관계로 말하여 둘 사이의 개인적인 관계, 인격적인 교제를 강조한
다. 더불어 시인과 하나님 사이의 친밀성을 보여 주는 요소가 하나 더
있다. 23편은 하나님을 "여호와"로만 부른다. 창조주요 우주의 주권자
임이 강조되는 "하나님"(엘로힘)은 쓰지 않고 언약의 하나님이요 이스
라엘의 보호자임이 강조되는 "여호와"만 쓰는 것이다. 하나님은 시인
을 사랑하신다. 가까이 계시고 위기 때에 그를 도와주신다.[18] 이 하나님
을 체험한 시인은 이제 하나님 곁에 가까이 머물면서 그분과 깊이 사귀
어 나가기를 소원한다.

3. 메시지

"여호와가 나의 목자"라는 말은 기독교 신앙의 큰 신비를 표현한다.
여호와는 절대자 하나님이시다. 목자는 나와 함께 있어 나를 친히 인도
하는 보호자이다. 절대적 초월자 하나님의 이미지와 친밀한 보호자 아
버지의 이미지가 한 문장 안에 포괄되어 있는 위대한 진술이다. 우리는
한편으로는 하나님을 경외감을(awe) 가지고 섬겨야 되고, 다른 한편으

---

18. LaSor 등은 여호와란 이름이 "돕기 위해 존재하는 자"를 의미한다고 생각한다. 시편 23편은
가장 어려운 곤경을 포함하여 삶의 모든 여건에서 자신을 도와주시는 하나님을 여호와라는
이름으로 부르는데 이는 적절한 일이다. 참고: William S. LaSor, David A. Hubbard and
Frederic Wm. Bush, *Old Testament Survey: The Message, Form, and Background of the
Old Testament* (Grand Rapids: Eerdmans, 1982), 134-36.

로는 하나님과 친밀감을(intimacy) 가지고 교제해야 한다. 둘 중 어느 한 쪽으로 치우치기 쉬운 것이 우리의 연약함이요 한계이다. 신앙에서 모순되는 양면을 동시에 취하며 균형을 유지하는 것처럼 중요하고 어려운 일은 없다. 크신 하나님이시지만 좋으신 하나님이시고, 좋으신 하나님이시지만 크신 하나님이시다. 우리는 두려워하면서도 따뜻한 분으로 여기고 나아가야 하고, 가까이 대화하면서도 엄위하심을 두려워하는 마음을 잃지 않아야 한다. 두 면을 동시에 알고 이러한 의식의 기반 위에 기도하고 예배하고 섬기는 것이 혼돈과 당황을 극복한 온전하고 안정되며 성숙한 신앙이다.[19]

"내가 부족함이 없다"는 것은 모든 것이 충족되었을 때 부르는 노래는 아니다. 물론 모든 것이 충족되었을 때 베풀어 주신 하나님을 찬양하며 부를 수 있다. 하지만 실상은 가장 '부족'을 느낄 때 불러 위로를 받는 말씀이다. 죽음과 같은 극한의 곤경 속에서 불러 진가를 발견하게 되는 것이 1절 "여호와는 나의 목자시니 내게 부족함이 없으리로다"이다. 가장 힘든 때에 하나님을 바라봐야 한다. 그리고 지금 가장 좋은 것으로 부족함이 없이 풍성하게 공급하고 계심을 믿어야 한다. 또한 적어도 가까운 미래에는 지금의 곤경이 다 해결되고 더없이 온전한 평화가 도래할 것도 기대해야 한다. 겪는 당시는 다 확인할 수 없다. 그러나 하나님의 말씀의 약속은 반드시 이뤄지는 것이기에 믿음으로 기다리며 오늘

---

19. 예수께서 성육신 하셔서 이 땅에 오신 것이 바로 이 하나님의 양면성을 보여준다. 전능하신 주권자 하나님께서 양처럼 갈 길을 알지 못해 방황하는 우리를 위해 독생자를 보내 주신 것이니 과연 목자 되신 하나님이시다. 예수님은 어리석고, 원수의 공격에 변변한 방어 능력도 없고, 위험한 길로 들어서기 일쑤인 우리의 필요를 아시고, 다양하고 세밀한 돌봄으로 보호하시고 인도하시는 참 목자이다. 참고: Spurgeon in Charles Spurgeon, John Calvin and Matthew Henry, *Parallel Classic Commentary on the Psalms*, 94.

의 곤경을 이겨낼 수 있다. 사람의 모든 생각을 초월하여 역사하시는 하나님이 약속하신 것이므로 어려운 순간에도 기도하는 사람은 이 말씀 자체만으로 큰 위로를 받는다.[20]

인간의 지상에서의 삶은 여러 곤경으로 점철되기 일쑤다. 하지만 시편 23편은 곤경은 하나님 임재의 자리라고 말씀한다: "내가 사망의 음침한 골짜기를 다닐 때에 주께서 나와 함께 하신다"(4절). 어려운 역경을 지난다고 비관할 일이 아니다. 고난은 그 자체 하나님이 임하시는 자리요 따라서 하나님의 임재를 경험하는 절호의 기회가 되기 때문이다.[21] 하나님은 평상시에도 자신의 백성을 극진한 관심으로 돌보시지

---

20. "여호와는 나의 목자시니 내가 부족함이 없으리로다"는 시편 23:1의 언명은 기독교 신앙의 진술 중 가장 위대한 진술이라 해도 과언이 아닐 것이다. 하나님을 믿는 신앙의 본질을 말해 주기 때문이다. 인도자요 보호자 되신 하나님으로 인해 신자는 (자신이 보기에는 어떨지 몰라도) 어떤 결핍도 있을 수 없다는 것이니 신자가 "항상 기뻐하고 범사에 감사하는"(살전 5:16-18) 근거가 된다. 삶의 현실이 어떠하든 상관없이 하나님은 지속적 감사와 지속적 찬양의 기반이 되어 주신다.

21. 하나님은 초월자이신 고로 원칙적으로 피조물인 인간은 자신의 오관으로 하나님을 감지할 수 없다. 하지만 구약성경은 하나님의 백성이 하나님을 '알' 수 있도록 하나님께서 자신의 임재를 드러내시는 방식을 몇 가지 말씀한다. 적어도 세 가지 정도의 하나님의 임재 방식을 말할 수 있지 않을까 한다. 첫째, 자연 만물이다. 우리가 살아가는 환경인 자연 만물이 곧 하나님의 임재라는 것이다. 시편 8편은 "하늘"을 "주의 손가락으로 만드신" 것이라("the work of your fingers")(3절) 하고, "만물"을 "주의 손으로 만드신 것"이라("the works of your hands") (6절) 말씀한다. 자연 만물은 하나님의 "손"이 직접 만든 작품이므로(handiwork) 우리가 자연에 나가 숲과 나무를 본다든지, 새소리 물소리를 듣는다든지, 바람결을 느낀다든지 하면 그것은 곧 하나님의 손길을 느낀 것이 되고, 곧 하나님의 임재를 경험한 것이 된다. 즉 자연 속에서 자연을 '느낀' 것은 하나님의 임재에 접촉한 것이다. 둘째, 기도응답이다. 우리가 어떤 문제를 놓고 기도했을 때 하나님이 응답하셔서 그 문제를 해결해 주시면 그 기도응답이 곧 하나님의 임재라는 말이다. 요엘 2장에는 메뚜기 떼의 공격으로 신음하던 이스라엘이 회개하고 하나님께 도움을 간구했을 때 하나님께서 그 기도를 들으시고 메뚜기 떼를 제거해 주시며 경제를 온전히 회복시켜 주시는 사건이 나온다. 요엘 2:27은 이 응답 사건을 "하나님이 이스라엘 가운데 계신" 것이라고 설명한다. 즉, 기도응답은 하나님의 임재라는 설명이다. 기도응답을 받았다는 것은 곧 우리가 '만질 수 있게'(tangibly) 하나님을 경험한 것이라는 막중한 의미가 된다. 셋째는 여기서 살피고 있듯이 성도의 고난이다. 고난은 쓰라려 피하고만 싶은 것이지만 그것은 하나님의 임재가 드러나는 기회이다. 시편 23:4은 "사망의 음침한

만 극도의 어려움의 상황이 되면 더더욱 자신의 백성과 함께 하시어 자신을 드러내시고 '임마누엘'의 은총을 명료히 경험하게 하신다. 곤경이 쉽다는 말은 아니다. 또 오래 겪어도 좋다는 말도 아니다. 곤경은 신자로 하여금 기도하게 하고 하나님은 그 기도를 들으셔서 응답하시는데 가장 적절한 시간에 문제가 해결되게 하신다. 그런데 중요한 것은 곤경이 그렇게 힘든 시간이라 할지라도 그것은 그것 자체로 아주 소중한 시간이라는 점이다. 하나님 임재의 자리라는 말이다. 그것이 아니었다면 일어날 수 없었을 수도 있는 하나님 경험이 이때 일어나는 것이다. 참으로 의미 있고 소중한 시간이 아닐 수 없다. 우리는 곤경을 피하고 빨리 통과해야 할 시간으로만 생각해서는 안 되겠다. 그 자체의 가치를 알고 그것을 '누리는' 믿음이 중요하다. 곤경의 때에 하나님은 자신의 능력과 사랑을 나타내신다. 하나님 스스로 자신을 드러내 보이신다. 우리와 함께 하시고 우리와 만나시는 것이다. 곤경은 그 자체 하나님과 깊은 사귐을 누리는 더없이 값지고 소중한 시간이다.

골짜기"를 다닐 때 "주께서 나와 함께 하신다"고 한다. 극한 고난을 만날 때 성도는 하나님이 그와 함께 해 주시는 것을 경험한다. 누구나 피하고 싶은 고난은 놀랍게도 성도가 하나님의 임재에 접촉하고 그와 깊은 사귐으로 나아가고 있는 더없이 값진 신비한 시간이다. 이상 세 가지 정도가 필자가 성경공부를 하며 지금까지 발견한 하나님의 임재 방식들이다(더 있을 수도 있겠지만 필자가 관찰한 것은 이 정도이다). 하나님은 보거나 듣거나 만질 수 있는 분이 아니다. "무한한 질적 차이"로 인해 우리로부터 멀리 "떨어져" 계시다. 하지만 구약성경은 하나님은 초월해 계신 분이시면서도 우리가 '알' 수 있도록 자신을 드러내 보이신다고 말씀한다. 여기에 말한 임재 방식들이 그것이다. 성도는 '만질 수 있게' 임하시는 하나님을 경험하도록 허락된 엄청난 특권의 사람들이다. 성도의 신앙생활은 이 크나큰 신비를 주 내용으로 한다. 자연, 기도응답, 성도의 고난, 이것들은 초월자요 주권자인 하나님이 자신의 백성들로 하여금 자신을 만나도록 열어 놓으신 거룩한 교제의 통로이다.

밀러는 4절을 "구약 복음의 핵(核)"(the gospel kernel of the Old Testa-ment)이라 불렀다.[22] 구약은 하나님께서 자기 백성에게 "두려워 말라 내가 너와 함께 함이니라"라는 약속을 수없이 주셨음을 증언한다(창 26:24, 신 7:21, 20:1, 31:6, 사 41:10, 43:5, 렘 1:8, 42:11 등). 4절의 "주께서 나와 함께 하심이라"도 이 일련의 약속 중의 하나이다. 기나긴 역경의 세월을 지나야 했던 하나님의 백성에게 이 임재의 약속은 꼭 필요한 단 하나의 은혜였다. 하나님이 함께 하시면 하나님의 백성은 안전하고 그의 삶에 필요한 모든 것이 채워진다. 모든 면에서 자유롭고 평안하다. 이 임재의 은혜는 예수님의 성육신에서 그 절정을 맞는다. 인류는 죽음의 길에서 길을 잃었으나 예수께서 인간의 몸을 입고 인간 곁에 오셔서 십자가에 죽고 삼일 만에 살아나시므로 인류의 구원을 이루셨다. 시편 23:4를 비롯한 "하나님이 함께 하신다"는 구약의 거듭된 약속은 자기 백성을 구원하기 위해 이 땅에 임하실 예수 그리스도를 꾸준히 바라본 말씀이었다.

4, 5, 6절(6a)은 공히 신자의 삶에서 일어나는 반전(反轉)의 은혜에 대해 말씀한다. 4절은 죽음과 같은 극한 고난 중에 "하나님이 함께 하시는" 은혜가 임한다고 말씀한다. 가장 극한적인 어려움이 오히려 은혜 중의 은혜인 '임마누엘'의 은혜를 경험하는 기회가 되는 것이다. 5절은 하나님이 "원수의 목전에서" 상을 베푸신다고 말씀한다. "원수의 목전"은 달갑지 않은 고통스럽고 불편한 상황이다. 그런데 하나님은 그런 '좋지 않은' 상황에서 말할 수 없이 넘치는 복을 주신다. 역경이 오히려 하나님의 더할 나위 없는 복을 받는 기회가 되는 것이다.

---

22. Patrick D. Miller, *Interpreting the Psalms* (Philadelphia: Fortress Press, 1986), 115.

6절(6a) 역시 놀라운 반전을 말한다. "선하심"과 "인자하심"이 시인을 "따른다"고 할 때 "따른다"의 원어 *라다프*(רָדַף)는 "추격하여 맹렬히 쫓아온다"는 뜻의 동사이다.[23] 이 동사는 거의 모든 경우 적이나 재앙 같은 '나쁜 것'을 주어로 하여 쓰인다.[24] 즉 원수 따위가 큰 해를 입히려고 맹렬히 추격해 온다는 의미이다. 시인이 이런 단어를 "선하심과 인자하심"의 술어로 쓴 것은 놀랍다. '나쁜 것'에만 쓰이는 동사가 지극히 '선한' 하나님의 은혜를 서술하는 말로 쓰였기 때문이다. 이것은 아마 이런 의미일 것이다. 하나님의 백성이 고경을 만나면 그는 고난만이 전부요 그것이 자신을 완전히 삼켜 버릴 것처럼 달려든다고 생각할 수 있다. *라다프*는 이 같은 시인이 느끼는 심정을 우회적으로 표현하기 위해 채용된 말일 수 있다. 그러나 사실은 어떠한가. 그렇게 맹렬한 기세로 쫓아오는 것은 다름 아닌 하나님의 은혜이다. 고난이 무섭게 쫓아온다고 생각했으나 정작 맹렬히 쫓아온 것은 다름 아닌 "선하심과 인자하심"이란 하나님의 은혜인 것이다. 뛰어난 역설의 수사라 아니할 수 없다(기대와 정반대의 동사를 썼기 때문에 익살이라 불러도 좋을 것이다). 지상에서의 성도의 삶이 그러하다. 사람의 눈에는 고난이 자신을 압도하는 것처럼 보인다. 그러나 사실상 압도하며 성도의 삶을 지배하는 것은 하나님의 은혜이다. 우리 눈에 보기에는 고난이 전부이고 그것이 모든 것을 삼켜 버리는 것 같지만 삶의 참된 실상은 오히려 은혜가 고난을 압도하여 그것을 무력화하고 하나님의 백성에게 엄청난 복을 부어 주는 것이다. 성도를 곤경 중에 버려두지 아니하시는 하나님은 어떤 적극성보다

---

23. 구약성경 전체에 143회 나오는 것으로 보고됨.

24. 몇 예만 든다면 창 31:23; 35:5; 44:4; 출 14:4, 8, 9, 23; 15:9; 레 26:17, 36, 37; 신 30:7; 수 2:5, 7, 16, 22; 시 7:2, 6; 119:84, 150, 157, 161; 142:7; 143:3 등이다.

도 더한 적극성으로 성도를 지키시고 돌보시며 인도하신다.[25] 어떤 환경에서도 진정 압도하고 지배하는 것은 하나님의 은혜인 줄 알고 어떤 낙심도 없이 늘 기도로 하나님께 맡기며 오직 감사와 기쁨으로 그를 따를 일이다. 시인 프랜시스 탐슨은(Francis Thompson) 시편 23편의 하나님을 "하늘의 사냥개"라고 불렀다.[26] 역설과 반전의 원리로 우리를 맹렬히 쫓으시는 하나님의 은혜를 간파한 말이다. 우리가 느끼는 아픔과 좌절과 절망의 강도(強度)는 실상은 하나님의 은혜가 역사하는 강도이다. 우리가 알든 모르든 좋아하든 좋아하지 않든 하나님의 은혜가 맹렬히 우리를 추격하고 있다. 우리 머리 위에 하나님의 "고요한 은총의 비"가 쉼 없이 부어지고 있다.[27]

---

25. "인자하심"으로 번역된 헤세드(חֶסֶד) 자체가 그러한 하나님의 사랑을 말한다. 헤세드는 하나님이 이스라엘과 맺은 언약의 질(質)인데 "하나님의 자비로운 사랑과 말할 수 없는 성실"(God's gracious love and unspeakable loyalty)이라고 정의된다(참고: George A. F. Knight, 『시편 (상)』, 이기문 옮김 [서울: 기독교문사, 1985], 17). 하나님의 언약적 사랑은 끝까지 지칠 줄 모르고 자신의 백성을 쫓는 하나님의 "성실"을 본질로 한다. 곤경 중에도 이스라엘을 꾸준히 추격한 것은 바로 이 변하지 않는 하나님의 맹렬한 사랑이었다.

26. Knight, 『시편 (상)』, 156. 혹자는 시편 23편의 하나님을 "하늘의 스토커(stalker)"라 부르기도 한다.

27. 이 부분은 오 할레스비의 은유의 도움을 받고 있다. O. Hallesby, 『기도』(서울: 생명의 말씀사, 1966), 167.

시편 30편

"여호와여 내가 주를 높일 것은 주께서 나를 끌어내사 내 원수로 하여금 나로 말미암아 기뻐하지 못하게 하심이니이다"

1. 개요

30편은 개인선언찬양의 대표적인 예이다. 이 시편은 시인 개인이 큰 어려움을 겪을 때 기도한 것에 대해 하나님이 응답하시고 구원을 베풀어 주신 일을 간증하는 기도이다. 곤경의 회고, 구원의 보고, 갱신된 찬양의 맹세 등 선언찬양의 전형적인 요소들이 빠짐없이 그리고 꽤 촘촘하게 배열되어 있다. 기도응답의 실제성을 보여주는 기도이기 때문에 독자가 읽고 기도 생활에 큰 격려를 받을 수 있는 기도이다.

2. 구조와 수사

어느 선언찬양도 4장에서 분석한 패턴처럼 그것을 이루는 요소들이 순서대로 가지런히 등장해 주는 선언찬양은 없다. 곤경의 회고, 구원의

보고, 갱신된 찬양의 맹세 등이 나오기는 나오되 여기저기 흩어져 등장
하는 수가 많고, 그나마 때로는 이 중 어느 요소가 생략되기도 한다. 30
편은 그래도 패턴을 꽤 충실히 따르는 선언찬양에 속한다. 세 요소가 모
두 나올뿐더러 곤경의 회고—구원의 보고—갱신된 찬양의 맹세의 순
서를 꽤 성실히 따르는 구조이기 때문이다.

　30편은 두 개의 선언찬양이 겹쳐 있는 구조라 할 수 있다. 1절에서 5
절까지를 하나의 선언찬양, 그리고 6절에서 12절까지를 또 하나의 선
언찬양으로 볼 수 있다.[1] 다음과 같이 구조를 개관할 수 있다.

선언찬양 I (1-5절)

(갱신된) 찬양의 맹세

　　1. 찬양의 맹세 1aα

　　2. 찬양의 맹세의 동기 1aβb

구원의 보고

　　1. "내가 부르짖었다" 2abα

　　2. "그가 나를 건지셨다" 2bβ3

묘사찬양

　　1. 찬양에의 부름 4

　　2. 찬양의 이유 (하나님의 선하심) 5

---

1. 30편도 히브리 원문은 표제를 한 절로 취급하기 때문에 원문과 번역들 사이에는 절 수가 한
　절씩 차이가 난다. 번역들은 원문보다 하나 적게 절 수가 매겨진다. 여기서도 번역들을 따라 절
　수를 표기하기로 한다.

선언찬양 II (6-12절)

곤경의 회고 6-7
구원의 보고
    1. "내가 부르짖었다" 8-10
    2. "그가 나를 건지셨다" 11
(갱신된) 찬양의 맹세 12

  본격적으로 선언찬양의 형태를 갖춘 것은 두 번째 선언찬양이다. 곤경의 회고, 구원의 보고, 갱신된 찬양의 맹세 등 필요 요소를 모두 갖추고 있다. 첫째 것은 곤경의 회고가 없이 구원의 보고와 갱신된 찬양의 맹세만 나오는데 갱신된 찬양의 맹세가 구원의 보고에 앞서 나온다. 첫째 선언찬양의 특이한 점은 그 안에 간단한 묘사찬양을 하나 지니고 있다는 점이다(4-5절). 두 선언찬양의 공통점은 구원의 보고 부분에 둘 다 두 번째 구성 성분 "그가 들으셨다"(He heard)는 등장하지 않는다는 점이다.

  첫째 선언찬양은 일반적 사실적 선언찬양이고, 둘째는 구체적 비유적 선언찬양이라 하겠다. 첫째 찬양은 구원 경험을 개괄적으로 말하는데 비유보다는 사실 기술에 중점을 두고 있고(묘사찬양 부분은 예외), 둘째 찬양은 구원 경험을 좀 더 상세하게 말하되 비유를 많이 쓰고 있다. 두 패널로 하나의 구원 경험을 간증하는 것인데 거의 죽음의 변두리까지 도달했던 위기에서[2] 생명이 건짐을 받은 은혜가 너무 크고 감격스

---

2. 시인은 죽음 문턱을 넘나드는 곤경을 겪은 것으로 보인다. "당신이 나를 고치셨다"(2절),

러워 찬양을 두 번 중첩시켜 강조하는 방식으로 감사를 표현한 것이라
할 수 있다.[3]

첫 패널은 "여호와여, 내가 주를 높이리이다!"라는[4] 찬양의 맹세로
시작한다(1절). 물론 이 찬양의 맹세는 시편의 제일 마지막의 "여호와
나의 하나님이여, 내가 주께 영원히 감사하리이다!"라는 찬양의 맹세와
봉투구조를 이루어 30편 전체를 하나의 시로 묶어준다. 첫 패널은 처음
부터 구원의 감격을 노래하고 있다. 찬양의 맹세에 이어 "주께서 나를
건져내셨다"라는[5] 찬양의 맹세의 동기가 나오는데 이 고백은 시인의
간증 전체를 요약하는 말이다. 이어 2-3절은 전형적인 구원의 보고이
다: "내가 주께 부르짖으매[6] 주께서[7] 나를 고치셨나이다 여호와여 주
께서 내 영혼을 스올에서 끌어올리셨고 내가 무덤으로 내려가지 않도

"스올," "구덩이"(개역개정 "무덤"), "내려가다"(이상 3절), "구덩이"(개역개정 "무덤")(3절의
"구덩이"는 보르[בור]이고 9절의 "구덩이"는 샤하트[שחת]로서 서로 다른 단어임), "내려가다,"
"피," "진토"(9절), "곡함"(개역개정 "슬픔"), "베옷"(11절) 등의 표현이 그것을 말한다. 보통의
곤경을 넘어서는 그야말로 "사망의 음침한 골짜기"를(참고: 시 23:4) 통과한 고난이었다.

3. 베스터만은 첫 찬양 부분을 도입(introduction), 요약(summary) 등으로 이해하여 30편
전체를 하나의 시로 설명하려 애쓰는데 그렇게 되면 첫 찬양 부분에 등장하는 요소들이
지닌 강하고 명료한 진술들이 본문의 의도와는 다르게 상당히 약화될 위험이 있다. 참고:
Claus Westermann, *Praise and Lament in the Psalms*, trans. K. R. Crim and R. N.
Soulen (Atlanta: John Knox Press, 1981), 102-4. 1-5절의 기도 내용들은 너무나도 뚜렷이
선언찬양의 특징을 나타낸다. 따라서 1-5절은 (비록 선언찬양의 요소를 고루 갖추고 있지는
않지만) 전혀 어떤 '준비적인' 기도로 취급되어선 안 된다. 그것 자체의 고유하고 특징적인
내용을 살려 준다는 의미에서라도 1-5절과 6-12절을 양쪽 다 독립된 가치를 지닌 온전한
선언찬양으로 이해해 주는 것이 30편을 정당히 취급해 주는 일이다.

4. 개역개정 "여호와여 내가 주를 높일 것은."

5. 개역개정 "주께서 나를 끌어내사."

6. 히브리어 쉬와티(שועתי)는 정확히 "도움을 청해 부르짖다"라는 의미이다.

7. 개역개정에는 "주께서"가 없지만 넣어야 뜻이 명료해진다.

록 나를 살리셨나이다.[8]" "내가 부르짖었다"(2abα)에 이어 ("그가 들으셨다"는 없지만) "그가 나를 건지셨다"가(2bβ3) 이어진다. 명료한 구원의 보고의 등장은 첫 패널로 하여금 온전한 선언찬양의 면모를 갖추게 한다. 무엇보다 관심이 가는 것은 2절에서 "내가 주께 부르짖으매" 다음에 나오는 "주께서 나를 고치셨나이다"이다. 앞 문장을 완료 동사로 한 데 이어 뒷 문장을 와우계속법 미완료로 하고 있다. 과거에 연쇄적으로 일어난 사건을 표시하는 방법이 와우계속법 미완료이다. 첫 패널은 시인의 기도와 하나님의 치료가 인과관계로 필연적으로 이어져 있음을 말하고 있는 것이다. 하나님의 백성이 기도할 때 하나님은 그 기도에 반드시 응답하신다는 것을 첫 패널의 구원의 보고가 명료히 말하고 있다. 첫 패널은 이처럼 선언찬양의 특징인 기도응답의 확신을 중점적으로 말한다. 그런 면에서 첫 패널은 개괄적 내지는 원리적 선언찬양이라 할 수 있다.

둘째 패널은 상세하고 구체적인 선언찬양이다. 그리고 선언찬양의 요소들을 골고루 구비하고 있다. 우선 곤경의 회고가 적지 않은 분량으로 제시된다(6-7절). 기도 응답 전의 곤경을 소상히 소개한다. 그리고 이어 긴 구원의 보고가 나오는데(8-11) "내가 부르짖었다" 부분은 기도를 (오래) 계속한 것을 표현하려는 의도에서인지 미완료 동사를 사용한다(미완료 동사 둘을 씀)(8). 그리고 기도한 내용을 길게 소개한다(9-10). "그가 나를 건지셨다"는 처음의 두 동사는 완료를 사용하고 세 번째 마지막 동사는 와우계속법 미완료를 쓴다(11). 마지막에 와우계속법 미완료라는 '형식'을 채용한 것은 이 부분이 기도응답의 확신을 말하는 전형적인 구원의 보고이며 따라서 이 패널이 전형적인 선언찬양인 점을 명백

---

8. 원문을 정확히 표현하기 위한 필자의 사역임.

히 하려 한 의도가 있는 것으로 보인다. 앞의 동사 둘을 완료를 쓴 것은 하나님의 응답의 단호함 내지 확실함을 표현하기 위한 목적인 듯하다. 둘째 패널은 선언찬양의 표준 패턴을 따라 (갱신된) 찬양의 맹세로 시를 마감한다(12).

둘째 선언찬양은 첫째에 비해 곤경의 회고나 구원의 보고를 기술하는 데 있어 내용이 상세하다(첫째 선언찬양은 아예 곤경의 회고가 없음). 앞에 말한 바와 같이 응답 전의 시인의 곤경이 상세히 소개되었다. 구원의 보고도 길게 나오는데 특별히 "내가 부르짖었다" 부분이 길다. 기도 내용이 상세히 소개되었다. 구원의 보고의 "그가 나를 건지셨다"는 여러 은유를 사용한 게 두드러져 보인다. 곤경이 "곡함"과[9] "베옷"으로, 회복이 "춤"과 "기쁨"으로 묘사되었다. 내용상으로는 "곡함"이 "기쁨"으로 변하고, "베옷"이 "춤"으로 변한다고 해야 맞겠지만 같은 소리 나는 (같은 소리로 시작하는) 단어들로 짝지으려고 "곡함"(밋퍼디[מספד])이 "춤"(마홀[מחול])이 된다 하고, "베옷"(사키[שק])을 벗기고 "기쁨"(심하 [שמחה])으로 띠 띠운다고 했다. 단어들의 짝이야 어찌 됐든 11절은 극한 곤경이 기쁨과 환희로 바뀌는, 소위 '운명(運命)의 이조(移調)'를 빼어난 은유들로 표현한 시편 중에서도 아름다운 구절이다.

30편은 두 개의 선언찬양을 중첩시키긴 했지만 처음부터 하나의 시로 작성한 것 또한 사실이다. 이를 가장 잘 보여주는 증거는 시 전체를 아우르는 봉투구조이다. 시의 맨 첫 부분이 "내가 주를 높이리이다, 여호와여!"라는 찬양의 맹세이고(1절) 맨 끝 부분이 "여호와 나의 하나님

---

9. 개역개정 "슬픔."

이여, 내가 영원히 주께 감사하리이다!"라는[10] 찬양의 맹세이다(12절).
시의 처음과 끝이 A와 A'로 호응하고 있다. 두 부분은 내용만 아니라 구
조적으로도 상응한다. 첫 부분은 구문적으로 '동사절 + 호격'의 구조인
데 끝 부분은 역순으로 '호격 + 동사절'의 구조여서 이 둘 사이에 구조
적으로(구문적으로) 교차대칭구조가(또는 역순 평행[inverted parallelism])
성립하고 있다.[11] 두 부분이 이처럼 상응하는 것은 처음부터 어떤 구상
을 가지고 이 문장들을 마련했다는 의미가 된다. 즉 30편을 하나의 시
편으로 만들기 위해 기획적으로 처음과 끝 부분을 작성한 것이다.

　　30편에서 가장 두드러지는 수사기법은 역시 대조라 할 것이다. 3절
에서는 "스올"과 "살리사," "올라가게 하다"(개역개정 "끌어내어")와 "내
려가다"가 대조된다. 5절에서는 "노염"과 "은총," "잠깐"과 "평생,"
"울음"과 "기쁨"(정확히는 "기쁨의 노래"), "저녁"과 "아침"이 대조된다.
6-7절에서는 내용상 형통에서 오는 안정감과 위기가 가져다준 당혹감
이 대조된다. 11절은 성경 전체로 볼 때도 반전(reversal)의 대표 구절이
라 할 것이다. "곡함"과 "춤"이 대조되고 "베옷"과 "기쁨"이 대조되며,
"벗기다"와 "띠 띠우다"가 대조된다. 11절 첫 단어 "바꾸다"는(하팍타
[הפכת]; 개역개정 "변하여 ~되게 하다") 30편 전체의 메시지인 대조와 반전을
대변하는 말이라 할 것이다. 30편은 인간의 운명이 죽음과 같이 비참하
고 슬픈 것이라 하더라도 하나님께 올리는 기도로 말미암아 반드시 생

---

10. 번역들은 어순을 살린 필자의 사역임.

11. 뿐만 아니라 1절과 12절 사이에는 평행법의 일반적 현상인 내용의 진전도 있다. 1절에서는
　　하나님을 단순히 "여호와"로만 불렀지만 12절에서는 "여호와 나의 하나님"이라 하여 "나의
　　하나님"이 추가된다. 또한 1절에서는 찬양을 맹세할 때 단순히 "내가 주를 높이리이다"라
　　했지만 12절에서는 "내가 영원히 주께 감사하리이다"라 하여 강세 부사 "영원히"를 추가한다.

명과 환희와 기쁨의 새로운 것으로 바뀔 수 있다고 가르치기 때문이다.
11절은 30편 전체에 대한 요약이요, "바꾸다"는 30편을 대변하는 핵심
어라 하면 좋을 것이다.[12] 마지막으로 12절에서는 "잠잠하다"와 "찬송
하다"가 대조된다. 이 수많은 대조는 인간의 운명은 말할 수 없이 좌절
스러운 것이라 하더라도 기도하는 사람에게는 반드시 회복과 희망과
승리의 복된 것으로 바뀌고야 만다는 시편의 메시지를 상징적으로 웅
변하는 듯하다.

3. 메시지

30편에서 얻을 수 있는 첫째 교훈은 뭐니 뭐니 해도 선언찬양의 본
질이 그것을 말하듯이 성도의 기도는 하나님에 의해 반드시 응답된다
는 사실이다. 30편은 하나님이 하시는(기도 응답) 일들을 주로 완료 동사
를 사용하여 표현한다(1, 3, 11절). 하나님이 '일하심'을 단호하게 표현하
기 위해서이다. 시인은 하나님의 기도 응답을 확신하고 있다. 기도의 필
연적 결과로서 응답이 있다는 것을 말하기 위해서는 와우계속법 미완
료를 썼다(2, 11절). 성도가 만난 곤경이 죽음, 또는 죽음에 가까운 아주
어려운 형편이라 해도 마찬가지다. 하나님은 확실히 행동하신다! 그리
고 성도의 기도에 응답하여 필연적으로 행동하신다!

---

12. 각 시편에 그 시편의 주제가 가장 잘 나타나게 제목을 붙이는 것으로 유명한 Mays는 30편의
　　제목을 "주께서 나의 곡함을 춤으로 바꾸시나이다"(You Have Turned My Mourning
　　into Dancing)라고 붙인다. James L. Mays, *Psalms*, Interpretation (Louisville, KY:
　　Westminster John Knox Press, 1994), 134.

은혜를 받은 성도라 하더라도 순간의 평안에 도취하여 나태에 빠지는 것은 순식간이다(6-7절). 편안하고 아무 문제 없이 느껴지는 것이 가장 큰 유혹이다.[13] 그럴 때마다 하나님은 새로운 자극으로 성도의 기도를 깨운다. 중요한 것은 좌절의 시간이 온다 해도 그때마다 새롭게 기도의 자리를 찾아 나아가면 된다는 사실이다. 기도의 자리는 "기어 나가는" 자리이다. '점잖은' 경건은 없다. 낙심이야 말로 기도의 영양분이요 추진제가 된다. 비참할 정도로 낮아진 상태가 우리를 겸손으로 이끌어 하나님을 진정으로 찾게 한다.

어떠한 곤경이 오더라도 기도는 하나님의 백성의 결코 실패할 수 없는(unfailing) 자원임을 잊지 말자.[14] "결코 기도를 잊지 말자, 그리고 결코 기도의 승리를 의심하지 말자!"[15] "여호와 나의 하나님이여 내게 은혜를 베푸소서, 나의 도움이 되소서!"라고(10절) 자주 그리고 항상 기도해야 한다. 어느 상황에서나 드려야 하는 포괄적이고 함축적인 신자의 기도이다. 가장 원초적이고 가장 진실하고 가장 절박한 기도이다. 이 기도를 해 봐야 기도가 무엇인지 인생이 무엇인지 아는 사람이다. "여호와"라는 이름도 "위기 시에 돕기 위해 존재하는 자"란 의미가 아닌가.[16] 하나님은 우리를 돕는 분이시다. 언제나 우리 기도를 듣기 위해 기다리시며, 우리에게 승리를 안겨 주려고 기다리시는 분이시다. 가장

---

13. 참고: Charles Spurgeon in *Parallel Classic Commentary on the Psalms*, 124.

14. Charles Spurgeon in *Parallel Classic Commentary on the Psalms*, 124.

15. Charles Spurgeon in *Parallel Classic Commentary on the Psalms*, 124.

16. 참고: William S. LaSor, David A. Hubbard and Frederic Wm. Bush, *Old Testament Survey: The Message, Form, and Background of the Old Testament* (Grand Rapids: Eerdmans, 1982), 134-36.

큰 어려움에 처했을 때, 그리고 죄인으로서 하나님의 도움이 필요한 매 순간에 우리는 10절의 기도를 올려야 한다. 세리가 드렸던 것과 같은(눅 18:13) 이 기도가 항상 우리 입술을 떠나지 않아야 한다.

　구원 받은 인생의 목적은 찬양이다(12절). 살아 있다는 것은 찬양하는 것을 의미한다(Leben ist Loben)(9). 꿈같이 지나가는 인생에 무슨 다른 가치 다른 의미가 있을 수 있겠는가. 하나님을 영화롭게 하는 가치밖에는 없을 것이다. 하나님을 즐거워하는 것밖에는 의미가 없을 것이다 (소요리문답 1문 참고). 항상 시야에서 하나님을 놓치기 쉬운 것이 지상을 살아가는 인생이다. 많은 기도와 기도 응답의 경험을 갖고도 하나님을 시야에 고정시키지 못하는 것이 사람의 어리석음이다. 수없이 받은 하나님의 도우심, 수없이 경험한 하나님의 임재, 이것들에 대한 우리의 가장 자연스런 반응은 "잠잠하지 않고 찬양하는" 것일 것이다. "영원히 그분에게 감사하는" 것일 것이다(12).[17]

---

17. 주님의 구원을 받은 인생은 이제 나에게 어떤 것이 유익이 될 것인가 하는 관심 대신 어떻게 하는 것이 하나님께 영광이 될 것인가 하는 관심으로 삶의 목표를 수정해 나가야 될 것이다. 과연 그것이 성도가 누려야 하고 성도만이 누릴 수 있는 '초월'이 아니겠는가. 아옹다옹하며 치졸한 싸움에서 한 치도 벗어날 수 없는 것이 연약한 인간의 삶일진대 과연 성도는 삶과 죽음을 넘나드는 치열한 기도의 과정을 통해서 진정한 삶의 의미와 요령을 배워 나가게 되는 것이다.

시편 51편

"하나님이여 주의 인자를 따라 내게 은혜를 베푸시며 주의 많은 긍휼을 따라 내 죄악을 지워 주소서"

1. 개요

51편은 회개시이다. 간구(petition)가 주를 이루므로 넓게는 탄식시에 속한다. 다윗이 밧세바를 범하고 그의 남편 우리야를 살해하는 끔찍한 범죄를 저질렀을 때 하나님은 선지자 나단을 그에게 보내어 책망하셨다(삼하 12:1-15). 이때에 회개한 내용이 51편이다. 하나님께 자신의 죄를 고하며 사죄를 간청하는 내용이 주를 이루는 시편의 대표적인 회개시이다.

51편의 회개는 단순히 죄를 용서받는 문제만 다루지 않는다. 자신의 죄를 고백하고 사함 받은 신자가 죄를 이기며 말씀에 순종하는 새 존재로 빚어지는 국면까지 취급한다. 따라서 회개의 참 의미, 온전한 의미에 대해 깊이 성찰하는 계기를 준다. 또한 회개하고 용서받는 일이 단순히 개인적인 은혜 차원에 머무는 문제가 아닌 점을 말해 준다. 회개의 결과가 예루살렘 성벽 재건이라든지 제사의 부활이라든지 하

는 공동체 부흥의 차원에까지 이르고 있다. 회개가 사회나 공동체의
하나님 나라 건설을 위해서도 얼마나 중요한 의의를 갖는지 새롭게 깨
닫게 한다.

간구를 표현하는 명령법 동사가 (명령의 의미를 지니는 미완료까지 포함
하여) 20개나 나온다. 시편 전체가 죄를 사해달라는 간청과 그와 연관된
간구로 가득하다. 처음에는 사죄를 구하는 요구가 주를 이루나 뒤로 갈
수록 영적인 회복, 찬양 등의 삶의 열매, 참된 제사의 의미 등 기도 내용
이 점점 깊어지고 확대되는데, 그럼에도 불구하고 사죄 간구의 기본 기
조는 변함이 없다. 죄에 대한 절절한 회오와 철저한 회개의 태도가 이
시의 백미라 하겠다. 죄의 본질, 은총의 본질, 새 존재의 본질 등 이후 복
음의 핵심 내용을 형성할 기초 자료들이 즐비하게 망라되어 있어 기독
교 신학을 정립하는 데 막대한 영향을 끼쳤을 것으로 사료되는, 실천적
신학적 의의가 가늠할 수 없이 큰 위대한 시이다. 이 시에 채용된 거의
모든 낱말이 우리의 주의를 끈다 할 정도로 의미심장한 시여서[1] 한 단
어 한 단어가 모두 주의 깊은 주해의 대상이다.

2. 구조와 수사

시편 51편은 크게 세 부분으로 구성되는 것으로 이해하면 좋을 것
같다. 첫째, 1-9절이다. 이 부분은 죄에서 깨끗케 해달라는 요청이다

---

1. 참고: George A. F. Knight, 『시편 (상)』, 이기문 옮김, 바클레이패턴 구약주석 (서울:
   기독교문사, 1985), 300.

(request for personal cleansing). 둘째, 10-15절이다. 영적 갱신과 삶의 열매를 달라는 요청이다(request for spiritual renewal and maturity of life). 셋째, 16-19절이다. 예루살렘의 회복과 바른 제사의 회복에 대한 요청이다(request for the restoration of Jerusalem and the restoration of right sacrifice). 이 세 부분과 각 부분을 이루는 내용들을 포함시켜 51편을 다음과 같은 구조로 도표화할 수 있으리라 본다.

I. 1-9절 죄에서 깨끗케 해달라는 요청
  A. 1-2절 죄를 깨끗케 해달라는 요청
    B. 3-5절 죄의 인지와 시인
      a. 3절 "내가 내 죄악을 압니다"
        b. 4절 "나는 주 앞에 서 있으며 주의 판단은 의롭습니다"
      a'. 5절 "나는 나면서부터 죄인입니다"
  A'. 6-9절 죄를 깨끗케 해달라는 요청
      a. 6-7절 "씻으소서"
        b. 8절 "기쁨을 주소서"
      a'. 9절 "죄악을 지우소서"

II. 10-15절 영적 갱신과 삶의 열매를 달라는 요청
  1. 10-12절 영적 갱신의 요청
      a. 10절 "강고한 영을 새롭게 하소서"
        b. 11절 "내게서 성령을 거두지 마소서"
      a'. 12절 "자원하는 영으로 나를 붙드소서"
  2. 13-15절 삶의 열매를 달라는 요청

    a. 13절 "가르치겠나이다"

     b. 14절 "피흘린 죄에서 구원하소서"

    a'. 15절 "찬송하게 하소서"

III. 16-19절 예루살렘의 회복과 바른 제사의 회복에 대한 요청

  1. 16-17절 바른 제사

  2. 18-19절 예루살렘의 회복

세분화된 부분 곳곳이 교차대칭구조로 되어 있는 것이 특징적이다. 보통 무엇을 한 번 말한 다음 그 말의 근거 따위를 제시하고 다시 한 번 그 말을 하는 방식을 취하고 있다. 교차대칭구조는 히브리 시인들이 자신들이 시작(詩作)을 할 때 즐겨 사용한 대표적인 문학 자원들(literary assets) 중의 하나였다.[2] 히브리 시인인 무엇인가 (강조하여) 말하고자 할 때 이 문학 기법을 많이 활용하였음을 잘 보여 주는 것이 시편 51편이다.

먼저 부분 I이 **ABA'**의 구조로 되어 있다.[3] 1-2절의(A) 죄를 깨끗케 해달라는 요청이 6-9절의(A') 죄를 깨끗케 해달라는 요청과 상응한다. 6-9절의 요청은 1-2절의 요청을 좀 더 심화시킨 요청이라 할 수 있겠

---

2. 이 외에 히브리 시인들이 즐겨 사용한 '관습적인'(conventional) 문학 자원들로는 평행법, 반복, 봉투구조 등이 있다. 참고: 현창학, 『선지서 주해 연구』 (수원: 합신대학원출판부, 2013), 110-36.

3. 또한 부분 I은 전체적으로 봉투구조로 되어 있다(그래서 완결된 하나의 문학 단위가 된다). 1절의 "지우소서"(머헤[מחה])가 9절에 다시 한 번 반복되어 바깥 틀을 형성한다. 또한 2절의 "나를 씻으소서"(캅버세니[כבסני])가 7절에 반복되어(7절에서는 미완료형이 쓰이지만 의미는 2절처럼 꼭 같이 명령임) 이 역시 (부차적인) 바깥 틀이 된다. 부분 I은 이렇게 봉투구조로서 하나의 독립된 문단이면서 동시에 ABA'의 교차대칭적 논리 구조를 갖고 있는 것이다.

다. 이 두 요청 사이에 시인이 자신의 죄를 인지하고 시인하는 내용이 자리 잡고 있다(3-5절[B]). 분법적으로 A와 A'는 2인칭 명령이며, B는 1인칭 진술로 되어 있다. 시인이 자신의 죄를 인지하고 시인하는 기반 위에(B) 하나님께 사죄 요청을 드리는(A, A') 형식이다.

I의 B와 A'는 각각 다시 교차대칭구조로 되어 있다. 먼저 B를(3-5절) 보자. B는 인간의 근원적 부패성을 고백하는 부분으로서 51편의 여러 진술 가운데서도 백미에 해당한다 할 수 있다. 기독교 신학이 인간의 전적 부패 교리를 가르치는 데 기초가 되는 구절들로서,[4] 기독교 신학을 구성하는 데 있어 그보다 중요한 것이 없다 할 정도로 값진 내용이라 할 수 있다.[5] 3절의(a) 자신의 죄에 대한 시인이 5절의(a') 자신의 죄에 대한 시인과 상응하고, 이 둘 사이에 4절(b) "하나님의 말씀은 의롭고 그의 판단은 순결하다(흠이 없다)"는 선포가 자리 잡고 있다. 하나님은 의로우시며 판단에 흠이 없으신 완전한 분이라는 근거 위에(4절) 인간의 죄에 대한 고백이 주어진다(3, 5절). 의로우신 하나님 앞에 드러나는 인간의 적나라한 모습이다. 하나님 앞에 인간은 항상 법을 어기며 범죄하는 존재이다(3절). 태어날 때부터 부패한 죄성을 지니고 태어난, 본질 자체가 죄인인 존재이다(5절). 3절의 진술은 5절에서 내용이 전진 강화된다 할 수 있다. 3절이 죄에 대한 단순한 현상적 진술인 데 비해 5절은 그 현상의 원인을 밝혀내는 근원적 진술이기 때문이다. 5절이 뿌리이고 3절은 그 뿌리에서 나온 현상이다. 인간은 본성적으로, 본질적으로 죄인

---

4. 특히 5절 "내가 죄악 중에서 출생하였음이여 나의("나의"가 개역개정에 빠져 있음) 어머니가 죄 중에서 나를 잉태하였나이다"는 원죄에 대한 핵심 근거 구절이다.

5. 전적 부패 교리는 여타 어떤 종교에서도 그 유를 찾아 볼 수 없는 인간의 본질에 대한 가장 위대한 통찰이다.

이어서 지상에 살아가는 동안 단 한 순간도 죄의 오염에서 자유로울 수 없다.

I의 A'(6-9절) 역시 교차대칭구조로 되어 있다. 바깥 틀 6-7절과 (a)[6] 9절은 (a') 죄를 씻어 달라는 간곡한 요청이다. 가운데 8절은 (b) 사죄로 말미암아 시인이 얻을 기쁨이 얼마나 클 것인지에 대한 개진이다. 죄로 말미암아 꺾이고 좌절한 비참한 죄인이지만 죄를 사함 받게 되면 그 기쁨이 얼마나 클 것인지 말함으로 사죄 요청의 근거로 삶에서의 기쁨의 회복을 제시한다.

II의 영적 갱신과 삶의 열매를 달라는 요청은 1. 영적 갱신의 요청과 (10-12절) 2. 삶의 열매를 달라는 요청(13-15절) 둘로 나눠지는데, II 전체는 교차대칭구조가 아니지만 작은 부분 1과 2가 각각 교차대칭구조로 되어 있다. 1은 (10-12절) 날개 부분 10절과 (a) 12절에서 (a') 자신의 영을 새롭게 해달라고 한다. 꼭짓점 11절에는 (b) 하나님의 성령을 거두지 말아달라는 간청을 배치한다. 10절과 12절은 시인 자신의 "영"에 관한 언급이고 11절은 하나님의 "영"에 대한 언급이다. 10절에서는 "강고(強固)한"(혹은 "견고한") 영을[7] 새롭게 해달라고 간청하며, 12절에서는 "자원하는 영"을[8] 달라고 간청한다. 하나님의 주권과 은혜를 믿고 동요하지

---

6. 6절 "보소서 주는 중심에 진리를 원하시며, 은밀한 곳에서 나로 하여금 지혜를 알게 하실 것입니다"는(개역개정이 부정확하여 필자가 사역함) 5절에 연결되어야 할지 7절에 연결되어야 할지 다소 명확치 않은 점이 있다. 사죄의 근거로 하나님의 진리와 지혜를 언급한 것으로 보아 7절과 함께 묶기로 한다.

7. 개역개정과 개역한글의 "정직한 영"은 너무 도덕화된 번역으로(moralizing translation) 생각된다. 나혼(נכון)이란 말 자체는 "확립된"(established), "견고한"(steadfast)이란 뜻이다. "안정되며 흔들림 없이 단단한"이란 의미가 정확하다.

8. 개역개정의 "(자원하는) 심령"은 "(자원하는) 영"으로 하는 것이 좋다. 10절과 12절이 같은 루아흐(רוח)이기 때문에 10절에서 "영"으로 옮긴 것을 (의미야 어떻든) 12절에서 다른 말로

않은(stable, firm) 심령을 주시고 나아가서 너그럽게 나눠 줄 수 있는 넓은(generous) 심령을 달라고 하는 것이다.[9] 믿음과 성화의 영을 달라는 말로 해석해도 무방할 듯하다. 그런데 그 중심에(11절) 하나님의 성령이 있어야 할 것을 말하고 있다. 10-12절은 하나의 단위로서 하나님의 성령의 역사로 말미암아 영적 갱신이 이루어지기를 소원하는 기도라 할 수 있다.

II의 2는(13-15절) 날개 부분 13절과(a) 15절에서(a') 시인의 "가르치겠다"는 의지와 "찬송하겠다"는 의지에 대해 말한다. 가운데 부분 14절에서는(b) 사죄의 결과로 하나님의 구원을 즐거워하는 기쁨에 대해 말한다. 13절과 15절은 삶의 새로운 결단이다. 이 결단의 한 가운데에는 역시 사죄와 그로 말미암는 기쁨의 회복이 있다.

부분 III은 별다른 수사 구조를 보이는 것 같지 않다. 두 부분으로 되어 있는 것으로 보인다. 바른 제사에 대해 말하는 부분과(16-17절), 이것이 가능케 되도록 예루살렘의 회복을 요청하는 부분이다(18-19절).

시편 51편은 23개의 명령이 지배하는 간구시(탄식시)이다.[10] 명령이란 간구 기도가 하나님이란 2인칭 상대에게 요구하는 것이기 때문에 이 간구를 표현하는 문법이다. 기본적으로 2인칭 명령법(imperative)이 쓰이지만 종종 미완료(imperfect)와 3인칭 명령(jussive)도 명령의 기능으로 쓰이기 때문에 이 세 어법을 모두 계수한 것이 23개의 명령이다.[11]

번역하는 것이 바람직해 보이지 않기 때문이다.

9. 참고: Konrad Schaefer, *Psalms*, Berit Olam (Collegeville, MN: The Liturgical Press, 2001), 132. "자원하는 영"은 좀 더 본질적으로는 "(말씀에 기쁨으로) 순종하는 영"일 것이다.

10. 회개시는 보통 51편처럼 명령, 즉 (하나님을 향한) 간구를 기본적으로 많이 쓰기 때문에 큰 범주로 볼 때 탄식시(간구시)로 분류된다.

11. 1-2절에 5개, 6-9절에 6개, 10-12절에 6개, 13-15절에 4개, 18-19절에 2개 등 23개다.

51편은 죄를 시인하는 부분인 3-5절을 제외하고는 거의 모든 부분에 명령이 등장한다. 죄 사함에 대한 간구, 기쁨의 회복에 대한 간구, 영적 갱신을 향한 간구 등 여러 간구가 시편 전체를 가득 메우고 있다. 51편은 간구가 기도 전체를 지배하는 시이다.

51편의 간구들 중에는 역시 죄 사함을 구하는 간구가 대표적이다. 다른 어떤 단어들보다 "죄에서 깨끗케 해 달라"는 동사와 "죄"를 의미하는 명사가 많이 등장한다. "죄에서 깨끗케 해달라"는 동사는 1절과 9절의 "(죄악을) 지워 주소서"(blot out)(마하[מחה]), 2절과 7절의 "씻으소서"(wash)(카바스[כבס]), 2절의 "깨끗케 하소서"(cleanse)(타하르[טהר]),[12] 7절의 "정결하게 하소서"(purify)(하타[חטא]), 14절의 "(피흘린 죄에서) 건지소서"(deliver)(나찰[נצל]) 등이다. "죄"를 뜻하는 명사는 1절과 3절의 "죄악"(transgression)(페샤[פשע]), 2절과 5절과 9절의 "죄악"(iniquity)(아온[עון]), 3절의 "죄"(sin)(하타트[חטאת], 4절의 "악"(evil)(라[רע]), 5절과 9절의 "죄"(sin)(헤터[חטא]), 14절의 "피 흘린 죄"(bloodguiltiness)(다밈[דמים]) 등이다. "죄"라는 명사와 "죄에서 깨끗케 해 달라"는 동사가 이렇게 많이 나오는 것은 51편이 얼마나 죄에 대해 철저히 뉘우치며 회개하는 시인지

Schaefer는 21개를 세고 있다. 이것은 2절(MT 4)의 케레 헤렙(הרב), 14절의(MT 16) 터라넨(תרנן), 15절의(MT 17) 약기드(יגיד)를 명령으로 간주하지 않고, 6절(MT 8)의 토디에니(תודיעני)는 명령으로 간주함으로 나온 계산이다. 필자는 2절에서 케레를 읽고(히필 명령; Schaefer는 케티브 하르베[הרבה]로 읽어 히필 부정사 절대형의 부사적 용법으로 봄), 14절의 터라넨과 15절의 약기드도 명령으로 보며, 6절의 토디에니는 명령으로 보지 않는다. 따라서 필자의 계수는 Schaefer보다 두 개 더 많은 23개가 된다. 참고: Schaefer, *Psalms*, 129. 6절의 토디에니는 굳이 명령으로 읽을 필요가 없다. Schaefer는 8절의(MT 10) 타겔나(תגלנה)는 3인칭 명령으로 보면서 14절의 터라넨과 15절의 약기드는 3인칭 명령으로 보지 않는데 이 또한 적절치 않은 관찰이다. 8절의 타겔나가 3인칭 명령이라면 터라넨과 약기드도 3인칭 명령이 안 될 이유가 없다.

12. 개역개정 "깨끗이 제하소서."

알게 한다. 하나님께 용서를 받고자 하는 열망이 간절한 철저한 회개시이다.

죄를 사해 달라는 기도는 영적 갱신을 요청하는 기도로 발전하고, 급기야 그것은 예루살렘의 회복을 염원하는 기도로까지 발전한다. 하나님의 백성이 받는 사죄의 은총은 단순히 죄를 용서받는 문제에만 머무는 것이 아니다. 그것은 새로운 존재로의 변모를 의미한다. 새로운 "영"을 부여받아(10, 12절) 자원하여 순종하고 하나님 나라를 이루는 혁명적 '새존재'로 탄생되는 차원까지 발전한다. 또한 개인이 받는 영적인 은혜는 단순히 개인적 차원의 복에만 멈추는 것이 아님도 알 수 있다. 개인에게 임하여 그를 변화시킨 은혜는 궁극적으로 그가 속한 공동체를 변화시킨다(18-19절). 그가 속하고 그가 책임진 국가, 사회가 회복과 갱신의 큰 새 바람을 맞게 되는, 그야말로 '세계 변혁적' 은혜가 된다.

3. 메시지

시인은 하나님의 인자와 자비에 기대어 자신의 죄를 사해주실 것을 간청한다. 1절 "하나님이여 주의 인자를 따라 내게 은혜를 베푸시며 주의 많은 긍휼을 따라 내 죄악을 지워 주소서"는 회개 기도인 시편 51편의 요체이다. 언약적 사랑 "인자"(헤세드)를 의지하여 죄를 사해주실 것을 요청하고 있다. "인자"에는 하나님의 가장 따뜻한 사랑 "긍휼"(라하밈)이 동반된다. 하나님의 인자와 긍휼에 의지하는 기도는 하나님과 우리 사이에 가장 의미 있는 기도이다. 세리가 감히 눈을 들어 하늘을 쳐다보지도 못하고 가슴을 치면서 "하나님이여 불쌍히 여기소서 나는 죄

인이로소이다"라고[13] 외친 위대한 기도는(눅 18:13) 바로 시편 51편 1절
로부터 연유한다. 이 기도는 에덴동산에서 축출되어 지상에 유리방황
하는 인류가 하나님께 올릴 수 있는 가장 유효하며 가장 위대한 기도이
다. 그리스도인은 이 중요한 기도를 마음에 품고 암송하며 늘 우리 죄를
속하기 위하여 죽으신 예수님을(요일 4:10) 바라보는 생활을 해야 한다.
자신의 실패와 죄를 붙들고 자기 스스로 자기 안에서 문제를 해결해 보
겠다고 혼자 뒹굴며 발버둥치는 대신 바로 눈을 밖으로 돌려 하나님과
그의 인자를 향해야 한다.[14] 우리의 구원은 내 안의 어떤 자원으로부터
오는 것이 아니라 오직 밖에서, 나를 대속하신 주님의 "인자"의 사랑으
로부터 온다. 인간의 모든 고통과 불행이 해결되는 것이 바로 이 지점
이다.

인간은 전적으로 부패한 존재이다. 죄를 의미하는 온갖 종류의 어휘
가 시인의 죄의 전체성을 말한다. 시인은 죄악 중에 출생하였다. 그의
탄생의 기원 자체가 죄요 부패이다. 본질적으로 타락한 존재인 것이다.
그러나 한편, 하나님께서 인간에게 전적인 은혜를 베푸신다. 그의 인자
와 긍휼이다. 하나님의 자비로운 사랑 그리고 성실하심만이 어찌할 수
없는 인간의 죄와 불행에 대한 유일한 답이 된다.

하나님이 받으시는 제사는 부서진 심령이요(broken spirit), 부서지고
깨어진 마음이라(broken and crushed heart) 한다(17절). 아마 하나님이
친히 깨뜨리신(crush) 것이라 하는 것이 옳을 것이다. 죄 때문에 괴로워
하고, 곤경을 만나 낙담하고, 관계가 깨져 방황하고, 미래가 불확실하여

---

13. "God, be merciful to me, the sinner!"(NASB).

14. 참고: Schaefer, *Psalms*, 130.

두려워하고 하는 이 모든 것이 인간의 마음이다. 그러나 이 모든 것은 결코 좌절의 계기가 아니다. 오히려 자신을 살핌으로 하나님의 구속의 은혜를 새롭게 만나는 기회가 된다. 자신의 죄를 들고 십자가 앞에 나아가 내 죄를 속하기 위해 화목제물로 돌아가신 주님을 만나는 것이다. 하나님의 사랑이 여기에 있다(요일 4:10). 나 위해 흘리신 십자가 보혈을 만나는 것이 하나님의 사랑을 발견하는 길이다. 깨어진 마음은 크나큰 감사 감격과 더불어 우리 전 삶을 그리스도의 구속의 은혜에 정초시키는 새로운 기회이다.

설령 불완전한 회개라 하더라도 회개해야 한다. 불완전한 회개를 할 바에는 아예 회개 않는 것이 좋다는 주장은 옳은 생각이 아니다. 하이델베르크교리문답 62문은 소중한 교훈을 준다. "우리가 이생에서 행하는 최선의 것이라 하더라도 불완전하며 죄로 오염되어 있다."[15] 인간이 아무리 완벽하게 행동한다 해도 그것은 불완전하다. 기도도 사람이 하는 것이기에 언제나 완전할 수는 없다. 그러나 좀 불완전해도 회개를 멈춰선 안 된다. 사람이 하는 일 중 하나님 앞에 회개하는 것보다 더 가치 있고 중요한 일은 없을 것이기 때문이다. 물론 철저한 회개에 대한 책임을 방기해도 좋다는 말은 아니다. 할 수 있는 한 철저히 회개해야 한다. 다만 다소 미숙하고 불완전하더라도 회개하는 일을 멈추거나 소홀히 하는 일이 결코 있어서는 안 된다는 말이다. 회개하는 자만이 구속의 은총에 접할 수 있기 때문이다. 회개하는 일은 십자가 앞에 서는 일이다. 십자가로 말미암아 죄가 깨끗해지며 다시 한 번 존재가 새로워진다. 과거

---

15. 영역은 다음과 같다: ".. Even the very best we do in this life is imperfect and stained with sin." *The Heidelberg Catechism* (Grand Rapids: Board of Publications of the Christian Reformed Church, 1975), 25.

의 묵은 때가 지워지며 새롭게 새로운 순종으로 도약하는 그 위대한 언약갱신의 경험이 바로 이것이다. 많이 회개하고, 할 수 있는 한 자주 회개하도록 해야 한다. "회개라는 단순하고 진지한 행위를 통해 인간의 갱신이 일어나는"[16] 것이다.

시편 51편은 회개의 참의미가 무엇인지 진지하게 곱씹도록 한다. 죄 사함을 구하는 기도가 단순히 죄를 용서받는 일에만 국한되지 않고 존재가 새로워지는 국면으로까지 발전하고 있음을 관찰하는 것이 중요하다. 1-9절의 사죄의 기도가 10-12절에서는 갱신의 기도로 옮겨가고 있다.

> 하나님이여 내 속에 정한 마음을 창조하시고 내 안에 정직한 영을 새롭게 하소서 나를 주 앞에서 쫓아내지 마시며 주의 성령을 내게서 거두지 마소서 주의 구원의 즐거움을 내게 회복시켜 주시고 자원하는 심령을 주사 나를 붙드소서 (10-12절 개역개정)

이 기도에는 "마음(לב)"(10절[MT 12]), "영(רוח)"(10, 11, 12절[MT 12, 13, 14]), "속(קרב)"(10절[MT 12]), "새롭게 하다(חדש)"(10절[MT 12]) 등 새언약의 주요 어휘들이 대거 등장하고 있다.[17] 따라서 10-12절의 기도는 새

---

16. Schaefer, *Psalms*, 132.

17. "마음," "영," "속," "새로운/새롭게 하다"는 구약에서 새언약을 묘사하는 주요 어휘들이다. 예레미야 24:6-7, 예레미야 31:31-34, 예레미야 32:38-41, 에스겔 36:26-28 등 새언약 본문을 지배하는 가장 중요한 어휘들이다. "마음"은 예레미야 24:7, 31:33, 32:39-40, 에스겔 36:26에, "영"은 에스겔 36:26에, "속"은 예레미야 31:33, 에스겔 36:26에, "새로운"는 예레미야 31:31, 에스겔 36:26에 나온다. 이 어휘들이 고스란히 시편 51:10-12에도 등장하고 있는 것이다(시편 51:10[MT 12]의 "새롭게 하다"는 예레미야 31:31, 에스겔 36:26의 "새로운"과 어근이 같으므로[חדש] 같은 어휘가 등장한 것으로 간주함).

언약의 열매, 즉 새존재의(new being) 은혜를 구하는 기도라 할 수 있다. 새존재는 내면에 혁명적 변화를 겪은 존재이다. 새로운 본성을(new nature) 기적적으로 부여받은 존재인 것이다.[18] 하나님의 뜻을 거스르고 율법을 어기기만 하던 패배적 본성이 하나님의 뜻에 순종하기를 소원하고 순종할 수 있는 능력을 확보한[19] 승리하는 본성으로 바뀌는 것이다. 이것을 새존재, 새사람(new man)이라 한다.[20] 새언약의 성취인 예수님의 구속 사건이(참고: 눅 22:20) 바로 이 기적을 창조한다.[21] 항상 패배하던 죄인이 이제는 주님의 구속으로 말미암아 내면이 변화를 받아 죄를 이기고 마귀를 이기고 세상을 이기고 자신을 이기면서 이 땅에 하나님 나라와 의를 실현해 나가는 존재가 된다. 십자가 구속의 은혜를 받

---

18. 예레미야와 에스겔의 종말론인 새언약 사상은 인간 본성이 혁명적으로 바뀌는 기적에 대해 말한다. 인간 본성의 변화가(change of human nature) 새언약의 요체이다. 참고: 렘 24:7; 31:33; 32:40; 겔 36:26-27(특히 에스겔 36:26-27을 주의해 볼 것).

19. 존 브라이트는 새존재의 특징을 "순종하고자 하는 소원과 순종할 수 있는 능력"(desire and ability to obey)이라고 잘 요약했다. John Bright, *Covenant and Promise* (Philadelphia: Westminster Press, 1976), 195. 필자는 여기에 "순종하는 기쁨" 하나를 더 붙여 "순종하고자 하는 소원과 순종할 수 있는 능력과 순종하는 기쁨"(desire and ability to obey and pleasure of obedience)으로 바꿔 보고자 한다. 실천적으로 더 유용한 요약이 될 것 같아서이다.

20. 청교도들은 새 존재의 특성 중 하나를 "내적 본질의 변화에 의한 자발적 순종"이라고 명명했다. 그리스도의 구속의 은혜는 반역하고 불순종하던 인간을 말씀에 순종하고 하나님의 뜻을 이루는 인간으로 변화시킨다. 이제 순종은 복을 받기 위해 또는 벌을 받지 않기 위해 "억지로" 하는 것이 아니라, 하나님의 은혜에 감사하여 그리고 은혜를 주신 하나님을 마음 깊이 사랑하여 "자원하는 심령으로"(시 51:12) 하게 된다. 모든 것을 받았기에 구원하신 은혜에 조금이나마 보답하려고, 은혜 베푸신 하나님을 조금이라도 기쁘게 해드리려고 자발적으로 순종하는 것이다. 청교도들은 새존재의 혁명적 변화의 성격을 정확히 파악한 사람들이었던 것으로 보인다.

21. 10절은 "내 속에 정한 마음을 창조하시고"라고 할 때 창세기가 하나님의 천지창조를 말할 때 사용한 동사 *바라*(ברא, "창조하다")를 사용한다. 시인은 새존재의 탄생을 천지창조에 버금가는 위대한 사건으로 간주하고 있다. 예수님의 구속은 새존재를 "창조"하는 위대한 사역이다.

앉다는 것은 죄를 용서 받는 은혜에 더해서 하나님의 뜻을 이루고 하나
님의 영광을 위해 살 수 있는 승리적 존재로 새롭게 태어난다는 것을 의
미한다. 51편의 회개 기도는 이 차원을 지향하고 있다. 단순히 죄 사함
받는 것을 넘어 새로운 존재로의 변화를 갈구하고 있는 것이다. 회개의
참의미는 단순한 죄 사함을 넘어 새존재로의 변화의 은혜를 체험하는
데 이르는 것까지를 포함한다.

　51편은 마지막으로 회개가 공동체적 의의를 지니고 있음을 말해 준
다. 회개는 개인적인 것이다. 하지만 그것은 개인을 복되게 하는 차원에
만 머무르지 않는다. 그가 속한 공동체를 회복시키고 변화시키는 데까
지 나아가는 것이다. 시인은 자신이 회개하는 기회를 빌려 예루살렘의
회복을 기도한다(18절). 치명적인 심각한 죄를 지은 주제에 너무 염치없
어 보인다. 그러나 이것이 성도의 기도만이 지니는 위대한 면이다. 죄를
회개하며 하나님과 구속의 은총을 만나는 자는 자신이 속한 공동체 문
제에까지 기도응답을 받는 기회를 얻는 것이다. 예루살렘이 회복되고
갱신된다. 한 개인의 갱신이 그가 속한 공동체의 갱신을 가져오는 것이
다. 국가와 사회의 회복과 발전을 염원한다면 먼저 자신의 죄를 살피는
게 순서다. 그리고 나서 국가와 사회의 안녕과 복을 위해 기도할 수 있
다. 이것이 정해진 순서이다. 그런 점에서 볼 때 그리스도인의 회개는
세상과 나라를 살리는 위대한 봉사라 아니할 수 없다. 비록 실패와 좌절
속에 가슴을 쓸어내리며 하나님 앞에 나아간다 하더라도 우리는 거기
서 십자가와 부활의 큰 은혜를 만나며 우리 자신의 회복과 공동체의 회
복을 선물로 받게 된다. '세계를 형성하는'(world-forming) 복음의 은혜
라 할 것이다.

시편 136편

"여호와께 감사하라 그는 선하시며 그 인자하심이 영원함이로다"

1. 개요

136편은 묘사찬양(찬양시)의 요소를 모두 갖춘 전형적인 묘사찬양이다. 하나님의 위대하심, 선하심, 하나님의 창조 사역, 구속 사역 등 묘사찬양의 모든 주요 주제가 등장한다. 특히 26번 반복되는 "그의 인자하심(헤세드)이 영원함이로다"는 구절은 136편을 136편 되게 하는 아름답고도 유명한 구절이다. 이 후렴으로 말미암아 우리는 하나님의 *헤세드*가 창조, 출애굽 등 그가 하신 큰 일들 전체를 지배한 사랑임을 알 수 있다. *헤세드*는 기본적으로는 하나님의 언약적 사랑을 가리킨 말이지만 하나님의 백성이 수혜의 대상이 된다는 관점에서 보면 출애굽만 아니라 창조 질서 전반과 관련된 일하심까지 모두 포괄하는 사랑임을 알 수 있다.

이 시편의 저자가 누구인지는 정확히 알 수 없다(136편은 표제가 없는 소위 "고아 시편"임). 하지만 이 시편은 고대 이스라엘이 하나님을 향해 기도하거나 예배할 때에 가장 사랑받은 시인 것을 알 수 있다.[1] 역대하 7:3에서 솔로몬과 이스라엘이 성전을 완공하고 하나님께 드린 기도가 바로 "그는 선하시며 그 인자하심이 영원함이로다"였고, 같은 역대하 20:21에서 모압과 암몬 군대의 침공을 받고 국가의 운명이 풍전등화처럼 위태한 상황에서 여호사밧 왕이 찬양대로 하여금 부르게 한 찬양이 "여호와께 감사하세 그의 인자하심이 영원함이로다"였다. 매 절마다 주 진술 후에 "그의 인자하심이 영원함이로다"라는 후렴이 26번 반복되고 있어 예배에서 사회자와 회중이 윤창(輪唱)으로 부르기에도 아주 적절한 노래이다. 하나님이 하신 일들을 기억하며 하나님이 자신의 백성에게 베푸시는 은혜와 기적을 거듭 새롭게 체험하는 원리가 담긴 찬양이다. 오직 하나님만 바라보며 시야에서 하나님을 놓치지 않는 "여주동행"(與主同行)의 기도이며, 위엄과 선하심으로 말미암아 부족함이 없이 공급하시는 하나님께 진실되게 감사하는 큰 환희의 노래이다.

2. 구조와 수사

136편은 묘사찬양의 모든 요소가 가지런히 배치된 전형적인 묘사찬양이라 할 수 있다. 다음과 같이 구조를 분석할 수 있다.[2]

I. 1-3절 서론: 찬양에의 명령적 부름
II. 4-25절 본론: 하나님의 행동과 속성에 대한 묘사 (찬양의 동기)

---

1. 참고: Charles Spurgeon in Charles Spurgeon, John Calvin and Matthew Henry, *Parallel Classic Commentary on the Psalms* (Chattanooga, TN: AMG Publishers, 2005), 722.

2. Westermann의 분석이 참고가 된다. Claus Westermann, *Praise and Lament in the Psalms*, trnas. K. R. Crim and R. N. Soulen (Atlanta: John Knox Press, 1981), 122-30.

1. 4-22 하나님의 위대하심

    1) 4-9 창조

    2) 10-22 구속

        (1) 10-12 출애굽

        (2) 13-15 홍해

        (3) 16-20 광야

        (4) 21-22 기업을 주심

2. 23-25 하나님의 선하심

    1) 23-24 "그가 구원하신다"

    2) 25 "그가 먹을 것을 주신다"

III. 26절 결론: 찬양에의 명령적 부름

서론과 결론은 묘사찬양의 전형적인 형식을 따라 "감사하라"(호두 [הודו])라는 명령적 부름(imperative call)으로 되어 있다. 본론은 하나님이 하신(하시는) 일에 대한 묘사인데 이것은 기본적으로 분사로 표현된다 (4, 5, 6, 7, 10, 13, 16, 17, 25절). 분사를 기본으로 하되 별형(別形)(이형[異形], variant)으로서 완료나 와우계속법 미완료가 보조적으로 쓰인다(완료: 14, 15, 21, 23절; 와우계속법 미완료: 11, 18, 24절). 그리고 분사 앞에는 전치사 러(ל)가 붙어 있어서(25절의 마지막 분사만 예외[3]) 서론의 "감사하라"는 명령의 대상 또는 목적어임이 표시되고 있다.

매 절의 하반절은 키(כי) 절인데("왜냐하면 그의 인자하심이 영원함이로

---

3. 찬양 본론의 마지막임을 나타내기 위해 전치사 없이 분사만 오는 '특별한' 형식을 취하고 있는 것이 아닌가 한다. 본론의 마지막 서술도 분사로 되어 있는 것은 본론의 기본 형식이 분사임을 다시 한 번 확인해 준다.

다") 이 역시 묘사찬양의 전형적인 형식이다. 찬양 본론은 서론의 찬양 명령에 대한 이유를 제시하는 형식으로서 키("왜냐하면 ~") 절로 구성되는 것이 일반적이다. 136편의 경우는 예배 사회와 일반 회중이 윤창할 수 있도록 모든 하반절을 "왜냐하면 그의 인자하심이 영원함이로다"라는 후렴으로 배치한 것이 아닌가 생각된다. 그러나 어쨌든 하나님의 *헤세드*("인자하심")는 그의 백성들에게 영원토록 은혜가 된다(은혜가 오래도록 신실하다)는 사실이 찬양의 가장 큰 이유가 된다는 점을 분명히 하고 있다. 하나님의 창조와 구속, 위대하심, 선하심 이 모든 것들은 영원히 불변하는 하나님의 *헤세드*를 드러내는 것들임이 분명해진다. "그의 인자하심이 영원함이로다"라는 노래는 단순한 후렴으로 음악적 효과만을 고려한 반복은 아니다. 하나님의 언약의 신실함처럼 이스라엘의 신앙에 중요한 것은 없다. 구약의 모든 신앙의 중심에는 언약의 신실함이 있다. 이 후렴은 구약 이스라엘의 신앙고백의 핵심이 된다.

본론은 하나님의 위대하심(greatness, majesty)을 묘사하는 부분과 하나님의 선하심(goodness, grace)을 묘사하는 부분으로 나눠진다. 하나님의 위대하심 부분을 먼저 살펴보자.

위대하심 부분의 첫 절은(4) "홀로 큰 기이한 일들을 행하시는 분"이라고 말씀하는데 하나님이 하시는 "큰 기이한 일들"이란 말은 하나님의 위대하심에 관계된 일 전체를 대변하는 말이라 할 수 있다.[4] 창조도 구속도 이스라엘로서는 전혀 이해할 수 없는 일들이었고, 그들의 통제 범위 훨씬 너머에 있는 큰 일들이었다. 인간에게 불가해한(unfathomable) 이 "큰 기이한 일들"이 이스라엘에게 주권적으로 베풀어진 하나님

---

4. 4절은 창조의 서론이면서 동시에 창조와 구속 전체의 서론으로 생각된다.

의 큰 은혜였다. "기이한 일들"이라 번역된 닢러옽(מִפְלָאוֹת)은 욥이 최후 고백에서 자신이 깨닫지도 알지도 못하는 "헤아리기 어려운 일들"을 말했다고 술회할 때 쓴 말이다(욥 42:3). 인간의 이해와 탐지 능력 위에, 너머에 있는 크고 신비한 일들이라는 의미이다.

4-9절 창조 부분은 이어지는 세 개의 분사에 의해 기술된다. 하늘을 만드시고(5), 땅을 펴시고(6), "큰 빛들"을 만드셨다는(7) 것이 그것이다. 마지막 두 절은(8-9) 7절의 "큰 빛들"이 무엇인지에 대한 상술이다. 해 와 달과 별은 인간의 삶과 생산 활동의 조건을 형성하는 것들로서 인간 의 삶에 가장 중요한 것들이다.

10-22절 구속 부분은 크게 '출애굽'이라 이름할 수 있는데 구체적 으로 "출애굽"(10-12), "홍해 구원"(13-15), "광야 인도"(16-20), "가나안 을 주심"(21-22) 등 네 세부 국면을 다룬다. 네 세부 국면 중 앞의 세 국면 은 처음 시작하는 단어가 분사이며(10, 13, 16절), 네 번째 국면만 시작하 는 단어가 완료이다(21절). 구속 부분 역시 분사가 하나님이 하신 일에 대한 묘사의 기본 형식을 이루고 있다. 네 번째 국면은 큰 주제(구속)의 마지막임으로 그것을 명료히 보이기 위하여 같은 분사 대신 별형(vari-ant)인 완료를 채용한 것으로 생각할 수 있다.[5]

먼저 "출애굽" 국면을 보자. 애굽의 장자를 치시고 이스라엘을 건져 내셨다는 진술이다. 장자를 "쳤다"는 것은 분사이고(10절) 이스라엘을 "나가게 하셨다"는[6] 것은 와우계속법 미완료이다(11). 하나님이 하신

---

5. 문단(pericope)의 마지막 부분을 지금까지 죽 채택해 온 어형이나 문법 대신 색다른 어형이나 문법으로 대치하는 것은 히브리 시에서 통상적으로 발견되는 마감 기법(closing technique)이다.

6. 개역개정 "인도하여 내신."

일을 일단 분사로 표현한 것은 묘사찬양의 일반적인 특성에 해당한다. 그 다음을 와우계속법으로 잇는 것이 흥미롭다. 와우계속법 미완료는 내러티브 시제(narrative tense)라 불리는 것으로[7] 두 가지 의의를 지닌다. 하나는 이 어법에 의해 기술되는 내용이 구체적인 역사적 사실이라는 점이다. 단순한 관념이 아니고, 실제적 사건임을 말한다. 다른 하나는 와우계속법 미완료에 의해 묘사된 사건(행동)은 바로 앞에 기술된 사건(행동)을 기반으로 하여 그 결과로 발생하는 사건(행동)이라는 점이다. 와우계속법 미완료는 앞에 일어난 일과 뒤에 일어난 일을 논리적으로 시간적으로 연결하는 문법이기 때문이다. 따라서 "나가게 하셨다"를 와우계속법 미완료로 표현한 것은 한 편으로는 애굽을 탈출한 사건이 실제 일어난 역사적 사건이란 점을 말하면서, 다른 한 편으로는 하나님이 애굽의 장자를 치셨고 그것의 결과로 애굽을 탈출하게 되었다는 것을 말하고자 하는 것이다.

　와우계속법은 히브리어 외에는 다른 어떤 언어에서도 발견되지 않는 문법이다. 심지어 같은 셈어 내에서도 어떤 언어도(아카드어 등 동(東)셈어[Eastern Semitic]는 물론 히브리어에 매우 가까운 서북 셈어[Northwest Semitic]인 아람어, 우가릿 등도) 이와 같은 문법을 가지고 있지 않다. 이처럼 히브리어만 와우계속법이 있는 것은 이스라엘에게는 자신들이 경험한 하나님 경험이 역사적인 사실임을 밝히는 것이 그만큼 중요하고 절실했음을 의미한다. 허공에 떠 있는 교리 체계가 아니고 지상에서 숨 쉬고 살면서 수많은 삶의 굴곡 속에서 겪고 '경험한' 하나님을 고백하는 것이 그들의 신앙이었다. 따라서 그들은 역사적이고 실제적인 경험을 표현

---

7. GKC § 111a.

할 특수 장치가 필요했다. 그것이 와우계속법 미완료인 것이다. 와우계
속법 미완료는 그러한 실제석 역사를 표현하는 기법이면서 동시에 또
한 가지 중요한 점은 사건들의 인과관계를 표현하는 기법이기도 하다.
이스라엘에게 역사적 사건들은 무작위로 무질서하게 일어나는 것이 아
니라 어떤 필연적 이유를 지니고 일어나는 것들이었다. 앞의 어떤 사건
이 기반이 되어서 그 다음 사건이 연쇄적으로(sequentially) 발생하는 것
이다. 와우계속법은 이러한 구조의 역사 경험을 표현하는 기법이다. 따
라서 "나가게 하셨다"를 와우계속법 미완료로 표현한 것은 하나님이
장자를 치시고 나서 그것이 원인이 되어 그 결과로 이스라엘이 애굽을
탈출하는 데 성공했다는 의미가 된다. 다시 말하면 이스라엘의 출애굽
은 우연히, 그리고 아무 대가 없이 '쉽게' 이뤄진 일이 아니라는 것이다.
이스라엘의 애굽 탈출은 값없이 되어진 일이 아니고 매우 비싼 값을 치
르고 나서 발생한 일이었다. 즉, 애굽의 장자들의 죽음이 있고나서야 그
것이 가능했다. 어린 양의 피를 문설주와 인방에 바르는 것으로 상징되
듯(출 12:7) 피의 값을 치르고서야 애굽에서의 구원이 성취된 것이다. 11
절의 와우계속법은 이처럼 애굽 장자의 죽음과 애굽에서의 구원을 원
인과 결과의 관계로 긴밀히 연결해 줌으로 이스라엘의 구원에 내재된
속량적(贖良的) 성격을 강조해 준다.

　　"출애굽"의 마지막 절은(12) 하나님이 이스라엘을 탈출시키신 '방
식'에 대해 말한다. 하나님은 이스라엘을 애굽에서 끌어내셨는데 "강한
손과 편 팔로" 하셨다고 한다. 하나님이 하신 일은 무엇을 하셨는가도
(matter) 중요하지만 그것 못지않게 어떻게 하셨는가도(manner) 중요하

---

8. Charles Spurgeon in *Parallel Classic Commentary on the Psalms*, 724.

다.[8] 12절은 하나님이 이스라엘을 구원하시는데 대강 하거나 대충 하신 것이 아니고 있는 힘껏 최선을 다하셨다는 것을 의미한다. 하나님은 하나님이시니까 대강하셔도 이스라엘을 인도하여 내는 정도는 쉽게 하실 수 있을지 모른다. 그러나 하나님은 그렇게 하지 않으셨다. 있는 힘을 다 하여 "강한 손과 편 팔로" 하신 것이다. 이스라엘의 출애굽은 하나님이 최선을 다하심으로 이루어진 일이다. 호랑이가 토끼를 잡을 때도 최선을 다한다고 한다. 운동을 지도하는 코치들은 선수들을 훈련할 때 잔근육을 쓰지 말고 큰 근육을 쓰는 습관을 가질 것을 계속 주문한다고 한다. 무엇을 하든 최선을 다하는 것이 정석이다. 12절은 능력이 많으신 하나님이시지만 자신의 백성을 지극히 사랑하신 열심으로 '이마에 땀방울을 흘리시며' 최선을 다하시는 모습을 보여준다. 우리 그리스도인에게 주어진 구원도 호락호락 주어진 것이 아니다. 하나님이 '최선을 다하여' 독생자를 보내 주심으로 말미암아 이루어진 것이다. 우리가 누리는 구원의 복락은 하나님이 최선을 다해 크나큰 대가를 지불해 주신 덕에 있는 것이다.

"홍해 구원" 국면도 분사로 시작한다. 하나님은 바다를 산산조각으로 가르신다(13절). 이스라엘은 그것을 건너게 하시고 바로와 그의 군대는 바다에 잠겨 진멸되게 하신다(14-15). 이스라엘을 건너게 하시고 바로와 그의 군대를 진멸하신 것은 와우계속법이 아닌 일반 와우 접속으로 되어 있다. 시인은 바다를 가르신 것과, 이스라엘은 건너게 하시고 바로의 무리를 멸하신 것은 인과관계로 표현할 필요를 느끼지 못했다. 둘은 동시 상황인 것이다. 바다를 가른즉, 곧 이스라엘은 구원 받고 원수들은 멸절되었다. 기적과 구원은 시간적 선후가 있거나 인과관계로 이어지는 관계가 아니고, 기적이 곧 구원이라는 의미가 된다. 앞의 "출애굽" 국면에서 애굽 장자의 죽음과 이스라엘의 탈출이 인과관계로 묘사되었던 것과는 명백히 대조되는 느낌이다. 기적은 곧 하나님의 백성의 구원이며 동시에 하나님의 백성의 원수의 멸망이다. 시인은 문법 장치의 미묘한 기능 차이를 이용하여 이야기 전개에 섬세한 풍미를 더하고 있다.

"광야 인도" 국면은 첫 두 절이 분사로 되어 있다. 애굽을 떠난 이후 하나님이 광야에서 하신 일은 두 가지, 즉 광야로 "인도하신"(16절) 일과 가나안까지의 노정의 가장 큰 걸림돌인 큰 왕들을 "치신"(17) 일이다. 18절 "유명한 왕들을 죽이신"이 와우계속법으로 되어 있는 것은 18-20절이 17절 "큰 왕들을 치신"에 대한 논리적인 설명이기 때문인 것으로 보인다. 19, 20절이 두 왕 시혼과 옥을 구체적으로 언급한 것은 주목할 만하다. 이 두 왕의 처단은 가나안을 향해 가는 여정 전체에서 분수령에 해당하는 사건이다. 이 사건은 민수기 21장에 나오는데 이 사건 전에는 이스라엘에게 가나안에 들어간다는 확신이 희박했다. 그러나 이 사건 후로 이스라엘에게 가나안 입성은 기정사실화되며 가나안 정착을 위한 준비가 하나씩 착착 진행되는 양상을 보여준다.' 이처럼 민수기 21장의 시혼과 옥 살해 사건은 이스라엘의 광야 생활의 '게임 체인저'(game changer)가 되는 중요한 사건이다. 가나안을 향한 전진이 새로운 동력을 얻게 되었다. 전에는 두려워 엄두를 못 내던 목표(가나안

---

9. 이스라엘은 시혼과 옥을 죽인 사건 이후로 심각한 굴곡이나 뚜렷한 실패 없이 일사분란하게 가나안 정착을 준비해 나가는 것으로 나타난다. 이 사건 이후의 민수기의 모든 보도들은 전에는 주저하며 엄두를 못 내던 가나안 입성을 적극 지향하는 내용들이다. 발람의 이스라엘 승리 예언(23, 24장), 정착을 위한 인구조사(26장), 가나안에 들어가서 드릴 제사와 절기의 제물들(28-29장), 애굽에서 모압까지의 회고(33장), 가나안 땅의 분배 계획(33-34장) 등 대표적인 보도들이 다 그러하다.

입성)가 이제는 구현 가능한 현실로 다가오기 시작한 것이다. 19, 20절
이 두 왕의 이름을 거명한 것은 이 결정적 사건에 대한 의미 있는 회고
이다.[10]

"광야 인도"를 시작하는 분사 몰릭(מוליך)은 뜻을 눈여겨볼 만하다
(16절). 이 단어는 대체로 "인도하다"로 번역되지만 할락(הלך)의 사역형
으로서 "가게 하다, 걷게 하다"란 뜻이다. "광야를 가게 했다," 즉 "광야
를 통과하게 했다"라는 의미이다. 단순히 "인도하다"로 번역하면 '어떤
곤경의 위험에서 지키고 안전한 곳으로 이끈다'는 다소 '구원'적인 의
미가 되지만[11] 몰릭은 그런 의미보다는 '연단을 위해 일정한 어려움을
통과하게 한다'는 '훈련'적인 의미가 정확하다. 하나님이 (주도하셔서)
"가게 하신" 것이기 때문이다. 하나님께서 처음부터 의도를 가지시고
이스라엘을 광야로 이끄셨다. 강해지고 순결해지도록 훈련하기 위해서
다. 이스라엘은 광야라는 열악한 환경 속에서 하나님을 만나고 배워야
한다. 광야는 쓰라린 섭리의 학교이다. 모든 것이 결핍이요 불편한 것투
성이인데 도움을 구할 하나님은 보이지 않고 심지어 안 계신 것처럼 느
껴지기까지 한다. 생각과 길이 인간과 다르시고(사 55:8-9) 인간의 이해
범위 훌쩍 너머에 계신 하나님을 만나는 곳이 광야다. 믿음으로 기도하
고 믿음으로 기다려야 한다. 물론 광야의 여정은 이스라엘의 불순종 때
문에 길어졌다. 그러나 큰 그림으로는 하나님이 기획하시고 보내셔서
광야의 긴 생활을 했다는 것이 몰릭이 주는 의미이다. 인간의 실수와 실
패가 수반되었지만 하나님은 크신 사랑의 경륜 가운데서 이스라엘이

---

10. 시편 135편도 시혼과 옥 살해를 중요한 사건으로 간주하여 두 왕의 이름을 구체적으로
   거명한다(10-12절).

11. 예컨대 시 23:2, 3의 나할(נהל)과 나하(נחה)는 그런 의미이다.

하나님을 찾고 배워가도록 광야라는 학습장을 허락하셨다. 광야 여정
은 실패도 아니었고 시간 낭비도 아니었다. 하나님이 준비하신 필요한
훈련의 기간이었다. 하나님이 마련하신 하나님 '알기'의 거대한 학습장
에서 이스라엘은 자신들의 불결과 자신들의 상상을 넘어서는 하나님의
크신 자비에 대해 차곡차곡 배워나갈 수 있었다. 몰릭은 "인도하다"라
는 오해의 소지가 있는 번역보다는 오히려 직역 그대로 "가게하다, 통
과하게 하다"로 하는 것이 단어의 뜻을 정확히 살리는 일이 될 것이
다.[12]

구속 부분의 마지막 "가나안을 주심" 국면은(21-22절) 완료 동사로
되어 있다. 앞에서 언급한 대로 분사로 죽 이어지던 것을 시리즈의 마지
막이기 때문에 다른 형태의 문법으로 대체한 마무리 기술(closing tech-
nique)이다. 마침내 이스라엘에게 "땅"을 주신다. 21절의 "땅"은 가까
운 문맥에서는 시혼과 옥의 땅이겠지만 이는 일종의 제유법(synecdo-
che)으로 가나안 땅 전체를 상징적으로 지칭한다 하겠다. 가나안을 기업
으로 주심으로 이스라엘 나라의 탄생이라는 '구속 역사'가 완성되었다.

22절까지는 하나님의 위대하심에 대한 기술이다. 23-25절은 하나
님의 선하심에 대해 말한다. 주제가 크게 바뀌어서인지 하나님에 대한
서술에 특이하게 관계대명사 쉐(שׁ)를 채용한다. 하나님은 "우리"를 (불
쌍히 여기셔서) "기억하시고" "건지신다." 23절과 24절은 와우계속법으
로 연결되어 있어 "기억하시는" 것과 "건지시는" 것이 하나의 사건이
다. 또한 하나님은 모든 육체에 먹을 것을 주시는 선한 분이시다. 23-24

---

12. 다행히 개역개정은 "인도하여.. 통과하게 하신"으로, 영역들은(KJV, NASB, NIV) "lead..
through"로 번역하여 단어의 의미를 크게 놓치지는 않고 있다.

절은 자신의 백성을 향한 선하심, 25절은 피조물 전체에 대한 선하심으로 볼 수 있다. 즉 23-24절은 특별은총, 25절은 일반은총인 셈이다. 그렇다면 또 한 가지 흥미로운 수사 기교를 엿볼 수 있다. 하나님의 위대하심을 말하는 4-22절에서는 일반은총(창조)을 먼저 말하고 특별은총(구속)을 나중에 말했었다. 여기 23-25절에서는 특별은총을 먼저 말하고 일반은총을 나중에 말한다. ABB'A' 꼴로 논지를 전개한 셈이다. 짧은 세 절로 앞의 4-22절과 반전평행을(inverted parallelism) 성립시켜 시 전체를 응집력 있게(cohesive) 마무리하는 재치라고 할 수 있다.

본론(4-25절)의 제일 마지막 절인 25절은 다시 분사를 채용한다. 묘사찬양의 가장 기본적인 기술로 돌아온 것이다. 별형(別形)을 어떤 목적이 있어 중간중간 채용했지만 역시 하나님의 대한 묘사는 정해진 규칙대로 분사로 하여 마감하는 것이 옳다는 생각이 시인의 의식 속에 있었을 것이다. 이 분사에는 다른 곳에서는 늘 붙여지는 전치사 *러*가 없다. 하나님에 관한 마지막 서술이기에 이 역시 마지막을 두드러져 보이게 하려 한 의도로 볼 수 있다.

본론을 끝낸 시편은 마지막 절에서(26) 서론에서처럼 다시 한 번 "하나님께 감사하라"는 명령적 부름을 하면서 전체 시를 마감한다.

---

13. 필자의 사역. 한글 번역들과는 달리 영역들은 군더더기 없이 원문 그대로의 단어 배열을 보여준다: "the God of gods"(KJV, NASB, NIV).

3. 메시지

136편은 '최고의' 신에게, 그리고 '최고의' 주에게 감사하는 시이다. 2, 3절의 "신들 중의 신"[13] "주들 중의 주"는[14] 최상급을 나타내는 표현이다. 여러 신이 존재한다거나 또는 여러 주권자가 다스린다는 의미와는 전혀 거리가 있다. 이것은 수사적 최상급으로 하나님을 가장 높여 말한 것이다. 여호와는 그 어떤 것과도 비교가 안 되고 그 어떤 묘사로도 표현이 불가능한 그저 최고의 신이시다. 그분만 유일한 하나님이시고 그분만 유일한 우주의 주권자이시다. 세상에는 가짜가 많다. 꼭 신처럼 보이는 가짜 신들(pseudo-gods), 정말로 실질적 권세를 가진 것 같이 보이는 가짜 주들이(pseudo-lords) 숱하게 많다. 사람의 눈과 생각은 이런 것들에 오히려 현혹되어 진짜를 외면하고 그것들을 추종하기 쉽다. 인간의 근원적인 불행이 여기에 있다 할 것이다.[15] 신앙이란 우주에 존재하는 참된 실재와 그렇지 않은 것을 구별해 내는 능력이다. 성경은 거

---

14. 필자의 사역. 한글 번역들과는 달리 영역들은 군더더기 없이 원문 그대로를 보여준다: "the Lord of lords"(KJV, NASB, NIV).

15. 참과 거짓을 구별하는 것이 하나님을 믿는 신앙에 있어 얼마나 중요한지 성경은 이것을 거듭해서 강조한다. 신약성경에서 몇 구절만 예를 들어 보자: 살후 2:9-12 "악한 자의 나타남은 사탄의 활동을 따라 모든 능력과 표적과 거짓 기적과 불의의 모든 속임으로 멸망하는 자들에게 있으리니 이는 그들이 진리의 사랑을 받지 아니하여 구원함을 받지 못함이라 이러므로 하나님이 미혹의 역사를 그들에게 보내사 거짓 것을 믿게 하심은 진리를 믿지 않고 불의를 좋아하는 모든 자들로 하여금 심판을 받게 하려 하심이라"; 딤전 6:20 "디모데야 망령되고 헛된 말과 거짓된 지식의 반론을 피함으로 네게 부탁한 것을 지키라"; 벧후 2:1 "그러나 백성 가운데 또한 거짓 선지자들이 일어났었나니 이와 같이 너희 중에도 거짓 선생들이 있으리라 그들은 멸망하게 할 이단을 가만히 끌어들여 자기들을 사신 주를 부인하고 임박한 멸망을 스스로 취하는 자들이라"; 요일 2:21 "내가 너희에게 쓰는 것은 너희가 진리를 알지 못하기 때문이 아니라 알기 때문이요 또 모든 거짓은 진리에서 나지 않기 때문이라"; 요일 4:1 "사랑하는 자들아 영을 다 믿지 말고 오직 영들이 하나님께 속하였나 분별하라 많은 거짓 선지자가 세상에 나왔음이라."

듭해서 우상숭배를 경고하고 규탄하는데 이것은 진정으로 섬겨야 할 참 하나님, 참 주를 알아 볼 수 있어야 한다는 뜻이며 그만을 두려워하고 그만을 의지하고 그만을 사랑해야 한다는 의미이다. 참 신이시며 참 주인-주권자이신 여호와 하나님을 의지하는 것이 참된 생명의 근원에 맥을 대는 것이다. 그분이 이루어 가시는 왕국 건설의 대역사에 우리 자신을 동참시키는 것이다.

그래서 여호와 하나님은 "하늘의" 하나님이시다(26절). 그리고 "선하신" 분이시다(1절). 그분은 위대하시고(great) 선하시다(good). 우리는 그분으로부터 모든 것을 받고 살아간다. 이 모든 것을 받은 것에 대해 감사하고 그것을 베푸신 하나님과 그분의 은혜에 대해 '칭찬'하는 것이 시편 136편이다.

탄식시가 하나님께 받아야 할 것을 노래하는 시라면 찬양시(묘사찬양)는 하나님으로부터 받은 것에 대해 노래하는 시이다. 우리는 무언가가 없거나 부족한 것 때문에 괴로워하고 못 견뎌 한다. 그래서 자신이 처한 '결핍'을 두고 울며 탄식한다(탄식시). 물론 이 기도도 필요하고 또한 중요한 기도이다. 그러나 성경은(찬양시) 하나님을 믿는 사람에게 또 한 가지 중요한 진리가 있음을 가르친다. 하나님의 백성은 자신은 어떻게 생각할지 모르지만 하나님으로부터 모든 것을 받았다는 사실이다. 하나님의 백성은 무엇 하나 조금도 부족함이 없이 '충족'하다는 사실이다. 하나님의 백성의 삶은 한 줄기 탄식이나 한 마디 간구조차 필요 없을 정도로 모든 것이 가득 채워져 있다는 의미다. 이것이 136편 같은 찬양시가 가르쳐 주는 위대한 믿음의 진실이다. 지상의 삶은 눈물겹도록 고달픈 것이 사실이다. 그러나 비록 느껴지는 것은 그렇다 하더라도 진리는 하나님이 자신의 백성의 삶을 조금도 부족함이 없도록 완벽하게 채우셨다는 것이다. 이 사실, 이 진리 때문에 하나님의 백성은 눈물과 곤경 속이라 하더라도 자신이 처한 현실에 압도당하지 않고 그것을 '초월'하며 승리의 삶을 살아갈 수 있는 것이다.

하나님이 채우신 '모든' 것을 이름하여 "구속"과 "섭리"라 한다. 136편을 보면 하나님의 위대하심이 크게 두 개의 담론으로 노래된다. 창조와 출애굽이다. 창조는 원칙적으로 태초의 창조를(creatio prima) 의미하지만 이는 또한 "계속되는 창조"(creatio continua), 즉 섭리도(gubernatio mundi) 의미한다(이에 대해서는 다음 장에서 자세한 설명 참조). 하나님의 백성의 삶은 비록 매 순간 '이해'되지 않는다 하더라도 하나님의 세밀한 보호와 조밀한 인도 가운데 가장 좋은 방향으로 진행되고 있다. (자신의 독생자를 내어주시기까지) 선하신 하나님의 손길의 "은밀한 조종"이[16] 성도의 삶의 매 순간 매 국면을 지배한다.

출애굽은 성경신학적으로 보면 그리스도의 십자가 구속의 예표이다. 출애굽이 이스라엘의 삶 속에서 고백될 때마다 거듭해서 새로운 기적으로 새롭게 역사했던 것처럼 주님의 구속 또한 그리스도인의 삶 속에 거듭 고백되면서 계속해서 새로운 은혜와 기적으로 새롭게 역사한다. 그리스도께서 이루신 구속은 신자를 죄에서 구원하고 그를 새사람으로 빚으신 능력이다. 이 놀라운 능력이 신자의 지상에서의 삶 전체와 천국에서의 영생까지 모든 것 위에 실재하는 능력이다.

섭리와 구속은 하나님의 은혜 전체를 표현하는 장르적 이름이다. 구속이 있기에 하나님의 백성은 죄와 죽음에서 자유로워진다. 섭리가 있기에 그의 삶은 가장 안전하고 가장 복된 것으로 인도된다. 현재의 삶이

---

16. John Calvin, *Inst.* I. 16-17.

아무리 고되고 고통스럽다 해도 (근원적인) 구속의 은혜와 (현실적인) 섭리의 은혜가 있기에 하나님의 백성은 조금도 두려워하지 않으며 염려하지 않으며 오직 감사와 찬양으로 주를 따를 수 있는 것이다.

구속의 은혜가 있고 섭리의 은혜가 있어서 그리스도인은 부족함이 없는 사람들이다. 모든 것을 채움 받고 살아가고 있는 것이다. 늘 모든 일에 감사하며 늘 모든 일에 하나님의 영광을 도모해야 되는 이유가 여기에 있다. 누군가가 인간의 행복은 하나님의 '선물'(gift)로부터 오는 것이지 인간의 '획득'(gain)으로 얻어지는 것이 아니라고 했다.[17] 이것은 중요한 관찰이다. 인간에게 필요한 복은 하나님이 다 주신다(마 6:32). 환경이나 사람에게서 무엇을 보충해 내야 하는 것이 아니다. 하나님의 선물로 모든 것을 채움 받고 살아가는 그리스도인이 세상을 대하는 태도는 어떠해야 하는가. 경쟁에서 이기고 더 많은 권력과 부를 축적하고 사회관계에서 더 나은 위치를 확보하기 위해 전전긍긍 온갖 정치공학적 수단을 강구하는 것이 아니다. 그러한 시도 대신 오직 하나님을 기쁘시게 할 것이 무엇인가 시험하고(엡 5:10) 보내진 곳에서 주어진 책임을 다하는 것이다. 사람들과 경쟁하며 누군가를 밟고 올라서는 것이 아니라 하나님 앞에서 시대에 필요한 실천을 감수하는 것이다. 광기에 가까운 경쟁의 시대이다. 사람들만 커 보이고 환경과 조건이 우리 삶의 내용과 의미 모두를 결정할 것 같은 두려움에 사로잡히기 좋은 세상이다. 찬양시는 우리의 시야에서 하나님을 놓치지 않도록 도와준다. 하나님의 손으로부터 모든 행복이 나온다. 하나님만이 우리 삶의 의미를 결

17. David Gibson, 『인생, 전도서를 읽다』, 이철민 옮김 (서울: 복 있는 사람, 2018), 51, 65, 96. Gibson은 Provan을 참고한다. 참고: Iain Provan, *Ecclesiastes, Song of Songs*, The NIV Application Commentary (Grand Rapids: Zondervan, 2001), 56.

정하신다. 그리고 이 은혜로부터 하나님은 진정 실천하고 사랑하는, 그래서 세상에 대해 책임지는 인간이 되도록 우리를 격려하신다.

136편을 포함하여 찬양시(묘사찬양)가 신자의 삶에 대해 갖는 전반적인 의의에 대해서는 다음 장(특강)에서 상세한 해설을 보기로 한다.

특강 **찬양시의 분석과 그것의 의의**[1]

시편에는 7개 정도의 기도 장르가 있다. 탄식시(간구시), 감사시(선언찬양), 찬양시(묘사찬양), 신뢰의 시, 회상의 시, 제왕시, 지혜시 등이 그것이다. 이들 중 대표적인 것은 탄식시, 감사시, 찬양시이다. 나머지 것들은 대강 이 셋에서 분파된 것으로 보면 된다(지혜시는 다소 특수함).

오늘은 찬양시에 대해 생각하기로 하자. 찬양시는 8, 19:1-6, 29, 33, 46, 47, 48, 65, 66:1-12, 67, 68, 76, 81, 84, 87, 93, 95-100, 103-105, 111, 113-115, 117, 122, 134-136, 145-150 등 40편 정도로 전체 시편(150편)의 약 26.7%에 해당한다. 시편은 성경에 나오는 유일한 기도책으로서 하나님께서 시편을 주신 것은 하나님의 백성이 기도할 때 시편의 음성에 맞춰 하나님께 기도를 올릴 것을 주문하시는 것이라 할 수 있다. 26.7%라는 분포는 시편 전체가 일곱여 개의 기도 장르로 되어 있는 점을 감안하면 매우 높은 분포이다(가장 높은 분포를 보이는 탄식시가

---

1. 필자가 2019년 11월 21일에 있었던 은퇴식에서 은퇴기념강연으로 발제한 것을 정리하여 2020년 1월 11일자와 25일자 「기독교개혁신보」에 같은 제목으로 게재한 글을 여기 옮김. 찬양시(묘사찬양) 일반에 대한 해설로 쓴 것이지만 바로 앞 장의 136편 주해를 완성하는 의미도 있고, 또 어떤 면에서는 본서 전체의 결론이라고 볼 수 있는 의미도 있어서 책의 말미에 첨부한다.

39.3%임). 이것은 하나님께서 우리의 기도 중에 (탄식하고 간구하는 기도만
아니라) 찬양하는 기도를 많이 받기 원하신다는 것을 의미한다.

우리에게 익숙한 기도는 탄식시(간구시)이다. 삶에서 어려움을 만날
때 문제를 하나님께 (울면서) 아뢰며 그 문제를 해소해 주십사 구하는 것
이다. 찬양시는 이와는 대조적이다. '우는' 것도 없으며 간구하는 것도
없다. 다만 하나님이 하신 '큰 일들'을 진술하며 그것을 두고 감사하며
그의 이름을 높이는 것이다. 찬양시는 크게 하나님의 위대하심과 선하
심을 노래한다. 특별히 하나님을 창조주로 묘사하고, 또한 역사의 주인
으로 묘사함으로 하나님을 높인다. 이제 이러한 특성을 지니는 찬양시
가 갖는 의미에 대해 살펴보자.

1. 완전한 인도

첫째, 찬양시(찬양기도)는 하나님의 백성을 향한 하나님의 완전한 인
도를 의미한다. 찬양시에는 '불평'과 '간구'가 없다. 불평과 간구는 탄식
시의 특징인데, 불평은 자신이 처한 괴로운 상황을 하나님께 눈물로 아
뢰는 것을 말하고, 간구는 그 어려운 상황을 하나님이 해결해 주십사 하
고 간청하는 것을 말한다. 통상 우리는 이 두 요소를 기도의 중심 요소
라 생각한다. 문제를 고하고 문제를 해결 받는 것이 일반적으로 우리가
이해하는 기도이기 때문이다. 그런데 찬양시는 이 두 요소가 전혀 없다.
이것은 무엇을 의미하는가. 그것은 하나님의 인도와 보호하심은 우리
의 불평이나 간구가 필요 없을 만큼 완전한 것이라는 것을 의미한다. 우
리는 지상에 사는 동안 여러 가지 결핍에 시달리며 산다. 재화, 건강, 관

계, 불안한 미래 등 모든 것이 근심과 두려움의 대상이다. 그런데 이 땅
에서의 삶이 우리 눈에는 매우 부족하고 못마땅하게 생각되어도 하나
님은 조금도 부족함이 없이 완전한 것으로 인도하고 계시다. 우리가 불
평할 것이 없을 정도로 우리가 특별히 구하지 않아도 될 정도로 하나님
의 인도는 완전한 것이어서, 우리는 가장 안전하게 구원 받고 가장 큰
복을 누리며 가장 충만한 의미 속에 살도록 보호받고 인도되고 있다.

필자의 청년 시절은 한국교회가 기도 운동의 바람으로 가득했던 때
다. 기도에 관한 책도 많이 읽었다. 당시 읽은 내용 중에 어린 신앙에 큰
격려를 주었던 말이 "기도는 결핍의 언어"라는 경구였다. 당시 모든 것
이 '결핍'이라고 느껴졌던 힘겹고 고통스러운 상황에 있던 필자는 필자
자신이야말로 기도에 적합한 사람이라고 느껴질 정도로 이 경구는 큰
위로가 되었다. 하나님이 바로 나 같은 사람의 기도를 들어주시는구나
하고 기도의 힘을 얻었던 기억이 난다.

결핍에 시달리는 자들에게 예수님은 무한한 확신을 가지시고 "구하
라 그리하면 주실 것이요"라고(마 7:7) 외치셨다. 한국교회 새벽기도의
장르는 탄식기도(탄식시)이다. 개인의 삶과 역사의 힘겹고 어려운 상황
을 지나오면서 하나님께 많이도 울며 부르짖었다. 힘에 지나는 어려운
곤경 속에서 우리를 구해주실 것을 간구하여 말할 수 없이 많은 응답을
받아 오늘에 이르렀다. 속된 표현을 쓰면 기름 한 방울 나지 않는 나라
에서 기도의 눈물방울만으로 오늘과 같은 복을 받는 기적을 경험하기
에 이른 것이다. 1953년 당시 남한의 일인당 국민소득은 57불로서 세
계 최하위이거나 밑에서 두 번째 정도였다. 상식적으로 생각하면 도저
히 회생 가능성이 없는 나라가 2018년에는 일인당 국민소득 3만불이
되어 (분배라든지 정의라든지 하는 경제의 사회적 질은 차치하고) 명실공히 선

진국 대열에 진입했다. 영국 컨설팅 업체 브랜드파이낸스가 최근 발표한 국가브랜드 2019 보고에 의하면 한국은 제9위의 국가브랜드 가치를 갖는 나라가 되었다(작년에 10위였다가 한 계단 오름). 이 보고는 10위 안에 미국 영국 독일 등 전통적 선진국들만이 포진된 사실상의 국력 평가 보고이다. 이런 일이 어떻게 가능한 것인지 목사의 눈에는 답이 하나 밖에 없다. 하나님의 백성의 탄식을 하나님이 다 듣고 계신 것이며, 하나님을 의지하는 백성을 하나님이 가장 좋은 것으로 응답해 주고 계신 것이다 (참고: 마 7:11).

미국 미시간 주 칼빈신학교에서 공부할 때인데 어느 수업 시간에 한 구약 교수님이 미국의 저명한 구약학자의 말을 인용하며 "미국 교회는 탄식이 죽었다!"고 외치시는 것을 들었다. 미국교회가 왜 울며 고할 문제가 없겠는가. 안으로 곪고 썩어 들어가는 중증의 질환이 허다하지만 풍족한 생활을 오래 지속하다 보니 언제 부터인가 기도하지 않는 습관과 문화가 몸에 배기 시작하고 만 것이다. 기도로 하나님께 울며 나아가지 못하는 것처럼 교회의 큰 불행이 어디 있을 것인가. 어쨌든 그때 강단 아래에서 강의를 듣던 필자는 속으로 "저건 우리 전공인데…" 하고 중얼거린 적이 있다. 결핍이 좀 있다 하더라도 기도할 수 있는 여건보다 복된 것은 없다. 하나님과 사귐을 갖는 것보다 인간에게 중요한 것은 없을뿐더러, 하나님이 문제를 해결해 주시고 또한 가장 좋은 방향으로 해결해 주시기 때문에 그러하다. 한국교회는 세계 교회사 전체로 볼 때도 아마 탄식의 은혜를 가장 많이 받은 교회로 기록되지 않을까 한다. 새벽기도와 여러 기도 모임에 나와 울부짖으며 하나님께 고하는 기도 소리처럼 아름다운 소리는 지상에 다시없을 것이다. 탄식시는 이렇게 외친다: "울어라—!, 우는 것을 멈추지 마라—!" 보잘 것 없어 보이는 우리의 탄식과 신음이 하나님께는 얼마나 귀하고 중한 것인지 말씀해 준다. 언제든 내 힘으로 내 문제를 해결하겠다는 식의 방자무기(放恣無忌)한 교만에 빠지지 말고 작든 크든 문제를 하나님 앞에 고하는 겸손을 유지해 나가야 하겠다. '울음'으로 그 혹독한 삶의 현실 속에서 살아남았고 큰 복을 받아 여기까지 왔다. 울음을 멈추면 우리는 죽는다. 하나님께 받은 탄식의 은혜를 소중히 여기고 기도와 기도 모임이 약해지지 않도록 다각도로 각별한 노력을 기울여야 한다.

찬양에 대해 말하면서 굳이 탄식의 중요성을 먼저 이리 길게 말하는 데는 이유가 있다. 찬양은 무엇보다 중요한 기도로서 충분히 그 중요성이 강조되어야 하지만 혹시 이 과정에서 탄식이 덜 중요하거나 저급한 기도로 오해되는 일이 있어서는 안 되겠기 때문이다. 찬양이 중요하다 해서 탄식이 2급 기도로 밀리는 일은 없다. 하나님 앞에 하나님의 백성의 기도는 그 어느 것이나 다 소중하다. 그리고 탄식은 문제에 봉착한 인간이 자연스럽게 드리게 되는 기도이기 때문에 신자가 기도 생활을 영위해 나가는 데 있어 추진제 또는 연료 역할을 한다. 아무리 찬양이 중요하다 해도 탄식은 여전히 꼭 같이 중요한 기도이며 하나님이 받으시는 기도이다.

다시 한 번 앞으로 돌아가자. 이미 우리는 기도는 결핍의 언어라는 사실을 살폈다. 그런데 이제 흥미로운 것은 찬양시를 살펴보면 찬양시에는 인간의 결핍에 관한 진술이 없다는 사실이다. 하나님이 하신 큰 일들만 나열되어 있다. 그 큰 일들은 그것들이 하나님의 백성의 삶에 접촉해 오면 하나님의 백성에게 부족함이 없는 은혜가 되는 그런 것이다. 사람의 눈에는 지상에서의 삶이 힘겹고 고달픈 일들로만 가득한 것처럼 느껴질 수 있지만, 사실은 하나님의 큰 베푸심에 의해서 하나님의 백성의 삶은 조금의 부족도 조금의 결핍도 없이 충만하게 채워지고 있으며 가장 안전하게 보호되고 있다. 조금의 결핍도 보고하지 않는 찬양시는 하나님의 백성에게 기도가 '충족의 언어'임을 가르친다!

기도는 한편으로는 결핍의 언어인 것이 분명하다(탄식시). 하지만 동시에 다른 한편으로는 충족의 언어이기도 한 것이다(찬양시). 찬양시도 하나님이 하나님의 백성에게 가르치시는, 그리고 기뻐 받으시는 기도라면, 찬양시는 명료하게 우리에게 충족의 언어로(도) 기도를 올려야 할 것을 가르친다. 우리는 "부족합니다, 주세요!" 하는 것만을 기도로 생각하기 쉽다. 물론 그것은 중요한 기도이며 빠뜨리면 안 되는 기도인 것이 분명하다. 그러나 "부족합니다, 주세요!" 하는 기도만으로는 우리의 기도가 충분하거나 온전하지 못하다. "충족합니다, 감사합니다!" 하는 기도를 배우는 데까지 나아가야 되는 것이다. "다 받았습니다, 감사합니다!" 하는 기도를 올림으로 우리의 기도는 (그리고 우리의 신앙은) 비로소 온전한 것이 된다. 나중에 더 살피게 되겠지만 복음적 신앙이란 어디까지나 충족의 언어로 표현되는 성격의 것이기 때문이다. 기독교 신앙은 매우 단순한 것이다. 그러나 그것의 바른 깊이, 참된 깊이에 이르려 한다면 우리의 신앙 여정은 높고 정교한 수준의 기도 훈련이 동반되어야 하는 것임을 유념해야 한다. 본성이 이끄는 기도에만 머무른다면 아직 기독교 기도가 되기엔 부족하다. 복음이 주는 완전한 구원과 완전한 복을 고백하고 시인할 줄 아는 기도가 될 때에 비로소 온전한 기독교 기도가 되는 것이다. 하나님의 완전한 인도가 하나님의 백성을 세심히 보호하고 조밀히 인도한다. 슬픔과 탄식이 우리를 짓누르는 것이 지상의 삶의 현실이라 하더라도 하나님께서는 하나님의 백성에게 조금의 결핍도 조금의 부족도 조금의 무의미도 허용하지 않으신다. 이것이 엄밀한 의미의 하나님의 백성의 삶의 진실이다. 충족, 그것은 하나님께서 하나님의 백성에게 베푸시는 은혜의 다른 이름이다. 신자가 일생에 올릴 기도는 "감사합니다" 한 마디면 충분하다고 한 어느 신앙인의 말은 참으로 옳다.

2. 구속의 은혜와 섭리의 은혜

찬양시(묘사찬양)는 하나님의 위대하심을 노래할 때 하나님을 창조주요 또한 역사의 주인으로 묘사한다. 대표적인 찬양시인 시편 136편을 예로 보자. 136편 4절에서 9절은 창조주로서의 하나님에 대한 묘사이고, 10절에서 22절은 역사의 주인으로서의 하나님에 대한 묘사이다. 창조주로서의 하나님에 대한 묘사는 말 그대로 하나님께서 우주 만물을 창조하신 사실을 진술하는 것이다. 하나님은 하늘을 지으셨고 땅을 펴셨고 해와 달과 별들을 지으신 분이시다. 역사의 주인으로서의 하나님에 대한 묘사는 출애굽을 통해 이스라엘을 구원하시고 그들에게 가나안 땅을 주신 사실을 진술하는 것이다. 하나님은 애굽의 장자를 치시고 홍해를 가르셔서 이스라엘을 구원해 내셨고 광야를 통과하게 하셨고 시혼과 옥을 죽이시고 그들의 땅을 이스라엘에게 기업으로 주셨다. 이스라엘의 구원은 곧 국가 이스라엘의 탄생이다. 하나님은 이스라엘과 열방을 다스리시는 역사의 주인이시다.

1) 시인하는 기도

찬양시는 하나님이 하신 일들을 진술하기만 하는 기도이다. 무엇을 달라는 것이 없이 그저 하나님이 하신 일을 "그러그러합니다" 하고 시인하기만(acknowledge) 한다. 이름하여 '시인(是認) 기도'라 할 수 있다. "무엇을 주세요" 하는 탄식시를 '요청 기도'라고 부른다면, 찬양시는 시인 기도인 것이다. (앞항에서 언급한 것처럼) 우리는 기도를 무엇을 달라고 하는 것으로만 생각하기 쉽다. 그러나 성경은, 특히 찬양시는 기도에 또 하나의 다른 차원, 더 깊은 차원이 있음을 가르친다. 그것은 하나님이 하신 큰 일들을 시인하는 차원이다. 이것은 우리가 미처 깨닫지 못했던 기도의 새로운 양상이다. 물론 달라고 하는 기도는 매우 중요한 기도이다. 어떤 이는 기도를 표현하여 "하나님 아버지, 주세요, 주세요, 주세요!"라고 했는데 매우 잘 말한 것이라 본다. 그러나 달라는 기도(탄식)는 (역시 앞항에서 언급한 것처럼) 그것이 매우 중요함에도 불구하고 그것만으로는 온전한 기독교의 기도가 되지 못한다. 중요한 보정을 거칠 필요가 있다. 즉, 하나님께서 우리를 위해 이미 해 주신 일들을 시인(인정)하는 중요한 기도가 보충되어야 한다. 시인 기도가 요청 기도에 더해질 때 기독교인의 기도는 비로소 온전한 것이 된다. 시인 기도는 기독교의 기도를 온전케 하는 기도일 뿐 아니라 요청 기도에 비교할 때 그것보다 훨씬 중요하고 훨씬 본질적인 기도라 할 수 있다. 왜냐하면 우리 복음적 신앙은 은혜를 시인하는 일이 가장 중요하기 때문이다. 기독교 신앙은 은혜 위에 선다. 하나님이 우리를 위해 이미 이루신 일, 즉 은혜가 있기에 구원도 삶도 있다. 하나님이 이미 주신 은혜를 시인하는 것은 신앙의 본질이다. 찬양시는 이 신앙의 본질을 가르치는 기도이다.

2) 창조의 시인과 출애굽의 시인

시편 136편으로 돌아가 찬양시는 무엇을 '시인'하는지 그 내용을 살펴보자. 찬양시는 두 큰(참으로 큰) 사건, 즉 창조와 출애굽을 시인한다. 먼저 창조는 물론 태초의 창조(creatio prima)에 대한 언급이다. 그런데 찬양시의 창조는 태초의 창조만 말한다고 볼 수 없다. 계속되는 창조(creatio continua)도 의미한다. 창조가 역사에 단 한 번 있었던 태초의 창조만 의미한다면 이스라엘의 예배에서 그것을 계속 노래할 이유가 없을 것이다. 태초의 창조는 그것 자체도 중요하지만, 한 번의 사건으로 끝나는 것이 아니고 그 창조의 능력이 이어지는 역사의 시공간 속에 지속적으로 나타나기 때문에 더욱 의미가 있는 것이다. 역사의 시공간은 자신의 법칙만으로 자율적으로 돌아가는 세계가 아니고 여전히 하나님의 창조적 능력의 통제를 받아 움직여 가는 세계이다. 하나님의 다스리심(gubernatio mundi), 즉 하나님의 섭리를 따라 움직이는 곳이라는 말이다. 따라서 찬양시의 창조는 이 세계를 다스리시는 하나님의 섭리까지를 포함하는 말이다. 찬양시에서 하나님의 창조를 기술하는 데 쓰인 동사들은 기본적으로 분사들이다(participles). 이것이 무엇을 함의할까. 창조는 과거에 일어난 일이므로 분사를 쓸 것이 아니라 와우계속법 미완료 꼴이나 적어도 완료 꼴을 써서 표현하는 것이 마땅하다. 그런데 굳이 분사를 썼다는 것은 무슨 의도가 있는 것이 아닌가 추측하게 된다. 분사는 현재진행을 의미하므로 분사로 하나님의 창조를 표현한 것은 하나님의 창조 행위가 지금도 계속 진행된다는 것을 암시하려는 의도가 아닌가 생각하게 된다. 태초의 하나님의 창조는 단회적으로 그때에 끝났지만 그분의 창조적 행위는 지금도 지속되고 있는 것이다. 하나님의 섭리는 지금도 우주와 인류 역사 전체를, 그리고 성도 개개인의 삶의 면면을 조밀하게 간섭하고 있는 것이다.

이번에는 출애굽에 대한 시인을 살펴보자. 출애굽은 주전 15세기에 단 한 번 일어난 사건이다. 그러나 그 은혜와 기적은 이스라엘 역사에서 이스라엘이 필요로 할 때마다 반복되었다. 즉, 출애굽도—최초의 출애굽이 그 자체로 중요하지만—계속되는 출애굽이 이스라엘에게 더욱 의미 있는 출애굽인 셈이다. 찬양시의 출애굽에 대한 묘사 역시 기본적으로 분사들로 되어 있다(시편 136편의 경우는 분사를 기본으로 하되 와우계속법 미완료와 완료가 부가적으로 사용된다). 창조의 경우처럼 출애굽도 계속되는 출애굽을 강조하려고 한 의도가 읽혀지는 대목이다. 구약과 신약 전체를 아우르는 성경신학적 입장에서 보면 출애굽은 예수께서 갈보리 십자가에서 이루신 (완성된) 구속에 대한 예표이다. 따라서 찬양시의 출애굽 진술은 그리스도의 구속의 은혜와 기적이 그것을 기억하고 고백하는 그리스도인들에게 계속 현실이 된다는 사실을 말해준다. 그리스도의 죽음과 부활 사건은 그것을 고백하는 그리스도인들에게 계속 살아 역사하는 사건이다.

3) 섭리의 은혜와 구속의 은혜

찬양시의 창조의 진술과 출애굽의 진술을 살핀 것에 기초해 섭리의 은혜와 구속의 은혜가 신자의 삶에서 갖는 의의에 대해 살펴보기로 하자. 먼저 섭리의 은혜부터 살펴 보자. 성경, 특히 구약성경에 의하면 하나님은 '큰 신비의 공간'을 지니신 분이시다. 구약성경의 여러 책이 그것을 말하고, 오늘 우리의 본문 시편 136편도 그러하다. 시편 136편이 하나님의 위대하심을 노래하는 첫 마디는 하나님은 "홀로 큰 기이한 일들을 행하시는 이"라는 진술이다(4절). 여기서 "크다"라는 말과 "기이하다"는 말은 하나님의 지혜와 경륜이 우리로서는 헤아릴 수 없는, 우리의 이해를 넘어서는 것임을 가리키는 말이다. 생각이 우리 생각과 다르고 길이 우리의 길과 전혀 다른 하나님은(사 55:8-9) 무한히 질적으로 "크신" 분이시다. 욥이 욥기 42:3에서 하나님의 경륜을 가리켜 "내가 깨닫지도 못한 일을 말하였고 스스로 알 수도 없고 헤아리기도 어려운 일을 말하였나이다"라고 말할 때 쓴 "헤아리기 어려운"이란 말이 바로 시편 136:4의 "기이한"과 같은 단어이다. 하나님이 우주를 다스리시는 경륜은 사람의 인지 능력과 통제 능력을 넘어서는 것이다. 인간의 이해 능력이 파악하거나 탐지할 수 없는(unfathomable, inscrutable) 신비이다. 하나님은 무한히 큰 신비의 공간을 지니신 분이시다.

이 하나님의 큰 신비의 공간이 신자의 삶에 접촉하여 오는 부분이 섭리이다. 우리는 다 이해할 수 없고 심지어 납득할 수 없기까지 하지만 하나님은 자신의 섭리로 하나님의 백성을 세심히 보호하고 조밀히 인도하신다. 섭리는 하나님이 자신의 백성이 가장 안전하게 구원받고 가장 큰 복을 받을 수 있도록 우주를 운영하시는 원리이다. 하나님의 백성은 비록 보이지 않고 이해되지 않는다고 하더라도 하나님의 은밀한 손길을(참고: 기독교 강요 1권 16-17장) 믿으며 그 어떤 어려운 상황이라 하더라도 절대 안심 속에 주를 따를 수 있다. 이해도 안 되고, 납득도 안 되고, 심지어 믿음도 지탱할 수 없고 포기할 수밖에 없다고 생각되는 지점이 오더라도 하나님의 백성은 안심하고 주를 따르는 것이다. 우리의 믿음에 능력이 있어 우리가 보존되는 것이 아니다. 하나님의 은혜가 우리를 보호하고 있을 뿐이다. 어려운 때는 시간이 지나주길 기다려야 한다.

안 보이고 안 계신 것 같아도 주님은 여전히 우리와 함께 계시다. 우리의 이해와 납득을 넘어서 하나님의 섭리가 우리를 조밀히 인도하고 계시다.

섭리의 원리를 우리 일상생활에 적용해 보자. 만일 어떤 일이 우리가 기도하는 대로, 우리 마음에 맞는 대로 되어져 간다면 우리의 반응은 어떤 것이 될 것인가. 당연히 "할렐루야!"이다("할렐루야!"를 감사를 표현하는 말이라 생각해 보자). 하나님이 우리 기도에 응답하시고 좋은 것을 주신 것이기 때문이다. 그런데 만일 어떤 일이 우리가 기도한 대로 되지 않고, 또한 우리 마음에 맞지 않게 기대한 것과는 정반대로 되어간다면 그때는 어찌 할 것인가. 그럴 때 우리의 반응은 어떤 것이 되어야 하는가 하는 말이다. 그때는 "할렐루야, 더블!"이다. 곱절의 감사를 하는 것이 답이라는 말이다. 왜 그런가? 내 뜻대로 되지 않고 하나님 뜻대로 되고 있기 때문이다. 내 뜻보다 훨씬 좋은 하나님의 뜻이 작동해서 가장 좋은 방향으로 가고 있기 때문이다. 어떤 일을 지나고 나서 생각하면 그때 내 뜻대로 됐더라면 참으로 결말이 좋지 않았을 것이라 생각되는 경우도 종종 있다. 그때 내 마음에 맞지 않는 대로(하나님 뜻대로) 되었기에 지금 좋은 결과를 누리는 경우가 참으로 많은 것이다. 하나님이 자신이 가장 영광을 받으시는 쪽으로, 자신의 백성에게 가장 유익이 되는 쪽으로 자신의 백성의 길을 인도하고 계시다. "우리가 알거니와 하나님을 사랑하는 자 곧 그 뜻대로 부르심을 입은 자들에게는 모든 것이 합력하여 선을 이루느니라" 하신 로마서 8:28 말씀은 과연 섭리절이 아닌가. 마음에 들지도 않고 이해도 되지 않는 일들이 일어난다. 그러나 가장 혹독한 환경 속에서 하나님의 은밀한 손길을 경험하며 결국은 삶의 가장 성숙한 지점에 이른 요셉을 생각하고(창 45:8, 50:20) 깊은 감사를 올리며 주를 따라야 할 것이다.

이번에는 구속의 은혜가 성도의 생활에서 갖는 의의에 대해 생각해 보자. 사실 구속의 은혜와 섭리의 은혜는 둘로 분리되는 것은 아니다. 구속이 없으면 섭리는 존재할 수 없고, 섭리가 없으면 구속이 소기의 목적을 이룰 수 없는 것이기 때문에 분리되지 않는 것인데 우리의 인지 능력의 한계 때문에 오는 연약과 무지를 돕기 위해 실천적인 목적으로 나누는 것일 뿐이다. 어쨌든 찬양시는 거의 예외 없이 하나님의 구속(출애굽)을 노래한다. 그리고 이 구속 역시 (창조처럼) 하나님의 백성의 삶에 계속해서 현재적으로 역사한다. 하나님과 하나님의 백성 사이에는 그 둘 사이를 맺는 언약의 질인 헤세드라는 사랑이 존재한다(헤세드 사랑은 구속사의 핵심을 이룸). 헤세드는 "하나님의 자비로운 사랑과 말할 수 없는 성실"이라고 정의되는 하나님의 언약적 사랑이다. 헤세드 사랑은 자격 없는 자를 구원하시는 자비이며, 어떤 조건에도 변하지 않는 신실하심이다. 헤세드의 이 신실한 성격 때문에 하나님의 사랑은 그의 백성을 향하여 변하는 법이 없고, 그들의 고백을 통하여 항상 그들에게 현재적으로 역사한다.

하나님의 신실하심은 두 가지 의미를 동시에 생각할 수 있다. 첫째는 물리적으로 오래 지속된다는 의미이다. 하나님은 자신의 백성이 완전한 구원에 이르기까지 오래 참으시며 끝까지 인도하신다. 사람은 변덕을 부릴지라도 하나님은 신실하시다. 변덕 없이 지속된다는 물리적으로 긴 시간을 의미한다. 둘째는 좀 더 신학적으로 적극적인 의미이다. 하나님의 신실하심은 예전적 반복성을 의미한다. 하나님의 백성이 찬양시를 통해서 출애굽 사건을 기억하고 고백할 때마다 하나님은 (그 믿음을 보시고) 출애굽 당시에 베풀었던 것과 같은 은혜와 기적을 재현시키신다. 즉, 찬양할 때마다 기억할 때마다 출애굽의 은혜와 기적이 활성화, 현재화되는 것이다. 예수 그리스도를 고백하는 우리에게 십자가와 부활도 마찬가지이다. 믿음으로 십자가와 부활을 회상하는 무리에게 늘 그 은혜가 새롭게 현재화된다.

　예수님의 구속은 우리를 죄와 비참에서 해방하였다. 지상에서의 삶의 실존은 많은 문제를 지니고 있다. 주님은 삶의 많은 고통을 해결해 주신다. 그러나 가장 중요한 것은 문제의 뿌리로부터 죄를 척결해 참다운 해방을 가져다 주셨다는 점이다. 삶의 모든 문제에 대해 답은 예수님이다. 큰 능력이 하나님께 있는데 지상에서 신음하며 기도하는 하나님의 백성에게 예수님이 답으로 주어졌다. 예수님을 받은 것은 모든 것을 받은 것이다. 예수님을 받은 포만감으로 살아가도록 하자. "그 아들을 아끼지 않고 내어주신 이가 모든 것을 은사로 주지 아니하시겠느냐"(롬 8:32) 하시지 않았는가. 지상에 살아가면서 우리는 문제를 만날 때마다 아무것도 못 받은 것처럼 울고불고 하면서 낙심하기 일쑤다. 그러나 우리는 주님을 받았고 우리는 주님 안에 있다. 모든 것을 받은 것이고 모든 문제에 대해 답을 얻은 것이다. 우리는 기도한다. 그러나 아무것도 받은 것이 없는 사람처럼 ('거지' 의식으로) 기도해서는 안 된다. 이미 예수님을 받았기 때문이다. 앞으로 받을 것(기도하며 구하는 것)보다 이미 받은 것(예수님)이 훨씬 크다. 아니 앞으로 받을 것들은 이미 받은 것 안에다 들어 있다. 주님을 받은 것은 모든 것 이상을 받은 것이다. "주세요!" 하는 기도만 말고 "(예수님) 받았습니다!" 하는 기도로 살아가자. 예수님을 받은 포만감은 매우 정당한 포만감이며 신자의 삶에 가장 큰 안정(安靜)을 주는 포만감이다.

3. 인격적 교제

우리 기독교 신앙은 하나님과의 인격적 사귐이라는 신비롭고도 높은 초월적 차원을 지니고 있다. 어떤 다른 종교에도 없으며 있을 수도 없는 차원이다. 탄식이든 감사든 찬양이든 성경의 기도는 허공에 대고 주문을 외는 게 아니다. 하나님이라는 인격을 향해 말을 거는 것이다. 신앙의 구체적 실존이 기도라면 우리는 예수 믿기 시작하는 순간부터 하나님과 인격적 사귐을 유지해 오고 있다. 특히 찬양시는 기도가 하나님과의 인격적 교제라는 점을 잘 드러내 준다.

한 학자가 찬양에 대해 이같이 설명했다. "이스라엘의 찬양의 핵심은 그들이 주님 앞에 그분 자신과 얼굴과 얼굴을 맞대고 서 있다는 의식(意識)이었다. 그래서 전능하고 거룩하고 자비하신 하나님을 만나고, 찬양과 경배로 그분을 예배하는 것이었다. 그분은 그들 중에 계셨다. 그들은 그분에게 모든 것을 빚진 그의 백성이었다. 그러므로 그들은 지금 두려움과 떨림으로, 그리고 확고한 믿음과 사랑과 환희와 솟구치는 열정으로 그분을 만나며, 그분이 행하신 위대하고 영광스런 일들을 기억하는 것이었다."

찬양시는 주고받기의 내용이 없기에 가장 순수한 인격적 교제를 의미하는 기도라 하겠다. 찬양은 무엇을 달라는 것이 없이 그 자체로 하나님만을 높이는 노래이기 때문이다. 찬양은 "거래의 요소, 회유책이 전혀 없는 가장 순수하고 아름다운 영혼의 교제"이다(C. S. Lewis의 표현들을 사용하여 필자가 만든 찬양의 정의임).

성경은 우리의 신앙이란 것 자체가 하나님과의 인격적 사귐이라고 말씀한다. 무엇을 받고 말고는 이차적인 것이다. 하나님은 하나님 자신이 사귐을 가지시려고 자신의 백성을 창조하셨고 구원하시며 예배 받으신다. 우리 한국인들의 신앙은 주고받기식이 너무 강렬한 편이다. 하나님이 주시는 선물에 가려 하나님이 안 보이고, 영생 구원이 너무 귀하지만 이에 가려 예수님 자신이 안 보인다. 그러한 우리 신앙의 특징을 생각하면 한국인은 하나님과의 '인격적 교제'란 점을 좀 더 의식적으로 신경 써도 좋을 것이다. 어떤 목사님께 들은 이야기이다. 어떤 사람이 예수를 믿다가 죽어서 천국에 갔는데 거기서 예수님을 만나 깜짝 놀라 이렇게 말했다 한다. "예수님, 말씀은 많이 들었는데 처음 뵙겠습니다!" 많이 기도하고 많이 받고 신앙적 경험을 수없이 하지만 정작 주님과의 인격적 대화라는 것에는 생소한 우리 모두의 얘기는 아닐까 한다.

서양의 기독교는 설교를 들어보거나 경건 서적을 읽어 보거나 하면 탄식은 다소 약할지 몰라도 찬양은 신학적으로나 실천적으로 그래도 자리를 잡은 기독교라고 느껴진다. 그런 면에서 서양의 기독교는 우리보다 한 수 위의 기독교이다. 그들에게 하나님과의 인격적인 교제라는 것은 자연스럽고 친밀하고 순수하다. 오 할레스비의 말처럼 하나님과 나누는 친밀하고 즐거운 교제가 기도의 본질이다. 무엇을 받고 안 받고에 너무 매달리는 대신에 하나님이 우리에게 베푸시는 구원의 은총에 감읍하고 섭리의 은총에 감사하면서 주님께 사랑받고 주님을 사랑하는 기쁨 가운데 살아가자. 찬양이야말로 복음적 신앙을 표현하는 기도이며, 주님과의 사귐이라는 신앙의 본질을 구현하는 기도이다.

박윤선 목사님이나 신앙의 선배들은 우리가 지닌 문제점들을 일찍부터 깨닫고 계셨던 것 같다. 그래서 무엇보다 주님과의 인격적 교제가 중요하다 보시고 "여주동행"(與主同行)이란 가르침을 강조하신 것이 아닌가 한다. 먹는 문제 마시는 문제 이러한 것들은 하나님이 처리하실 문제요 사실상 우리가 그리 관여할 문제가 아니다. 그에 대한 과도한 관심을 내려놓자. 하나님은 차고 넘치게 주시는 분이심을 경험하면 경험할수록 너무도 분명히 깨닫게 해주신다. "기복일관"(祈福一貫)하는 문화를 지양하고 "여주동행"하는 문화로 날마다 성숙에의 발걸음을 내딛는 데 승리하는 우리가 되도록 하자.

약어표

ASV   American Standard Version

BDB   F. Brown, S. R. Driver and C. A. Briggs, *A Hebrew and English Lexicon of the Old Testament* (Oxford, 1907)

BHS   Biblia Hebraica Stttgartensia ed. K. Elliger et al. (Stuttgart, 1967/1977)

GKC   E. Kautzsch ed., *Gesenius' Hebrew Grammar*, trans. A. E. Cowley, 2nd English ed. (Oxford, 1910)

Inst.   John Calvin, *Institutes of the Christian Religion*, ed. J. T. McNeill, trans. F. L. Battles (Louisville: Westminster John Knox Press, 1960)

JSOT   *Journal for the Study of the Old Testament*

KJV   King James Version

MT   The Masoretic Text

NASB   New American Standard Bible

NIV   New International Version

NRSV   New Revised Standard Version

WBC   Word Bible Commentary

참고문헌

Anderson, Bernhard W. *Out of the Depths*. Rev. ed. Philadelphia: Westminster Press, 1983.

Archer, Gleason L. 『구약총론』. 김정우 옮김. 서울: 기독교문서선교회, 1985.

Barth, Christoph F. *Introduction to the Psalms*. Trans. R. A. Wilson. New York: Charles Scribner's Sons, 1966.

Bright, John. *Covenant and Promise*. Philadelphia: Westminster Press, 1976.

Brown, F., S. R. Driver, and C. A. Briggs. *A Hebrew and English Lexicon of the Old Testament*. Oxford: Clarendon Press, 1907.

Bullinger, E. W. *Figures of Speech Used in the Bible*. Grand Rapids: Baker Book House, 1898.

Bullock, C. Hassell. 『시편총론』. 류근상 옮김. 고양: 크리스챤출판사, 2003.

Calvin, John. *Institutes of the Christian Religion*. Ed. J. T. McNeill. Trans. F. L. Battles. Louisville: Westminster John Knox Press, 1960.

Cottrill, Amy. *Language, Power, and Identity in the Lament Psalms of the Individual*. Library of Hebrew Bible/Old Testament Studies 493. New York: T & T Clark, 2008.

Craigie, Peter C. *Psalms 1-50*. WBC. Waco, TX: Word Books, 1983.

Geisler, N. L. 『구약성경개론』. 윤영탁 옮김. 서울: 도서출판 엠마오, 1988.

Gibson, David. 『인생, 전도서를 읽다』. 이철민 옮김. 서울: 복 있는 사람, 2018.

Greidanus, Sidney. *The Modern Preacher and the Ancient Text: Interpreting and Preaching Biblical Literature*. Grand Rapids: Eerdmans, 1988.

Gunkel, Hermann. *An Introduction to the Psalms*. Trans. J. D. Nogalski. Macon, GA: Mercer University Press, 1998.

Hallesby, O.『기도』서울: 생명의 말씀사, 1966.

Hammond, T. C.『간추린 조직신학』나용화 옮김. 서울: 기독교문서선교회, 1994.

The Heidelberg Catechism. Grand Rapids: Board of Publications of the Christian Reformed Church, 1975.

Kautzsch, E., ed. *Gesenius' Hebrew Grammar*. Trans. A. E. Cowley. 2nd English ed. Oxford: Clarendon Press, 1910.

Knight, George A. F.『시편 (상)』이기문 옮김. 서울: 기독교문사, 1985.

Kraus, Hans-Joachim. *Psalms 1-59*. A Continental Commentary, Trans. Hilton C. Oswald. Minneapolis: Fortress Press, 1993.

Lambdin, Thomas O. *Introduction to Biblical Hebrew*. New York: Charles Scribner's Sons, 1971.

LaSor, William S., David. A. Hubbard, and Frederic Wm. Bush. *Old Testament Survey: The Message, Form and Background of the Old Testament*. Grand Rapids: Eerdmans, 1982.

Lewis, C. S.『시편 사색』김정우 옮김. 서울: 총신대학교출판부, 1992.

_____. *The Problem of Pain*. New York: Macmillan Publishing Company, 1962.

Longman, Tremper.『어떻게 시편을 읽을 것인가?』한화룡 옮김. 서울: 한국기독학생회출판부, 1989.

Mays, James L. *Psalms*. Interpretation. Louisville, KY: Westminster John Knox Press, 1994.

Miller, Patrick D. *Interpreting the Psalms*. Philadelphia: Fortress Press, 1986.

Mowinckel, Sigmund. *The Psalms in Israel's Worship*. Trans. D. R. Ap-Thomas. Nashville: Abingdon, 1962.

Peels, H. G. L.『누가 여호와와 같은가?』독립개신교회신학연구원 옮김. 서울: 성약출판사, 2011.

Powys, John Cowper. *One Hundred Best Books*. London: Village Press, 1975.

Provan, Iain. *Ecclesiastes, Song of Songs*. The NIV Application Commentary. Grand Rapids: Zondervan, 2001.

Rhodes, Arnold B. 『시편』. 구약성서주석. 김정준 옮김. 서울: 대한기독교서회, 1963.

Schaefer, Konrad. *Psalms*, Berit Olam. Collegeville, MN: The Liturgical Press, 2001.

Spurgeon, Charles, John Calvin, and Matthew Henry. *Parallel Classic Commentary on the Psalms*. Chattanooga, TN: AMG Publishers, 2005.

Tate, Marvin E. *Psalms 51-100*. WBC. Dallas, TX: Word Books, 1990.

Waltke, Bruce. *An Old Testament Theology*. Grand Rapids: Zondervan, 2007.

Watson, Wilfred G. E. *Classical Hebrew Poetry: A Guide to its Techniques*. Sheffield, England: JSOT Press, 1984.

Westermann, Claus. *Praise and Lament in the Psalms*. Trans. K. R. Crim and R. N. Soulen. Atlanta: John Knox Press, 1981.

Young, Edward J. 『구약총론』. 오병세·홍반식 옮김. 서울: 개혁주의신행협회, 1972.

Young, Robert. *Analytical Concordance to the Bible*. Grand Rapids: Eerdmans, 1970.

박동환. 『안티호모에렉투스』. 강릉: 도서출판 길, 2001.

이장식 편역. 『기독교 신조사』. 서울: 컨콜디아사, 1979.

현창학. 『구약 지혜서 연구』. 수원: 합신대학원출판부, 2009.

_____.『선지서 주해 연구』. 수원: 합신대학원출판부, 2013.

찾아보기

인명(저자)

283